Rosemann / Bielski
Einführung in die Pädagogische Psychologie

Die Reihe »Beltz Studium« wird herausgegeben
von Jürgen Oelkers und Klaus Hurrelmann.

Wissenschaftliche Redaktion: Christian Palentien

Bernhard Rosemann / Sven Bielski

Einführung in die
Pädagogische Psychologie

Beltz Verlag · Weinheim und Basel

Universitäts-Professor Dr. *Bernhard Rosemann*, Jg. 1940,
Inhaber des Lehrstuhls für Pädagogische Psychologie I
an der Ruhr-Universität Bochum.

Sven Bielski, Jg. 1965, Diplompsychologe, wissenschaftlicher
Mitarbeiter am Lehrstuhl für Pädagogische Psychologie I
an der Ruhr-Universität Bochum.

Gesetzt nach den neuen Rechtschreibregeln
Lektorat: Peter E. Kalb

© 2001 Beltz Verlag · Weinheim und Basel
http://www.beltz.de
Herstellung: Klaus Kaltenberg
Satz: Satz- und Reprotechnik GmbH, Hemsbach
Druck: Druckhaus Beltz, Hemsbach
Umschlaggestaltung: Federico Luci, Köln
Umschlagfoto: Stock Market, Düsseldorf
Illustrationen: Detlef Stejskal
Printed in Germany

ISBN 3-407-25238-2

Inhaltsverzeichnis

Einleitung 8

Zielgruppe dieses Buches 8

Gegenstandsgebiet der Pädagogischen Psychologie 8

Experimentelle und korrelative Forschung 11
    Korrelationsstudien 11
    Ermittlung von Kausalbeziehungen durch Experimente . . . 14

Gesetzmäßigkeiten des Lernens 18

Der Begriff des Lernens 18

Behavioristische Lerntheorien 19
    Respondentes Lernen 20
    Operantes Lernen 24

Soziales Lernen 41
    Lernen am Modell 42
    Die Sozial-kognitive Lerntheorie 45

Kognitive Ansätze 54
    Der gestaltpsychologische Ansatz 54
    Informationsverarbeitung 57

Lernen mit neuen Medien 62
    Neue Medien als Gegenstand des Unterrichts 63
    Neue Medien als Mittel des Unterrichts 68
    Neue Medien in der Aus- und Weiterbildung 72

Entwicklungspsychologische Aspekte in der Pädagogischen Psychologie 74

Reifetheorien 74

Umwelttheorien 77

Die Anlage-Umwelt-Kontroverse 79

Stufenmodelle der menschlichen Entwicklung 85

Quintessenz entwicklungspsychologischer Betrachtungen . . . 89

Motivation 93

Erwartungs-Wert-Theorien 94

Theorie der Leistungsmotivation 98
  Hoffnung auf Erfolg 99
  Furcht vor Misserfolg 100
  Zusammenwirken von Erfolgs- und Misserfolgsmotiv 101
  Konsequenzen für die Pädagogik 104

Die Attributionstheorie 106
  Dimensionen der Ursachenzuschreibung 106
  Attribution in der Schule 109
  Attribution und Selbstbild 115
  Leistungsmotivation und Attributionstheorie 115
  Attributionsmuster und Motivationsförderung 117

Intrinsische und extrinsische Motivation 121

Interpersonale Wahrnehmung und Verhalten 123

Deutung des menschlichen Ausdrucks 124
  Konstitutionspsychologie 124
  Deutung von Ausdrucksbewegungen 127
  Das Problem der Menschenkenntnis 129

Eindrucksbildung 133
  Informationsquellen bei der Eindrucksbildung 135
  Prozesse der Informationsverarbeitung 141

Gruppenpsychologische Aspekte im Schulunterricht . . .   145

Definition der Gruppe   145

Formelle und informelle Gruppen   147
Gruppenbildung   148

Gruppenprozesse in der Schulklasse   151

Konsequenzen für den Unterricht   153

Pädagogische Interaktion   158

Transaktionales Modell der Lehrer-Schüler-Beziehung   159

Wahrnehmung in der Lehrer-Schüler-Beziehung   161

Die Bedeutung interpersonaler Erwartungen   164

Leistungsbeurteilung in der Schule   169

Funktionen von Leistungsbewertung   169

Gegenstand der Leistungsbewertung   171
Der Begriff der Schulleistung   171
Lehr- und Lernziele   173

Prinzipien des Leistungsvergleichs   175
Normorientierter Vergleich in der Schulklasse   175
Kriteriumsorientierter Leistungsvergleich   178

Methoden und Gütekriterien der Leistungsbewertung   178
Gütekriterien der Leistungsbewertung   178
Methoden der Leistungsbewertung   180
Optimierung der Zensurengebung   181

Glossar   185
Literaturverzeichnis   189
Sachregister   205

Einleitung

Zielgruppe dieses Buches

Dieser Studientext richtet sich an alle Personen, die sich aus beruflichen oder privaten Gründen mit dem Fachgebiet der Pädagogischen Psychologie beschäftigen möchten. Hauptadressaten sind jedoch Studierende und Praktiker des pädagogischen und psychologischen Bereichs, die einen Einblick in relevante Gebiete des Fachs gewinnen wollen. In knapper, aber doch differenzierter Form werden grundlegende Konzepte und theoretische Ansätze beschrieben und erläutert. Zur Vertiefung des Verständnisses werden die dargestellten Inhalte an Beispielen aus dem pädagogischen Bereich, insbesondere der Schule, veranschaulicht. Auf diese Weise soll die Übertragung der Befunde der Pädagogischen Psychologie in die pädagogische Praxis unterstützt werden. Dabei bleibt es nicht aus, dass auch auf Grenzen der Umsetzbarkeit bestimmter Prinzipien aufmerksam gemacht werden muss.

Vollständigkeit kann und soll in diesem Text nicht angestrebt werden. Manche so genannten »modernen« Themen werden daher nur angerissen oder gar nicht behandelt. Jedoch bietet ein umfangreiches Literaturverzeichnis dem interessierten Leser die Möglichkeit zu einer weiterführenden Auseinandersetzung mit den hier angesprochenen Aspekten. Die wichtigsten Fachbegriffe werden in einem Glossar nochmals kurz erläutert.

Gegenstandsgebiet der Pädagogischen Psychologie

Die »Pädagogische Psychologie« ist eine Teildisziplin der Psychologie. Sie gehört zusammen mit der »Klinischen Psychologie« (vgl. Baumann/Perrez 1998; Davison/Neale 1998) und der »Arbeits- und Organisationspsychologie« (vgl. Hoyos/Frei 1999) zu den so genannten Anwendungsfächern. Neben den Anwendungsfächern gibt es die Grundlagenfächer »Allgemeine Psychologie« (vgl. Spada 1990), »Entwicklungspsychologie« (vgl. Oerter/Montada 1998), »Sozialpsychologie« (vgl. Bierhoff 1998) und »Differenzielle und Persönlichkeitspsychologie« (vgl. Fisseni 1998). In den Grundlagenfächern werden elementare Prozesse und Funktionen erforscht. Die Anwendungsfächer besitzen die Aufgabe, diese Prozesse und Funktionen auf reale Kontexte zu übertragen. Die Pädagogische Psychologie überträgt Forschungsergebnisse der Grundlagenfächer auf den pädagogischen Kontext. Die Themenbereiche der Pädagogischen Psychologie beziehen sich aus diesem Grunde auf das Gesamtgebiet der Psychologie. Deshalb sollen am Anfang dieses einführenden Werkes die grundlegenden Fragestellungen des Faches Psychologie diskutiert werden.

Das Gegenstandsgebiet der Psychologie »… sind Verhalten, Erleben und Bewusstsein des Menschen, deren Entwicklung über die Lebensspanne und deren innere (im Individuum angesiedelte) und äußere (in der Umwelt lokalisierte) Bedingungen und Ursachen« (Zimbardo/Gerrig 1999, S. 2). Ziel der wissenschaftlichen Psychologie ist die Erforschung von Verhalten (Bourne/Ekstrand 1992). Im Mittelpunkt steht dabei natürlich das menschliche Verhalten. Die Erforschung von Verhalten verfolgt zwei grundlegende Ziele. Erstens die Erklärung, also die Beantwortung der Frage: Warum hat sich das Individuum dergestalt verhalten? Der Erklärung müssen Beobachtung und Messung vorausgehen. Ein Verhalten, welches erklärt werden soll, muss vorher möglichst genau beschrieben werden können. Zweitens die Vorhersage von Verhalten. Hier lautet die entsprechende Frage: Wie wird sich das Individuum zukünftig verhalten?

Der Leser mag hier das erste Mal staunen. Kommt in dem Begriff Psychologie nicht Psyche, also Seele, vor? Warum beschäftigt sich die Psychologie hauptsächlich mit Verhalten? Die Psychologie ist eine wissenschaftliche Disziplin. Aus diesem Grund muss ihr Forschungsobjekt beobachtbar und messbar sein (Mietzel 1993). Der Begriff Seele ist im religiösen, philosophischen und metaphysischen Bereich anzusiedeln. Mit wissenschaftlichen Kriterien ist er nicht fassbar.

Die wissenschaftliche Psychologie ist ein empirisch arbeitendes Fach. Aus diesem Grund kommt den Regeln für die Erhebung von Daten (Beobachtung) und deren Auswertung eine besondere Bedeutung zu. Für die verschiedenen Verfahren zur Erhebung und Auswertung von Beobachtungen (Daten) wird der Oberbegriff »Forschungsmethoden« verwendet. Eine Theorie wird in der Psychologie erst dann als gültig angesehen, wenn sie anhand empirischer Forschung überprüft werden konnte.

Was ist nun »Pädagogische Psychologie«? Psychologie wurde bereits kurz definiert. Als zweiter Begriff taucht in unserer Disziplin das Wort »Pädagogik« auf. Der Gegenstand der Pädagogik ist im weitesten Sinne die Erziehung und Bildung von Menschen. Der Pädagoge ist eine Person, die versucht, »… das Gefüge der psychischen Dispositionen anderer Menschen in irgendeiner Hinsicht dauerhaft zu verändern oder seine als wertvoll beurteilten Komponenten zu erhalten oder die Entstehung von Dispositionen, die als schlecht bewertet werden, zu verhüten« (Brezinka 1978, S. 45). Ganz vereinfacht kann der Prozess des Erziehens folgendermaßen definiert werden: »Erziehung nennen wir die Handlungen, durch die andere Personen versuchen, die Persönlichkeit eines anderen Menschen in irgendeiner Hinsicht dauerhaft zu verbessern.« (Brezinka 1991, S. 8). Die Pädagogik beschäftigt sich demgemäß mit dem Aufbau oder der Erhaltung von als wertvoll angesehenen und dem Abbau von als negativ betrachteten Verhaltensweisen. Erziehung kann deshalb als aktive Beeinflussung von Individuen durch andere Individuen definiert werden. Hierbei steht einem Pädagogen in der Regel keine Einzelperson gegenüber, sondern eine Gruppe von Menschen, beispielsweise eine Schulklasse. Die Pädagogische Psychologie, besonders die amerikanische (vgl. Gage/Berliner 1996), beschäftigt sich deshalb schwerpunktmäßig mit dem pädagogischen Prozess in der Schule. In pädagogischen Situationen befinden sich Individuen in der heutigen Zeit jedoch nicht nur im Kindes- und Jugendalter. Das Wissen der Menschheit ist im 20. Jahrhundert exponentiell angestiegen. Innerhalb von weniger als einer Generation verdoppelt sich das weltweit vorhandene Wissen. Um in ihrem Fachgebiet auf dem Laufenden zu bleiben, sind die meisten berufstätigen Menschen gezwungen, sich ständig weiterzubilden (vgl. Volk 1991). Aus diesem Grund wächst das Interesse der Pädagogischen Psychologie an Prozessen des Lernens im Erwachsenenalter (vgl. Schneider 1998). In deutschsprachigen Lehrbüchern der Pädagogischen Psychologie wird dieser Aspekt seit längerem aufgegriffen (vgl. Mietzel 1993, 1998; Weidenmann et al. 1994).

Wie bereits dargestellt, basieren die Erkenntnisse der Pädagogischen Psychologie im Wesentlichen auf empirischer Forschung. Deshalb soll am Anfang dieses Werkes eine Einführung in experimentelle und korrelative Forschung gegeben werden. Für eine ausführlichere Einführung sei auf Rosemann (1999) verwiesen.

Experimentelle und korrelative Forschung

In der psychologischen Forschung wird zwischen zwei grundlegenden Methoden zur Analyse der Beziehung zwischen Variablen unterschieden: Korrelationsstudien und Untersuchungen von Kausalbeziehungen durch Experimente. Bourne/Ekstrand (1992) definieren den Begriff *Variable* als »das Merkmal eines Gegenstandes, Ereignisses, einer Person usw., das zwei oder mehr Werte annehmen kann« (S. 7). Nach Heller/Rosemann (1981) handelt es sich bei der Definition von Bourne/Ekstrand um einen »engeren Variablenbegriff«. Unter den weiteren Variablenbegriff fallen »alle Kategorien und Größen – selbst dann, wenn sie nicht dimensionierbar eingeführt werden, also keine abgestufte Manipulation im strengen Sinne möglich ist (z.B. Geschlechts-›Variable‹)« (Heller/Rosemann 1981, S. 53).

Korrelationsstudien

Eine *Korrelation* lässt erkennen, »wie stark der Zusammenhang zwischen zwei an denselben Personen erhobenen Messungen ist« (Heinrich/Langosch 1974, S. 132). Über das Ausmaß des Zusammenhangs zwischen zwei Variablen informiert der Korrelationskoeffizient. Dieser kann Werte zwischen −1 und +1 annehmen. Für den am häufigsten verwendeten Pearsonschen Korrelationskoeffizienten wird die Kurzschreibweise »r« verwendet. Bei r = 1 existiert ein vollkommener positiver Zusammenhang zwischen den beiden Variablen. Beträgt r = 0, kann keinerlei Zusammenhang zwischen den Variablen festgestellt werden. Mit r = −1 wird ein vollkommener negativer Zusammenhang beschrieben. Ein negativer Zusammenhang ist gegeben, wenn ein hoher Wert in Variable A gleichzeitig mit einem niedrigen Wert in Variable B auftritt. Entsprechend bedeutet ein positiver Zusammenhang, dass ein hoher Wert in Variable A gleichzeitig mit einem hohen Wert in Variable B auftritt. Das folgende Beispiel soll der Verdeutlichung des Korrelationskoeffizienten dienen:

In Tabelle 1 sind fiktive Schulnoten von sechs Schülern in den Fächern Deutsch, Mathematik und Englisch dargestellt.

Tabelle 1: **Schulnoten einiger Schüler in den Fächern Deutsch, Mathematik und Englisch**			
Schüler	**Schulnote**		
	Deutsch	Mathematik	Englisch
Verona	1	1	6
Michael	2	2	5
Monika	3	3	4
Patrick	4	4	3
Silke	5	5	2
Stefan	6	6	1

Werfen wir einen Blick auf die Fächer Deutsch und Mathematik. Gute Noten in Deutsch treten gleichzeitig mit guten Noten in Mathematik auf. Gleichermaßen treten schlechte Noten in Deutsch parallel mit schlechten Noten in Mathematik auf. In den Fächern Deutsch und Mathematik ist bei den fiktiven Schülern eine identische Ausprägung der Noten zu beobachten. Es besteht hier eine vollkommene positive Korrelation (r = 1).

Richten wir nun unsere Aufmerksamkeit auf die Schulnoten in den Fächern Deutsch und Englisch. Wir erkennen, dass eine gute Note in Deutsch gleichzeitig mit einer schlechten Note in Englisch auftritt. Gleichermaßen können wir das parallele Auftreten einer schlechten Note in Mathematik zusammen mit einer guten Note in Englisch beobachten. Die Fächer Deutsch und Mathematik korrelieren bei unseren fiktiven Schülern vollkommen negativ ($r = -1$) mit dem Fach Englisch.

Die ermittelten Korrelationen lassen aber nicht den Rückschluss zu, dass gute Deutschkenntnisse zu guten Englischkenntnissen führen. Auch der Kausalschluss, dass gute Deutschfertigkeiten schlechte Englischfertigkeiten auslösen, darf nicht gezogen werden, da ein hoher Korrelationskoeffizient nichts über die Ursache eines Zusammenhanges aussagt. Ein Korrelationskoeffizient gibt uns lediglich Informationen über die Wahrscheinlichkeit des Auftretens zweier Variablen in vergleichbarer Ausprägung.

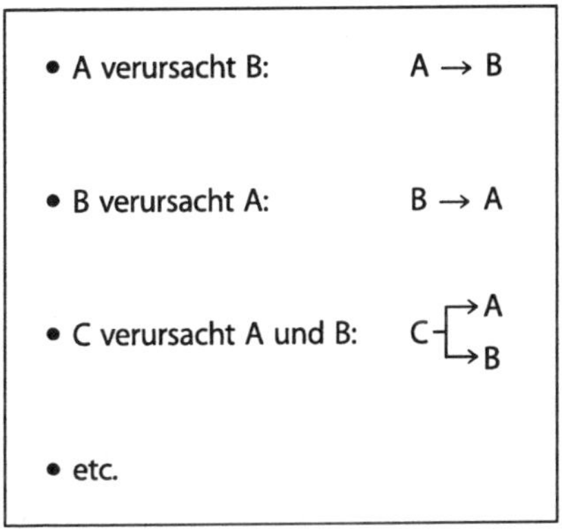

- A verursacht B: A → B

- B verursacht A: B → A

- C verursacht A und B: C → A, C → B

- etc.

Abbildung 1: **Beispiele möglicher Ursachen für das Auftreten hoher Korrelationswerte**

In Abbildung 1 werden verschiedene Erklärungsmöglichkeiten für das gemeinsame Auftreten zweier Variablen vorgestellt. Es ist möglich, dass eine gute Note in Deutsch tatsächlich zu einer guten Note in Mathematik führt. Ebenfalls möglich ist, dass eine gute Note in Mathematik eine gute Note in Deutsch bewirkt. Auch ganz andere Faktoren, wie zum Beispiel die familiäre Situation, können die guten Leistungen in beiden Fächern ermöglichen. Genauso gut könnte eine Kombination aus mehreren Faktoren die guten Noten in beiden Fächern bewirken.

Nur wenn der Einfluss anderer Variablen ausgeschlossen werden kann, darf auf einen Kausalzusammenhang (in dem Sinne von A führt zu B) geschlossen werden. Bei korrelativem Untersuchungsaufbau ist es jedoch nicht möglich, eine Kontrolle über den Einfluss von dritten Variablen zu gewinnen. Die in Korrelationsstudien am häufigsten eingesetzten Verfahren sind Fragebögen, Interviews sowie Beobachtungen unter natürlichen Bedingungen (vgl. Bourne/ Ekstrand 1992). Derartige Verfahren »untersuchen die Frage, ob naturgemäß auftretende Veränderungen einer Variablen, d.h. Veränderungen, die nicht durch den Forscher herbeigeführt sind, in Zusammenhang stehen mit Veränderungen einer oder mehrerer anderer Variablen« (Lewin 1986, S. 40).

Ermittlung von Kausalbeziehungen durch Experimente

Wir sprechen von einer kausalen Beziehung, wenn die Veränderung einer Variablen die Veränderung einer anderen Variablen nach sich zieht. Beispielsweise bewirkt die Erhöhung der Ausprägung von Variable A die Erhöhung der Ausprägung von Variable B. Eine kausale Beziehung liegt ebenfalls vor, wenn die Erhöhung der Ausprägung von Variable A eine Verringerung der Ausprägung von Variable B auslöst. Das gebräuchlichste Verfahren zur Ermittlung von Kausalbeziehungen ist das Experiment.

Nach Ulich (1993) wird das Experiment von vielen Autoren »immer noch als der »Königsweg« psychologischer Forschung« (S. 145) angesehen. Unter einem **Experiment** verstehen Selg/Bauer (1971) »die absichtliche planmäßige Auslösung eines Vorganges, der objektiv beobachtet werden soll« (S. 58). In der experimentellen Forschung wird untersucht, ob die Manipulation einer Variablen (durch den Versuchsleiter) die Veränderung einer anderen Variablen zur Folge hat. Die vom Versuchsleiter manipulierte Variable wird als unabhängige Variable (UV) bezeichnet. Der experimentell arbeitende Forscher versucht, die Ausprägung einer zweiten Variablen zu erheben. Diese wird als abhängige Variable (AV) bezeichnet.

Abhängig deshalb, da der Forscher annimmt, dass die Ausprägung dieser Variablen (AV) in kausalem Zusammenhang mit der Ausprägung der unabhängigen Variablen (UV) steht.

Experimentelle Forschung geht immer deduktiv vor. Dieses bedeutet, dass vor der Planung und Durchführung des Experimentes *Hypothesen* aufgestellt werden. Ein Forscher könnte beispielsweise die Hypothese aufstellen, dass Müdigkeit des Probanden (Versuchsperson) die Ergebnisse in einem Konzentrationstest beeinflusst. Die unabhängige Variable (UV) wäre in diesem Fall die Schlafdauer des Probanden vor dem Experiment. Die abhängige Variable stellt das Ergebnis des Konzentrationstests dar. Ziel des Experimentes ist es zu überprüfen, ob sich die abhängige Variable verändert, wenn die unabhängige Variable vom Versuchsleiter manipuliert wird. In unserem Beispiel würde der Forscher die Schlafdauer der Probanden manipulieren. Für die Veränderung der unabhängigen Variablen (UV) wird oft synonym der Begriff »Treatment« verwendet (vgl. Huber 1995).

In Experimenten wird der Versuchsgruppe (VG) eine Gruppe gegenübergestellt, bei der keine Manipulation an der unabhängigen Variablen vorgenommen wird. Letztere wird als Kontrollgruppe (KG) bezeichnet. In beiden Gruppen wird die Ausprägung der abhängigen Variablen (AV) erhoben. Wenn sich in der Kontrollgruppe die abhängige Variable in gleicher Richtung und Stärke wie bei der Versuchsgruppe verändert hat, so haben dritte Faktoren die Veränderung der abhängigen Variablen (AV) beeinflusst. Ist dieses der Fall, muss die Hypothese verworfen werden. Trifft die vorher aufgestellte Hypothese nicht zu, wird dies als Falsifizierung bezeichnet. Sind so große Unterschiede zwischen Versuchsgruppe (VG) und Kontrollgruppe (KG) in der abhängigen Variable (AV) ermittelt worden, dass diese nicht mehr auf den Zufall zurückgeführt werden können, dann kann geschlussfolgert werden, dass die unabhängige Variable (UV) der Verursacher dieser Veränderung ist. Hiermit wäre die vor Beginn des Experimentes aufgestellte Hypothese bestätigt worden (Verifizierung). In Abbildung 2 ist das Grundschema des Experimentes zusammenfassend dargestellt.

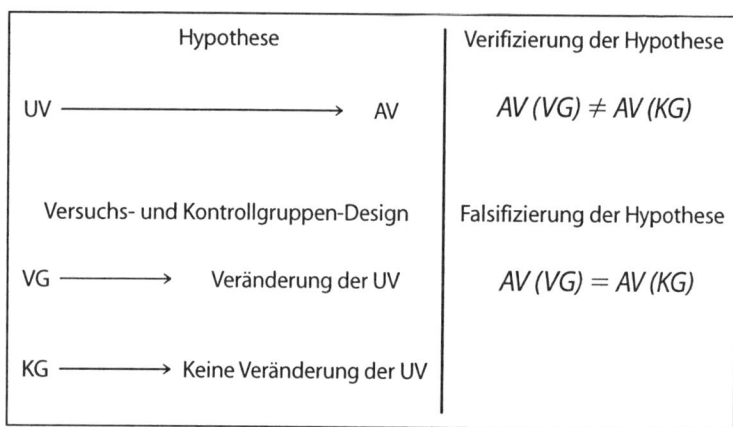

Abbildung 2: **Die Grundprinzipien eines Experimentes**

Zentrale Bedeutung in der experimentellen Forschung kommt der zufälligen Aufteilung der Probanden auf Versuchs- und Kontrollgruppe zu (Randomisierung). Ist die Verteilung der Versuchspersonen auf Versuchs- (VG) und Kontrollgruppe (KG) nachweislich zufällig erfolgt, können überzufällige Unterschiede zwischen der Versuchsgruppe und der Kontrollgruppe in der abhängigen Variablen auf das Treatment (Veränderung der UV bei der VG) zurückgeführt werden. Straka (1974) bezeichnet Experimente, bei denen das Prinzip der Randomisierung zur Anwendung kommt, als »echte« Experimente. Können die Probanden nicht nach dem Zufallsprinzip in zwei Gruppen aufgeteilt werden, sprechen wir von einem Quasi-Experiment. Nach Lewin (1986) können quasi-experimentelle Versuchsanordnungen als auf dem »... halben Weg zwischen dem eigentlichen Experiment und der Korrelationsstudie« (S. 50) stehend beschrieben werden.

Nur mit den so genannten »echten« Experimenten sind kausale Beweisführungen möglich. Es wird hier unterstellt, dass die Randomisierung dazu geführt hat, »... dass in der Analysevariablen vor der Stimuluspräsentation [gemeint ist die Manipulation der UV, d. Verf.] bei den beiden Gruppen kein signifikanter Unterschied bestanden hat« (Eichhorn 1993, S. 172).

Es kann nur bei absolut zufälliger Aufteilung der Probanden auf Versuchs- und Kontrollgruppe davon ausgegangen werden, dass die Ergebnisse tatsächlich auf der Manipulation der UV beruhen. Ist die Aufteilung der Probanden nicht nach dem Zufallsprinzip durchgeführt worden, könnte unterstellt werden, dass die Unterschiede zwischen der Versuchsgruppe und der Kontrollgruppe nicht durch die Variablenmanipulation (bei der UV) entstanden sind, sondern schon vor der Durchführung des Experiments bestanden haben.

In der sozialwissenschaftlichen und psychologischen Forschung werden »echte« Experimente jedoch relativ selten durchgeführt. Diekmann (1997) führt dieses vor allem darauf zurück, dass eine Randomisierung in der Praxis häufig nicht möglich ist. Man kann beispielsweise junge Menschen nicht per Zufall »auf ein Gymnasium oder eine Gesamtschule schicken, um die Vor- und Nachteile einzelner Schulformen zu untersuchen« (S. 303).

Gesetzmäßigkeiten des Lernens

Der Begriff des Lernens

Unter gelerntem Verhalten wollen wir alle Verhaltensweisen verstehen, die nicht angeboren, also nicht genetisch determiniert sind. Lefrancois (1994) drückt dieses in einer Definition des Begriffes Lernen folgendermaßen aus: »*Lernen* umfasst alle Verhaltensänderungen, die aufgrund von Erfahrungen zustande kommen.« (S. 3) Nach dieser Definition sind Verhaltensweisen ausgeschlossen, die aufgrund genetisch vorbestimmter Prozesse (Reife- oder Abbauprozesse) oder durch Unfälle ausgelöst werden, sowie Verhaltensweisen, die durch Drogen oder andere chemische Substanzen hervorgerufen werden.

Im Gegensatz zu anderen Organismen besitzt der Mensch relativ wenige angeborene *Reflexe* und *Instinkte*. Unter Instinkt sind komplexe Verhaltensschemata zu verstehen, die genetisch determiniert sind und nach dem Auftreten bestimmter innerer oder äußerer Reize ausgelöst werden. Ein Instinkt setzt sich aus mehreren Reflexen zusammen. Die wohl bekanntesten menschlichen Reflexe sind der Saug- und der Greifreflex (vgl. Rauh 1998). Über Instinkte und Reflexe ist keinerlei bewusste Kontrolle möglich. »Das Lebewesen folgt seinen Instinkten in einem dunklen Drange; es kann sich seiner Instinkte nicht erwehren.« (Schönpflug/Schönpflug 1995, S. 304)

Die Prinzipien des Lernens werden von verschiedenen Theoretikern in unterschiedlicher Art und Weise beschrieben. Im Folgenden sollen die Gesetzmäßigkeiten des Lernens aus behavioristischer Sicht, aus der Perspektive der Sozialen Lerntheorie und anhand der Betrachtungsweise der kognitiven Psychologie dargestellt werden.

Den Abschluss des Kapitels »Gesetzmäßigkeiten des Lernens« bildet ein Abschnitt zum »Lernen mit neuen Medien«.

Behavioristische Lerntheorien

Der Behaviorismus entwickelte sich zu Anfang des 20. Jahrhunderts. Frühe Vertreter waren Watson und Pawlow. Watson (1913) verwendete als Erster den Terminus *Behaviorismus*. Behavioristen hatten eine ganz spezifische Sichtweise von Wissenschaft. Sie interessierten sich nur für Variablen, die sie als exakt beobachtbar und messbar ansahen. Messbar waren nach ihrem Verständnis ausschließlich außerhalb des Menschen liegende Variablen, vor allem das beobachtbare Verhalten von Menschen. Alles, was sich innerhalb des menschlichen Organismus abspielt, z.B. Denkprozesse, war ihrer Meinung nach einer exakten wissenschaftlichen Untersuchung nicht zugänglich. Daher mussten die Behavioristen auf die Betrachtung von Vorgängen, die sich innerhalb des menschlichen Organismus abspielen, verzichten. Der Mensch wird deshalb im Behaviorismus als »Black Box« angesehen (siehe Abbildung 3). Grundannahme des Behaviorismus ist, dass auf den Menschen (Black Box) Reize einwirken. Das Verhalten des Menschen ist als eine Reaktion auf diese Reize anzusehen. Da im Deutschen die Begriffe Reiz und Reaktion beide mit dem Buchstaben R beginnen, werden als Abkürzung die Anfangsbuchstaben der englischen Begriffe verwendet. S steht dabei für stimulus (Reiz) und R für response (Reaktion).

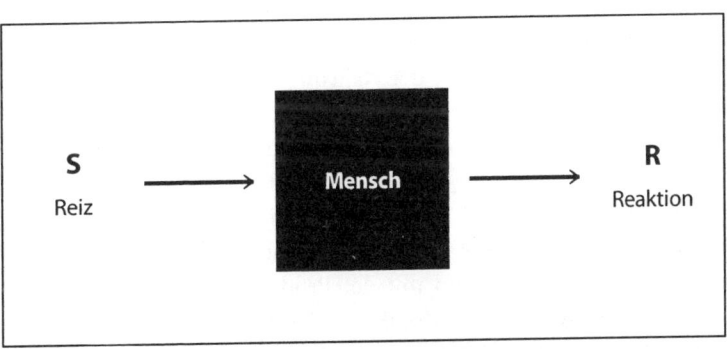

Abbildung 3: **Grundannahme des Behaviorismus** (Black-Box-Prinzip)

Respondentes Lernen

Iwan P. Pawlow, ein russischer Physiologe, der für seine Arbeiten mit dem Nobelpreis ausgezeichnet wurde, gilt als Begründer der Theorie des **klassischen Konditionierens** (vgl. Pawlow 1960), welches häufig auch als respondentes Lernen bezeichnet wird. Der Organismus reagiert auf einen Reiz mit einer Antwort (response). Ein anderer, oft verwendeter Begriff für respondentes Lernen ist Reiz-Reaktions-Lernen.

Pawlow beschäftigte sich ursprünglich mit Verdauungsprozessen. Er reichte Hunden Futter und maß parallel die Menge des bei der Nahrungsaufnahme entstehenden Speichels. In diesem Zusammenhang machte er folgende Entdeckung: Wenn zeitgleich mit der Nahrungsgabe ein anderer Reiz gegeben wurde, beispielsweise ein akustisches Signal, setzte nach kurzer Zeit der Speichelfluss des Hundes bei alleiniger Präsentation des akustischen Signals ein. Aus diesen Beobachtungen heraus entstand letztendlich die Gesamtkonzeption des Behaviorismus.

Wie können diese Beobachtungen erklärt werden? Die Nahrung bezeichnen wir als unkonditionierten Stimulus (US). Dieser löst beim Hund einen unkonditionierten Reflex aus (UR). Reflex deshalb, weil der Speichelfluss bei der sinnlichen Wahrnehmung von Nahrungsmitteln nicht gelernt, sondern angeboren ist. Die Präsentation des akustischen Signals bezeichnen wir als neutralen Stimulus (NS). Präsentieren wir den neutralen Stimulus (NS) allein, das heißt nicht gleichzeitig mit der Nahrung, folgt auf diesen Stimulus irgendeine Reaktion. Es folgt jedoch normalerweise kein Speichelfluss. Diese Reaktion wird als neutrale Reaktion (NR) bezeichnet. Bei paralleler Darbietung von US (Nahrungspräsentation) und NS (akustisches Signal) tritt nach kurzer Zeit eine Veränderung auf. Wird jetzt der neutrale Stimulus (NS, akustisches Signal) allein präsentiert, reagiert der Hund mit der Produktion von Speichel. Aus dem neutralen Stimulus (NS), der vorher irgendeine Reaktion auslöste, ist der konditionierte Stimulus (CS) geworden. Konditioniert deshalb, weil mit diesem Reiz eine Reaktion verknüpft wurde, die vorher nicht mit diesem Reiz verbunden war. Die Reaktion auf den konditionierten Stimulus (CS) wird als konditionierte Reaktion

(CR) bezeichnet. In Abbildung 4 ist das beschriebene *Prinzip des klassischen Konditionierens* zur Verdeutlichung grafisch dargestellt. In Klammern sind jeweils die einzelnen Faktoren des Pawlowschen Experimentes angegeben.

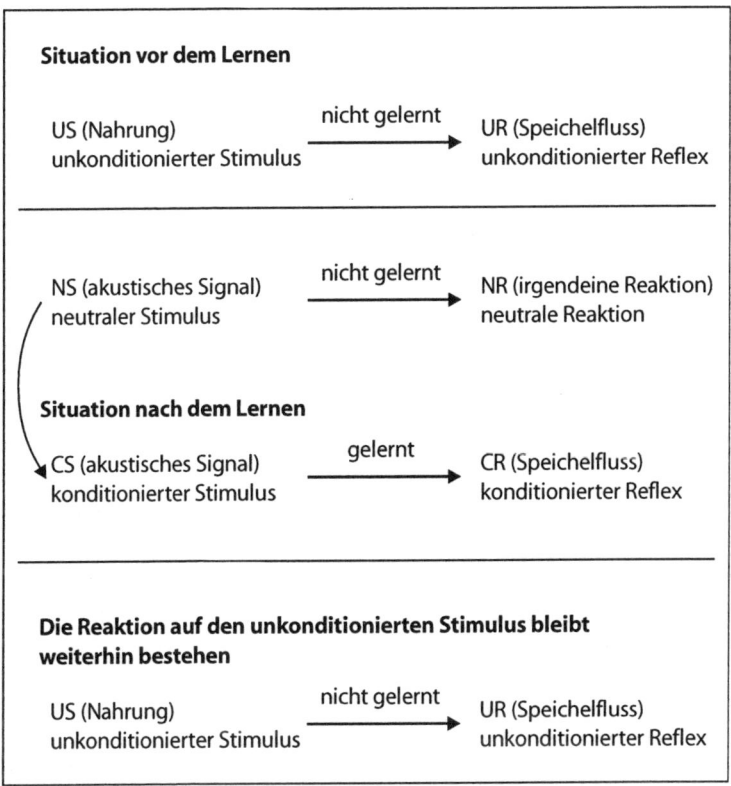

Abbildung 4: **Zusammenfassende Darstellung des klassischen Konditionierens**

Im Folgenden soll auf die Bedeutung des respondenten Lernens für die pädagogische Praxis eingegangen werden. Dieses ist zur gezielten Beeinflussung von Schülerverhalten jedoch als nur bedingt geeignet anzusehen. Es ist zwar möglich, gleichzeitig mit dem Eintreten des Lehrers in die Klasse ein angenehmes Gefühl beim Schüler auszulösen (hierzu später mehr), jedoch ist es nicht möglich, mit dem respondenten Lernen das Erlernen komplexerer Verhaltensweisen zu erklären. Erreicht werden kann mit den Mechanismen des »Reiz-Reaktions-Lernens« letztlich nur die Verknüpfung angeborener Reflexe und Reaktionsmuster mit Reizen, die normalerweise diese Reaktionsmuster nicht auslösen würden. Die Konditionierung von Verhalten auf einen neutralen Stimulus ist in der Praxis des Schulunterrichts schwerlich durchzuführen. Dies ist damit zu begründen, dass nach den Prinzipien des klassischen Konditionierens immer zwei Reize parallel auftreten müssen. Derartige Situationen treten zufällig auf oder müssen vorher gezielt arrangiert werden. Dieses ist in einer Unterrichtssituation in der Regel nicht möglich. Prinzipien des respondenten Lernens wirken jedoch relativ häufig in recht alltäglichen Situationen. Hier erscheint es uns wichtig, dass sich Pädagogen dieser Auswirkungen bewusst werden.

Die Wirkungsweise des respondenten Lernens wird im folgenden noch einmal anhand von zwei Beispielen aus der pädagogischen Praxis verdeutlicht.

Ein Schüler wird von einem überforderten jungen Referendar regelmäßig angebrüllt. Das Anbrüllen löst beim Schüler Angst aus. In der Sprache des respondenten Lernens kann das Anbrüllen als unkonditionierter Stimulus (US) betrachtet werden. Unkonditioniert deshalb, weil der Schüler jedes Mal Angst bekommt, wenn er von einer Person angebrüllt wird. Die Angst kann deshalb auch als unkonditionierte Reaktion (UR) beschrieben werden. Der junge Referendar löste anfangs beim Schüler keine Angst aus. In der Begrifflichkeit des respondenten Lernens zeigte dieser auf den Referendar eine neutrale Reaktion (NR). Der Referendar kann deshalb anfangs als neutraler Stimulus (NS) beschrieben werden. Nun tritt der unkonditionierte Stimulus (US: Brüllen) gleichzeitig mit dem neutralen Stimulus (NS: Referendar) auf. Nach einer gewissen Zeit können wir nun bei der alleinigen Darbietung des neutralen Stimulus (NS) die gleiche Reaktion beobachten wie bei der alleinigen Darbietung des unkonditionierten Stimulus (US). Der Schüler zeigt beim bloßen Auftreten des Junglehrers eine Angstreaktion.

Aus dem neutralen Stimulus (NS) ist ein konditionierter Stimulus (CS) geworden.
Die Angst, die beim Schüler durch die bloße Anwesenheit des jungen Lehrers ausgelöst wird, macht es ihm unmöglich, konzentriert dem Unterricht zu folgen. Daraufhin schreibt er bei diesem Lehrer hintereinander mehrere schlechte Arbeiten. Seine Schulnote verschlechtert sich.

Zur Verdeutlichung der im Beispiel dargestellten Wirkfaktoren des respondenten Lernens sind diese in Abbildung 5 noch einmal grafisch dargestellt.

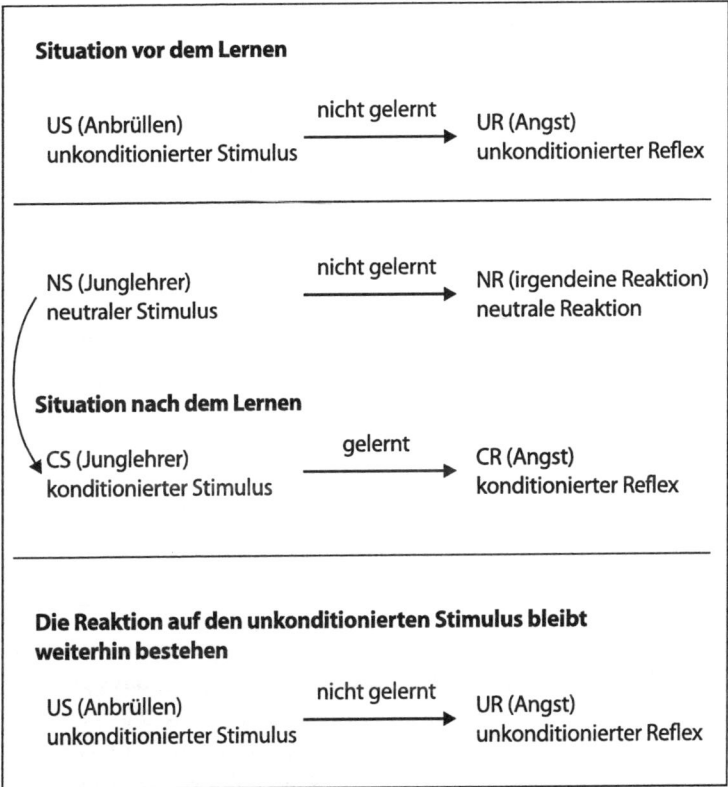

Situation vor dem Lernen

US (Anbrüllen)
unkonditionierter Stimulus
— nicht gelernt →
UR (Angst)
unkonditionierter Reflex

NS (Junglehrer)
neutraler Stimulus
— nicht gelernt →
NR (irgendeine Reaktion)
neutrale Reaktion

Situation nach dem Lernen

CS (Junglehrer)
konditionierter Stimulus
— gelernt →
CR (Angst)
konditionierter Reflex

Die Reaktion auf den unkonditionierten Stimulus bleibt weiterhin bestehen

US (Anbrüllen)
unkonditionierter Stimulus
— nicht gelernt →
UR (Angst)
unkonditionierter Reflex

Abbildung 5: **Zusammenfassung der Wirkfaktoren des Junglehrer-Beispiels**

Mit den Prinzipien des respondenten Lernens können selbstverständlich auch positive Konsequenzen erreicht werden. Als Beispiel hierfür soll folgender Fall eines Kindergartenkindes dienen:

Die Bindung dieses Kindes zu seinen Eltern war in dessen früher Kindheit so stark, dass es sich anfangs weigerte, den Kindergarten zu besuchen. Dieses änderte sich allerdings sehr schnell. Die Kindergärtnerin nahm das Kind gleich am ersten Tag in den Arm und strich ihm über das Haar. Die anderen Kinder waren ebenfalls sehr freundlich zum neuen Kindergartenkind. Was ist passiert? Der unkonditionierte Stimulus (in den Arm nehmen, über das Haar streicheln) löste beim neuen Kindergartenkind die unkonditionierte Reaktion (UR) Wohlbefinden aus. Das Wohlbefinden (UR) wird mit der Kindergärtnerin verknüpft. Diese wird deshalb zum konditionierten Stimulus (CS). Nun reicht die Präsentation des unkonditionierten Stimulus (CS), also das reine Auftreten der Kindergärtnerin, damit beim neuen Kind die konditionierte Reaktion (CR) Wohlbefinden ausgelöst wird.

Das dargestellte Modell der klassischen Konditionierung kann noch erweitert werden. Nicht nur die physische Anwesenheit des Stimulus kann eine Reaktion hervorrufen, sondern allein der Gedanke daran (Edelmann 1994). Im Falle des Kindergartenkindes führt die bloße Vorstellung des konditionierten Stimulus (CS: Kindergärtnerin) dazu, dass ihm der Weg in den Kindergarten erleichtert wird. Bei dem Schüler aus dem ersten Beispiel könnte eventuell der reine Gedanke an den jungen Referendar Angst auslösen.

Operantes Lernen

Das wohl bekannteste behavioristische Lernmodell ist das operante Konditionieren. Dieses wird auch als »*Lernen am Erfolg*« bezeichnet. Ein anderer Begriff für diese Lernform ist »instrumentelles Lernen«. Als Entdecker dieses Lernprinzips gilt der amerikanische Psychologe B.F. Skinner (vgl. Skinner 1954, 1973).

Genau wie Pawlow gewann er seine Erkenntnisse anhand von Tierexperimenten. Der Versuchsaufbau von Skinner kann knapp folgendermaßen beschrieben werden:

Abbildung 6: **Skinner-Box**

Eine Ratte sitzt in einem Käfig (der so genannten Skinner-Box, siehe Abbildung 6), in dem mehrere Tasten vorhanden sind. Die Ratte drückt alle Tasten in etwa in der gleichen Häufigkeit. Nun wird beim Druck auf eine ganz spezielle Taste der Ratte Futter dargeboten. Bei jedem Druck auf diese Taste fällt Futter in den Käfig. Die Taste, die mit der Futtergabe gekoppelt ist, wird nun deutlich häufiger betätigt als die anderen Tasten. Wurde die Kopplung der Futtergabe mit der Taste beendet, blieb das Druckverhalten der Ratte noch eine Zeit lang erhalten. Dann sank es auf das Ausgangsniveau zurück.

Aufbau erwünschter Verhaltensweisen

Mit der Darstellung des obigen Experimentes ist bereits das Grundprinzip des operanten Lernens vorgestellt worden, das Lernen am Erfolg. Die Ratte hatte aufgrund des Tastendruckes ein »Erfolgserlebnis« (Futtergabe). Das Verhalten, das der Ratte dieses Erfolgserlebnis verschafft hat (Druck auf die mit der Futtergabe verbundenen Taste), wird daraufhin häufiger ausgeführt. Das Tier zeigt das Verhalten, das zum Erfolg geführt hat, auch weiter, nachdem die Kombination des Tastendruckes mit dem Erfolgserlebnis (Futtergabe) beendet wurde.

In der Terminologie des operanten Lernens wird das Futter als *Verstärker* bezeichnet. Das Druckverhalten, welches das Tier vor der Verknüpfung von Futter und Taste gezeigt hatte, wird als *operantes Ausgangsniveau* bezeichnet. Durch die Kombination eines Verhaltens mit einem Verstärker wird die Auftretensrate dieses Verhaltens erhöht. Wichtig für die Wirkung des Verstärkers ist, dass das jeweilige Individuum diesen positiv bewertet bzw. positiv erlebt. Hört die Verstärkergabe auf, bleibt die Auftretensrate des Verhaltens eine gewisse Zeit erhöht. Sie sinkt dann jedoch langsam wieder auf das operante Ausgangsniveau herab.

Es wird zwischen primären und sekundären Verstärkern unterschieden. *Primäre Verstärker* befriedigen physiologische Bedürfnisse. Hierunter fallen beispielsweise Nahrung, Wasser oder sexueller Kontakt. Da der Wert dieser Verstärker nicht gelernt werden muss, können diese auch bei der Konditionierung von Tieren angewandt werden. *Sekundäre Verstärker* besitzen für das Individuum einen symbolischen Wert. Hierunter fallen beispielsweise Geld, Schulnoten oder die Erlaubnis, bestimmte Dinge auszuführen. Der wichtigste in der pädagogischen Situation einsetzbare sekundäre Verstärker ist das Lob.

Sekundäre Verstärker können nur beim Menschen erfolgreich eingesetzt werden, da sie nur einen symbolischen Wert besitzen. Das Individuum muss in der Lage sein, das Symbolsystem zu dechiffrieren.

Wichtig ist zu erwähnen, dass die Verstärkergabe bzw. -entfernung kontingent zum zu verstärkenden Verhalten erfolgen muss.

Unter *kontingent* verstehen wir das annähernd gleichzeitige Auftreten von zwei Ereignissen. Die Verstärkergabe bzw. -entfernung muss demgemäß direkt nach dem Auftreten des Verhaltens erfolgen.

Ein im pädagogischen Alltag einsetzbares Verfahren, bei dem die Verstärkergabe auch mit Zeitverzögerung durchgeführt werden kann, stellt das so genannte *Premack-Prinzip* dar (Eisert/Barkey 1979; Kane/Gantzer 1977; Liebeck 1991).

Von zwei Verhaltensweisen tritt eine häufiger auf. Die Auftretensrate der seltener zu beobachtenden Verhaltensweise soll erhöht werden. Als Verstärker zur Erhöhung der Auftretensrate der seltener zu beobachtenden Verhaltensweise wird nun die häufiger beobachtbare Verhaltensweise eingesetzt. Dabei wird unterstellt, dass das häufiger beobachtbare Verhalten vom Individuum gerne ausgeführt wird. Das folgende schulische Beispiel soll die Verwendung des Premack-Prinzips verdeutlichen:

Ein Lehrer kann ein Kind, welches ungern Vokabeln auswendig lernt aber gerne liest, damit verstärken, indem er das Kind nach erfolgtem Vokabellernen eine gewisse Zeit lang lesen lässt.

Das Grundschema des Premack-Prinzips kann folgendermaßen beschrieben werden: Zur Erhöhung der Frequenz eines Verhaltens, welches von einer Person ungern gezeigt wird, wird der Person versprochen, später eine von ihr positiv bewertete Tätigkeit ausführen zu dürfen.

Man unterscheidet ferner positive und negative Verstärkung. Beide werden zum Verhaltensaufbau eingesetzt. Durch Verstärkung wird die Auftretenswahrscheinlichkeit eines bereits bestehenden Verhaltens erhöht. Das Prinzip der negativen Verstärkung ist in vielen Lehrbüchern, vor allem aus dem pädagogischen Bereich, falsch dargestellt. Deshalb wird der Leser gebeten, besonderes Augenmerk auf die folgenden Ausführungen zu richten.

Positive Verstärkung bedeutet, dass auf ein bestimmtes Verhalten ein vom Individuum positiv bewerteter Reiz folgt. Bei der negativen Verstärkung verhält es sich genau umgekehrt. Hier wird ein vom Individuum negativ bewerteter Reiz entfernt. Dieser negativ bewertete Reiz wird ebenfalls als Verstärker bezeichnet. An dieser Stelle beginnen viele Studierende, Schwierigkeiten zu bekommen. Sie fragen sich, wie kann etwas negativ Bewertetes als Verstärker bezeichnet werden? Wir hoffen, diese Frage am Ende unserer Ausführungen zufrieden stellend beantwortet zu haben.

Zur Verdeutlichung des Prinzips der *negativen Verstärkung* soll ein fiktives Experiment mit der Skinner-Box dienen:

Die für das Experiment benutzte Skinner-Box besitzt einen aus Drahtgeflecht bestehenden Boden. In dieser Box sind wiederum verschiedene Tasten enthalten, die von der Ratte gedrückt werden können. Wir setzten nun den Käfigboden unter elektrischen Strom. Die Spannung ist so hoch, dass sie von der Ratte als unangenehm erlebt wird, jedoch nicht so hoch, dass sie der Ratte physischen Schaden zufügen kann. Eine Taste ist so geschaltet, dass mit ihr der Stromfluss unterbrochen werden kann. Am Anfang drückt die Ratte alle Tasten in etwa der gleichen Frequenz (operantes Ausgangsniveau). Sobald sie feststellt, dass mit Druck eines Schalters der aversive Reiz (Stromfluss) aus der Situation entfernt wird, erhöht sich die Druckfrequenz auf diese Taste.

Wichtig ist zu verstehen, dass in unserem Beispiel jenes Verhalten verstärkt wurde, welches mit der Wegnahme des aversiven Reizes verknüpft war: das Drücken der Taste, die den Stromfluss unterbricht. Die Ratte drückt nun auch bei nicht vorhandenem Stromfluss die entsprechende Taste in einer gegenüber den anderen Tasten erhöhten Frequenz. Sie hat gelernt, diese Taste zu drücken.

Zusammenfassend kann an dieser Stelle Folgendes festgehalten werden: Im Falle der positiven Verstärkung wird ein vom Individuum positiv bewerteter Stimulus dargeboten, bei der negativen Verstärkung ein negativ erlebter Stimulus (aversiver Reiz) entfernt. Die Wirkung von positiver und negativer Verstärkung hinsichtlich des Verhaltenserwerbs ist die gleiche. Einer Ratte kann beigebracht werden, eine Taste zu drücken, indem sie gleichzeitig mit dem Tastendruck regelmäßig Futter bekommt. Genauso kann dieses Verhalten erreicht werden, indem bei Ausführung des Tastendruckes ein regelmäßig auftretender Stromschlag entfernt wird. Beide Verfahren, Futtergabe und Entfernung des Stromschlages, bewirken also das gleiche Resultat: das Erlernen des Tastendrucks. Allgemeiner formuliert kann gesagt werden, dass eine Erhöhung der Auftretenswahrscheinlichkeit des verstärkten Verhaltens erreicht wird. »Es gibt [jedoch] keinen Zweifel daran, dass die positiv verstärkte Ratte wesentlich mehr Enthusiasmus bei dieser Beschäftigung [dem Tastendruck] entwickeln wird wie [sic] ihre aversiv trainierte Kollegin.« (Lefrancois 1994, S. 48)

Abbau unerwünschter Verhaltensweisen

Zum Abbau unerwünschter Verhaltensweisen können Bestrafung und Löschung eingesetzt werden.

Bei der *Bestrafung* wird bei unerwünschtem Verhalten ein aversiver Stimulus präsentiert bzw. ein positiv erlebter Stimulus entfernt.

Die langfristige Wirksamkeit von Bestrafung ist kontrovers diskutiert worden. Dabei wird vor allem gegen die Bestrafung eingewandt, dass diese lediglich eine vorübergehende Unterdrückung eines unerwünschten Verhaltens bewirkt. Ferner besteht die Möglichkeit, dass das Individuum lernt, wann es das unerwünschte Verhalten zeigen kann und wann nicht (so genanntes »Unterscheidungslernen«).

Angenommen, ein Kind ist dafür bestraft worden, weil es ein Fernsehprogramm angeschaut hat, dessen Konsum ihm die Eltern verboten haben. Möglicherweise »lernt« das Kind nun, dieses Fernsehprogramm nur dann anzusehen, wenn die bestrafende Instanz, die Eltern, nicht anwesend ist. Das bestrafte Verhalten ist also nicht verschwunden, sondern wird nur dann gezeigt, wenn die Kontrollinstanz abwesend ist.

Aus ethischen Gründen ist die Wirksamkeit von Bestrafung in der Regel nur im Tierversuch überprüft worden. Thorndike (1932) fand anhand von Tierversuchen heraus, dass Strafe zum Abbau unerwünschten Verhaltens eine geringere Effektivität besitzt als Verstärkung für den Aufbau erwünschten Verhaltens. Hieraus ist jedoch nicht zu schließen, dass die Anwendung von Strafe wirkungslos sei. Appel (1963) konnte den Zusammenhang zwischen der Intensität der Gabe des aversiven Reizes und der Wirksamkeit der Bestrafung nachweisen. Mit der Stärke des gegebenen aversiven Reizes vergrößert sich die Zeitspanne, in der das unerwünschte Verhalten nicht gezeigt wird. Mietzel (1993) stellt nach Durchsicht der vorliegenden Untersuchungen fest, dass die Auftretensrate unerwünschten Verhaltens »… nach Darbietung von aversiven Reizen unverzüglich absinkt« (S. 103).

Dieser Effekt kann bei der Erziehungsperson zu pädagogisch unerwünschten Lerneffekten führen – nach dem Prinzip des Lernens am Erfolg. Das Verhalten der Erziehungsperson »Bestrafung anwenden« wird positiv verstärkt, weil es sofort zu dem erwünschten Effekt führt: Das Kind unterlässt das unerwünschte Verhalten. Dadurch wird die Auftretenswahrscheinlichkeit des Verhaltens »Bestrafung anwenden« bei der Erziehungsperson in Zukunft erhöht.

Ein wichtiger Punkt scheint die konsequente Gabe aversiver Reize zu sein. Parke/Deur (1972) konnten aufzeigen, dass konsequente Bestrafung das Auftreten aggressiven Verhaltens stärker hemmte als inkonsequente Bestrafung. Eine von Johnston (1972) durchgeführte Literaturdurchsicht der vorliegenden Studien zur Wirkung von Bestrafung ergab, dass diese zum Abbau unerwünschten Verhaltens deutlich wirksamer zu sein scheint als die systematische Verstärkung zufällig auftretenden erwünschten Verhaltens.

Analog zur Verstärkung kann bei Bestrafung zwischen primärer und sekundärer Bestrafung unterschieden werden. Unter primärer Bestrafung verstehen wir physiologisch spürbare Reize, beispielsweise Schläge, Lärm oder im Tierversuch die Darbietung von Elektroschocks. Damit sekundäre Bestrafung Wirkung zeigen kann, muss das Individuum in der Lage sein, verbale oder nonverbale Codes zu entschlüsseln. In der Regel wird eine sekundäre Bestrafung in sprachlicher Form durchgeführt, hauptsächlich als Androhung einer primären Bestrafung.

An dieser Stelle muss noch auf ein grundlegendes Problem der Anwendung von Bestrafung in einer pädagogischen Situation eingegangen werden. Die Androhung bzw. der Vollzug von Strafe kann die sozioemotionale Beziehung zwischen Erzieher und zu Erziehendem beeinträchtigen. Der Erzieher wird mit negativen Emotionen (insbesondere Angst) verknüpft. Hier kommen die Prinzipien des respondenten Lernens zum Tragen (vgl. Abschnitt »Respondentes Lernen«, S. 20).

Bestrafung allein informiert häufig den zu Erziehenden nicht darüber, welches Verhalten erwünscht ist. Sofern es in bestimmten Situationen unerlässlich ist, Bestrafung anzuwenden, dann sollte, wie oben ausgeführt, gleichzeitig eine Verstärkung des erwünschten Verhaltens erfolgen.

Musste z.B. ein Kind unmittelbar bestraft werden, weil es seinen Bruder mit einem Spielzeug geschlagen hat, dann sollte darauf folgend das erwünschte Verhalten »friedliches Spielen« positiv verstärkt werden.

Der Einsatz primärer Strafreize hat aus ethischen Gründen in der pädagogischen Situation zu unterbleiben. Zur Wiederholung sind zusammenfassend in Tabelle 2, S. 32, noch einmal die Grundprinzipien von Verstärkung und Bestrafung dargestellt.

Zum Verhaltensabbau sollte in der pädagogischen Situation hauptsächlich das im Folgenden dargestellte Prinzip der **Löschung** eingesetzt werden. Anstelle des Begriffes Löschung wird häufig synonym der Begriff Extinktion verwendet. Wie bereits beschrieben, sinkt die Verhaltensrate beim Ausbleiben einer Verstärkung wieder auf das operante Ausgangsniveau zurück. Auf diesem Mechanismus beruht das Prinzip der Löschung. Bei der Löschung wird ein Verhalten konsequent ignoriert. Dieses entspricht dem Ausbleiben von Verstärkung.

Ein Individuum setzt Verhalten in der Regel instrumentell, also zielgerichtet ein, um Verstärker zu erhalten. Mit anderen Worten ausgedrückt, versucht das Individuum, positiv bewertete bzw. erlebte Konsequenzen zu bewirken.

Tabelle 2: **Zusammenfassung der Grundprinzipien von Verstärkung und Bestrafung**

Bestrafung	Wirkung auf das Individuum	Zukünftige Auftretenswahrscheinlichkeit des Verhaltens
Darbietung eines negativen Stimulus	Unangenehme Konsequenz	Verringerung (häufig nicht dauerhaft)
Entfernung eines positiven Stimulus	Unangenehme Konsequenz	Verringerung (häufig nicht dauerhaft)
Verstärkung	**Wirkung auf das Individuum**	**Zukünftige Auftretenswahrscheinlichkeit des Verhaltens**
Darbietung eines positiven Stimulus (positive Verstärkung)	Angenehme Konsequenz	Erhöhung
Entfernung eines negativen Stimulus (negative Verstärkung)	Angenehme Konsequenz	Erhöhung

Bleiben diese Konsequenzen aus, hat das Individuum mit seinem Verhalten das angestrebte Ziel nicht erreicht. Der Einsatz des Verhaltens hat sich als nicht erfolgreich erwiesen. Wird das Verhalten konsequent ignoriert, dann erhält das Individuum keine Verstärker. Es erlebt keine angenehmen Konsequenzen. Deshalb stellt das Individuum das unerwünschte Verhalten letztlich ein.

Das Ignorieren unerwünschten Schülerverhaltens durch den Lehrer muss jedoch nicht immer zur Löschung dieses Verhaltens führen.

Stört beispielsweise ein Schüler den Unterricht und die Klasse reagiert erheitert darauf, ist die Reaktion der Klasse als positive Verstärkung zu interpretieren.

Das Ignorieren der Störung durch den Lehrer allein kann nicht zu einem Abbau des unerwünschten Verhaltens führen, da die Löschung von unerwünschtem Verhalten durch Ignorieren nur dann gelingen kann, wenn alle in der pädagogischen Situation befindlichen Personen das Verhalten ignorieren. Ein Lehrer sollte deshalb z.B. bei Störungen des Unterrichts durch einen einzelnen Schüler mit den anderen Schülern verabreden, den Störungen keine Beachtung zu schenken.

In vielen Fällen steigt mit Beginn der Durchführung der Löschung die Auftretensrate des unerwünschten Verhaltens an. Es wird also zunächst ein gegenteiliger Effekt bewirkt. Dieses kann damit erklärt werden, dass das Individuum bei Ausbleiben der Verstärkung die Verhaltensfrequenz erhöht, um letztendlich doch noch einen Verstärkungseffekt zu erreichen. Erst wenn das unerwünschte Verhalten über einen längeren Zeitraum ignoriert wird, geht dessen Auftretensrate zurück. Als optimales Verfahren zum Abbau unerwünschten Verhaltens gilt die Kombination der Löschung mit der gleichzeitigen Verstärkung von erwünschtem Zielverhalten.

Bedeutung der Prinzipien des instrumentellen Lernens für den Unterricht

Ein Verhalten wird als instrumentell bezeichnet, wenn es zielgerichtet eingesetzt wird. Hat es zum angestrebten Ziel geführt, wird es mit großer Wahrscheinlichkeit in Zukunft häufiger angewandt werden, denn es hat sich als erfolgreich erwiesen. Ein vom Lehrer erhaltenes Lob für eine Beteiligung im Unterricht wird von den meisten Schülern als Erfolgserlebnis empfunden. Wird das Lob des Lehrers, welches als sekundärer positiver Verstärker bezeichnet werden kann, kontingent zur Unterrichtsbeteiligung des Schülers ausgesprochen, so wird mit großer Wahrscheinlichkeit die Beteiligung des Schülers am Unterricht in Zukunft zunehmen.

An dieser Stelle soll jedoch eine Einschränkung gemacht werden. Da Verhalten instrumentell eingesetzt wird, also subjektiv ein Erfolg angestrebt wird, wirkt nicht jedes Lob des Lehrers als Verstärkung. Spricht ein Lehrer beispielsweise ein Lob bei einer vom Schüler gelösten und von diesem als sehr einfach empfundenen Aufgabe aus, so wird dessen zukünftige Unterrichtsbeteiligung höchstwahrscheinlich nicht zunehmen. Sie kann im Gegenteil sogar abnehmen. In letzter Konsequenz können sich die Leistungen des

Schülers sogar langfristig verschlechtern. Die Lösung dieser einfachen Aufgabe wird vom Schüler nicht als Erfolgserlebnis empfunden (s.a. Abschnitt »Die Attributionstheorie«, S. 106). Lobt der Lehrer den Schüler nun, kann bei diesem die Auffassung entstehen, dass der Lehrer ihn als einen unterdurchschnittlich begabten Schüler ansieht. In diesem Fall kann es zu einer so genannten »sich selbst erfüllenden Prophezeiung« (self fulfilling prophecy) kommen (vgl. Bierhoff 1989; Bierhoff 1998; Blease 1983; Merton 1995). Damit ist gemeint, dass die Wahrscheinlichkeit des Verhaltens einer Person zunimmt, wenn dieses Verhalten von ihr erwartet wird. Deshalb sollen vom Lehrer nur diejenigen Leistungen eines Schülers verstärkt werden, von denen er vermutet, dass dieser sie als Erfolg erlebt.

Die Leistungen eines Schülers im Fach Physik haben sich nach einem Lehrerwechsel deutlich verbessert. Es soll nun versucht werden, diesen Leistungsanstieg mit den Prinzipien des operanten Lernens zu erklären.

Unser Schüler hat sich im letzten Schuljahr wenig am Physikunterricht beteiligt. Auf seine vereinzelten Äußerungen im Unterricht erfolgte kein Feedback durch den Lehrer. Der Schüler entwickelte daraufhin die Auffassung, dass er anscheinend wenig Talent für dieses Schulfach besitzt. Demgemäß war seine Anstrengungsbereitschaft in diesem Fach eher gering ausgeprägt. Mit Beginn des neuen Schuljahres wurden die wenigen Meldungen unseres Schülers durch den neuen Lehrer regelmäßig verstärkt. Anfangs wurde jede Äußerung durch ein kurzes Lob verstärkt. Dieses führte dazu, dass sich die Frequenz der Beteiligung erhöhte. Aufgrund der Erfolgserlebnisse änderte sich die Einstellung des Schülers zu diesem Fach. Seine Anstrengung im Fach Physik steigerte sich innerhalb und außerhalb des Unterrichts: innerhalb in Form einer erhöhten Beteiligung, außerhalb in Form einer sorgfältigeren Bearbeitung der Hausaufgaben. Nach und nach verringerte der Lehrer die Verstärkungen. Zuerst lobte er nur noch jede zweite Meldung im Unterricht, dann jede dritte. Zum Schluss wurden die Beiträge des Schülers unregelmäßig verstärkt. Die Anstrengung im Fach Physik blieb jedoch trotzdem hoch. Wie ist dieses zu erklären?

Im Tierversuch gewonnene Forschungsergebnisse zeigen, dass ein Verhalten am schnellsten erlernt wird, wenn es bei jedem Auftreten verstärkt wird. Ein derartiges Vorgehen wird als *kontinuierliche Verstärkung* bezeichnet. Es wurde bereits dargestellt, dass nach Beendigung der Verstärkung die Verhaltensrate innerhalb einer gewissen Zeit auf das operante Ausgangsniveau zurücksinkt. Langsamer erworben wird ein Verhalten bei *intermittierender Verstärkung*. Hier wird nicht jedes Auftreten des erwünschten Verhaltens verstärkt. Die Verstärkung erfolgt vielmehr entweder in regelmäßigen oder unregelmäßigen Abständen. Bei der intermittierenden Verstärkung wird zur Verhaltensakquisition (Verhaltensaneignung) ein längerer Zeitraum benötigt als bei der kontinuierlichen Verstärkung. Andererseits vergeht nach Ausbleiben der Verstärkung eine längere Zeitspanne, bis die Verhaltensrate wieder auf das operante Ausgangsniveau zurückfällt. Unser Lehrer im vorausgegangenen Beispiel wendet eine Kombination von kontinuierlicher und intermittierender Verstärkung an. Um einen schnellen Verhaltensaufbau zu erreichen, wird anfangs jedes erwünschte Verhalten verstärkt. Zur langfristigen Stabilisierung wird die intermittierende Verstärkung eingesetzt. Dieses ist auch aus praktischen Gründen erforderlich. Allein aus Zeitgründen wäre ein Lehrer nicht in der Lage, jedes Auftreten von erwünschtem Verhalten in einer großen Schulklasse zu verstärken.

Die intermittierende Verstärkung wird häufig anhand so genannter Quotenpläne durchgeführt. Eine Darstellung derartiger Pläne ist im Rahmen dieses einführenden Werkes jedoch nicht möglich. Es sei hier auf die einschlägige Literatur (Lefrancois 1994; Edelmann 1994) verwiesen.

Eine Schülerin hatte im letzten Schuljahr im Fach Physik regelmäßig den Unterricht gestört. Nach dem Lehrerwechsel haben diese Störungen abgenommen. Was hat der Lehrer unternommen, um dieses Ziel zu erreichen? Der aufmerksame Leser müsste anhand des bisher Dargestellten in der Lage sein, diese Frage zu beantworten.

Der psychologisch nicht ganz unbedarfte neue Lehrer verwendete das Prinzip der Löschung. In einer Unterrichtsstunde, in der unse-

re Schülerin nicht anwesend war, sprach er mit der Klasse über die Unterrichtsstörungen. Bisher hatten einige Schüler amüsiert auf das Verhalten der problematischen Schülerin reagiert. Der Lehrer bat die Schüler, in Zukunft den Störungen keine Beachtung mehr zu schenken. Er zeigte ebenfalls in den folgenden Wochen keine Reaktion bei Auftreten des störenden Unterrichtsverhaltens. Gleichzeitig verstärkte er das Auftreten von erwünschtem Verhalten. Jede angemessene Unterrichtsäußerung wurde kontinuierlich verstärkt. Anfangs nahmen darauf die Unterrichtsstörungen zu. Nach kurzer Zeit jedoch wurden sie seltener. Inzwischen liegt die Rate der Unterrichtsstörungen in etwa auf dem Niveau der anderen Schüler.

Die Prinzipien des operanten Lernens gelten nicht nur für die Schüler, sondern beeinflussen, wie oben schon angedeutet, auch das Verhalten des Lehrers. Dieses soll anhand des folgenden Beispiels verdeutlicht werden:

Eine Lehrerin hat Disziplinprobleme in ihrer Schulklasse. Viele Schüler verhalten sich sehr unruhig im Unterricht. Bei einer Videovorführung verhielt sich die gesamte Klasse plötzlich sehr ruhig. Seitdem setzt diese Lehrerin das Medium Video recht häufig ein. Wie ist dieses erklärbar?

Der häufigere Einsatz des Mediums Video durch unsere Lehrerin kann anhand des Prinzips der negativen Verstärkung erklärt werden. Der Lärm, den die Unruhe der Schüler auslöste, ist als aversiver Stimulus anzusehen. Mit Beginn der Filmvorführung nimmt der Lärmpegel schlagartig ab. Es wurde ein aversiver Stimulus entfernt (negative Verstärkung). Dadurch wird das Verhalten verstärkt, welches kontingent (annähernd zeitgleich) mit der Entfernung des aversiven Stimulus auftrat: der Videoeinsatz im Unterricht. Da die negative Verstärkung die Auftretenswahrscheinlichkeit des Verhaltens »Videoeinsatz« erhöht, wird die Lehrerin demgemäß das Medium Video in Zukunft häufiger verwenden.

Prinzipien des operanten Lernens und der Erwerb komplexer Verhaltensweisen

Wie bereits dargestellt wurde, kann mit den Prinzipien des operanten Lernens die Auftretenswahrscheinlichkeit spontan gezeigten Verhaltens beeinflusst werden. Der Erwerb neuer Verhaltensweisen kann mit den bisher beschriebenen Prinzipien nicht erklärt werden. Es existieren jedoch Weiterentwicklungen der Prinzipien dieser Lernform. Explizit dargestellt werden soll im Kontext dieses Buches das so genannte *Shaping* (Verhaltensformung). Zur Einführung in dieses Verfahren wird in Anlehnung an Lefrancois (1994) wieder ein fiktives Experiment in unserer Skinner-Box (siehe Abbildung 6, S. 25) verwendet:

Zum normalen Verhaltensrepertoire einer Ratte gehört es nicht unbedingt, Tasten in Käfigen zu drücken. Mit den bisher dargestellten Prinzipien des operanten Lernens kann jedoch nur die Auftretenswahrscheinlichkeit spontan gezeigten Verhaltens erhöht werden. Einerseits könnten wir warten, bis die Ratte spontan auf unsere Taste drückt, andererseits ist dabei nicht auszuschließen, dass uns die Ratte zwischenzeitlich verhungert. Wie können wir unter Anwendung von Prinzipien des operanten Lernens die Ratte nun dazu bringen, dieses Verhalten zu erlernen? Die Methode der Wahl ist in diesem Fall die so genannte stufenweise Annäherung, die auch als Shaping bezeichnet wird. Wie wird bei dieser Methode verfahren? Man verstärkt anfänglich jedes Verhalten des Versuchstieres, welches auch nur annäherungsweise zum erwünschten Zielverhalten gehört. Bewegt sich die Ratte in Richtung der Taste, wird ein primärer Verstärker gegeben. Berührt die Ratte die Taste, wird ebenfalls eine Verstärkung vorgenommen. Die Verstärkergabe bei einer Bewegung in Richtung der Taste wird aber im nächsten Schritt eingestellt. Ein Verstärker wird nur noch nach erfolgtem Druck einer Taste gegeben.

Beim »Shaping« wird immer das Verhalten verstärkt, das dem erwünschten Zielverhalten am nächsten kommt. Am Ende der Kette der stufenweisen Annäherung wird nur noch das erwünschte Zielverhalten verstärkt.

Ein Hauptproblem bei der Anwendung des Shapings ist, dass auch hier nur spontan auftretendes Verhalten verstärkt werden kann. Würden wir unser Rattenexperiment in einem großen Raum durchführen, wäre es sehr unwahrscheinlich, dass die Ratte spontan in Richtung der Taste laufen würde. Die Wahrscheinlichkeit, dass die Ratte eine Bewegung in eine andere Richtung macht, kann als gleich groß angesehen werden. In unserem kleinen Käfig hat die Ratte jedoch sehr eingeschränkte Bewegungsmöglichkeiten. Deshalb ist hier die Wahrscheinlichkeit einer Bewegung in Richtung der Taste erheblich größer. Anhand dieses Beispiels wird deutlich, dass zur erfolgreichen Durchführung des Shapings störende Umweltreize ausgeschlossen werden müssen. Im normalen Schulunterricht ist dieses jedoch nicht immer möglich.

Erfolgreich eingesetzt wird das Shaping im schulischen Kontext beispielsweise im Sportunterricht. Zur Unterstützung des Erlernens komplizierter motorischer Bewegungsabläufe verstärkt ein guter Sportlehrer in der Regel jede Annäherung an das gewünschte Zielverhalten.

Einwände gegen die Anwendung operanter Lernprinzipien

Bei der Behandlung der Prinzipien des operanten Lernens in unseren Lehrveranstaltungen werden von Studierenden oft kritische Einwände gegen die Verwendung dieser Prinzipien im Unterricht erhoben. Der am häufigsten vorgebrachte Einwand lautet in etwa folgendermaßen: »Durch die Verwendung von operanten Methoden werden Schüler manipuliert. Es wird versucht, ihren Willen zu brechen.« Um dieses Argument zu entkräften, soll hier nochmals die bereits im Abschnitt »Gegenstandsgebiet der Pädagogischen Psychologie«, S. 8, vorgestellte Definition des Begriffes Erziehung von Brezinka (1991) herangezogen werden: »Erziehung nennen wir die Handlungen, durch die andere Personen versuchen, die Persönlichkeit eines anderen Menschen in irgendeiner Hinsicht dauerhaft zu verbessern.« (S. 8) Ist der Versuch der »Verbesserung der Persönlichkeit« eines Menschen etwas anderes als Manipulation? Jegliche

Form von Erziehung ist in gewisser Weise eine Manipulation des Individuums. Manipulation oder besser ausgedrückt »Beeinflussung« ist nach unserer Ansicht für einen erfolgreichen Entwicklungsverlauf eines Kindes nicht nur nicht schädlich, sondern im Gegenteil sogar zwingend notwendig.

Jeder Mensch, der einmal über einen längeren Zeitraum kleine Kinder beobachtet hat, wird feststellen, dass deren Verhalten vor allem durch das Ziel der sofortigen Triebbefriedigung bestimmt wird. Ist eine sofortige Erfüllung des angestrebten Zieles nicht möglich, versuchen viele Kinder, durch lautes Verhalten, also Schreien, eine sofortige Triebbefriedigung herbeizuführen.

Als Beispiel sei an dieser Stelle das Verhalten kleinerer Kinder an einer Supermarktkasse angeführt. Hier sind in der Regel in Augenhöhe des Kindes Süßigkeiten ausgestellt. Viele Kinder versuchen durch Schreien, die Eltern zum Erwerb dieser Süßigkeiten zu bewegen (Abbildung 7). Kaufen die Eltern die Süßigkeiten, kommen zwei Prinzipien des operanten Lernens zum Tragen.

Abbildung 7: **Quengelndes Kind an der Supermarktkasse**

Beim Kind wird das Schreien durch den Erwerb der Süßigkeiten positiv verstärkt. Das Verhalten hat sich für das Kind als erfolgreich erwiesen. Aufseiten der Eltern wird durch den Kauf ein aversiver Stimulus (das Schreien des Kindes) entfernt. Das Verhalten des Kindes wird also positiv verstärkt, das der Eltern negativ. In beiden Fällen wird die Auftretenswahrscheinlichkeit des jeweiligen Verhaltens erhöht. Ignorieren die Eltern das Verhalten des Kindes, wird das Prinzip der Löschung angewandt. In den meisten Fällen ist das Ignorieren des Schreiens die sinnvollste, aber in dieser Situation gewiss die schwierigste Handlungsmöglichkeit.

Wird das Verlangen nach sofortiger Triebbefriedigung regelmäßig positiv verstärkt, generalisiert das zur Erreichung des Zieles eingesetzte Verhalten. Unter *Generalisierung* soll in diesem Kontext die Verwendung eines bereits erfolgreich eingesetzten Verhaltensmusters in anderen situativen Zusammenhängen verstanden werden. Verwenden wir wieder obiges Beispiel.

Nachdem das Kind in der Supermarktsituation mit seinem Verhalten erfolgreich gewesen ist, versucht es, auch in anderen sozialen Situationen dieses Verhalten einzusetzen. Das Kind soll beispielsweise gegen halb acht Uhr abends ins Bett gehen. Um dieses Bestreben der Eltern zu verhindern, setzt es wieder das erfolgreiche Verhalten »Schreien« ein.

Hat das Kind das Verhaltensmuster mehrmals erfolgreich im Elternhaus verwenden können, besteht die Gefahr, dass das Verhaltensmuster auch außerhalb des Elternhauses eingesetzt wird, z.B. in der Spielsituation mit Gleichaltrigen. Gleichaltrige reagieren hier jedoch in der Regel anders als die Eltern. Bei häufigem Einsatz eines derartigen Verhaltensmusters ist zu vermuten, dass Gleichaltrige den Kontakt mit dem Kind einstellen werden. Es besteht also hier die Gefahr, dass das Kind sozial isoliert wird. Dieses würde sich unbestreitbar negativ auf die weitere künftige Entwicklung des Kindes auswirken.

An unserem Beispiel wird deutlich: Jede mögliche Verhaltensweise der Eltern beeinflusst das Verhalten des Kindes. Es ist jedoch herausgearbeitet worden, dass nicht alle Verhaltensalternativen bei

Berücksichtigung ihrer möglichen langfristigen Konsequenzen als gleichermaßen sinnvoll anzusehen sind. Verstärkungsprozesse vollziehen sich in der Erziehung permanent, unabhängig davon, ob die Erzieher dies beabsichtigen oder überhaupt wissen. Nur eine bewusste und kontrollierte Steuerung dieser Lernprozesse wirkt sich förderlich auf die kindliche Entwicklung aus. Dieses setzt jedoch Wissen über die Prinzipien des Verhaltensaufbaus bzw. -abbaus voraus.

Zusammenfassend kann zur Kritik am Einsatz operanter Methoden in der Erziehung Folgendes festgestellt werden: Verstärkungsprozesse finden im alltäglichen Leben permanent statt, meist unbemerkt. Ein verantwortungsvoller und bewusster Einsatz von operanten Methoden fördert den kindlichen Entwicklungsverlauf. Ein günstiger Entwicklungsverlauf wird vor allem dadurch gefährdet, dass Erziehende sich der Auswirkungen ihres eigenen Verhaltens nicht bewusst sind. In solchen Fällen werden häufig unbeabsichtigt unerwünschte Verhaltensweisen verstärkt.

Es sei an dieser Stelle nur angemerkt, dass operante Methoden besonders erfolgreich in der Therapie kindlicher Verhaltensstörungen eingesetzt werden (vgl. Döpfner 1994; Lauth/Schlottke 1993; Petermann/Warschburger 1995).

Soziales Lernen

Mit den Methoden des operanten Lernens kann der Erwerb neuer Verhaltensweisen nur mit erheblichem Aufwand erreicht werden. Eine Theorie, der es besser gelingt, die Aneignung neuer Verhaltensmuster zu erklären, ist die »Sozial-kognitive Lerntheorie« von Bandura (1979b). Bandura behauptet, dass es nicht möglich ist, menschliches Verhalten allein durch externale Einflüsse zu erklären. Zur Wiederholung sei hier noch einmal darauf hingewiesen, dass die Behavioristen Verhalten ausschließlich durch externale Faktoren, also außerhalb des Organismus liegende Ursachen, beschreiben. Bandura löst sich vom Black-Box-Prinzip der reinen Behavioristen und integriert in seine Theorie auch in der Person ablaufende Prozesse.

Lernen am Modell

Die »Sozial-kognitive Lerntheorie« ist aus dem so genannten »Lernen am Modell« hervorgegangen. Zur Einführung in das Modell-Lernen soll ein klassisches Experiment von Bandura, Ross und Ross (1963) dargestellt werden:

Vier Gruppen von Kindergartenkindern wurde in jeweils unterschiedlichen Variationen vorgeführt, wie eine Person eine Puppe aggressiv malträtierte. Gruppe eins erlebte, wie eine reale Person vor ihren Augen die Puppe malträtierte. Gruppe zwei wurde dieser Vorgang als Film vorgeführt. Gruppe drei sah eine Vorführung dieses Vorgangs in Form eines Zeichentrickfilms. Die vierte Gruppe wurde als Kontrollgruppe verwendet. Ihr wurde nichts vorgeführt.

Direkt im Anschluss an die etwa zehnminütige Vorführung wurden die Kinder in einen Raum gebracht, in dem sich Spielzeug befand, unter anderem auch die vorher malträtierte Puppe. Die Kinder der Experimentalgruppen (Gruppe eins bis drei) zeigten in der zwangzigminütigen Beobachtungsphase fast doppelt so viel aggressive Akte gegen die Puppe wie die der Kontrollgruppe. Sehr oft konnten bei den Experimentalgruppen eins und zwei nahezu identische aggressive Akte beobachtet werden.

Dieses Experiment kann als Grundpfeiler des so genannten Modell-Lernens betrachtet werden. Es wurde aufgezeigt, dass allein aufgrund der Beobachtung eines Modells eine Verhaltensaneignung und -ausführung stattgefunden hat. Die verschiedenen Lernformen, die aufgrund der Beobachtung eines Modells auftreten können, beschreiben Bandura/Walters (1963) folgendermaßen: Durch die Beobachtung eines Modells erwirbt der Beobachter neue Verhaltensweisen. Diese waren vor der Beobachtung nicht Bestandteil des Verhaltensrepertoires. Hier spricht Bandura von einem *modellierendem Effekt*. Die Beobachtung des Modells kann weiter die Ausführung des gelernten Verhaltens bewirken.

Dieser Effekt ist jeden Tag im Straßenverkehr zu beobachten. Eine Gruppe von Menschen steht an einer Ampel und wartet, dass diese grün wird. Noch bei rot geht ein einzelner Passant über die Straße. In der Regel schließen sich diesem sofort weitere Personen an.

Die Aneignung bzw. Ausführung eines beobachteten Verhaltens wird durch verschiedene Faktoren bestimmt. Damit ein Verhalten angeeignet wird, muss es für den Beobachter eine gewisse Attraktivität besitzen. Die erste Grundvoraussetzung für die Aneignung von Modellverhalten ist jedoch die Wahrnehmung dieses Verhaltens. Der Beobachter muss also dem Verhalten Aufmerksamkeit entgegenbringen. Die zweite Voraussetzung für die Aneignung eines Verhaltensmusters ist seine Repräsentation im kognitiven System, die Abspeicherung des beobachteten Verhaltens im Gedächtnis.

Wie häufig ein Beobachter ein durch Modell-Lernen erworbenes Verhalten zeigt, hängt von den Konsequenzen ab, die auf dieses Verhalten folgen. Dieses entspricht dem instrumentellen Lernen. Erreicht der Beobachter mit der Ausführung des neu erworbenen Verhaltens ein Erfolgserlebnis, wird die Auftretenswahrscheinlichkeit dieses Verhaltens zukünftig zunehmen. Zur Wiederholung: Ein Erfolgserlebnis ist als positiver Verstärker anzusehen. Folgen negative Konsequenzen, nimmt die Häufigkeit der Ausführung des neu erlernten Verhaltens ab.

Bandura (1965) stellte weiter fest, dass auch die Konsequenzen, die das Modell erfährt, Einfluss auf die Ausführung des Verhaltens durch den Beobachter nehmen. Erzielt das Modell mit dem Verhalten positive Konsequenzen, ist die Wahrscheinlichkeit der Ausführung des Verhaltens durch den Beobachter hoch. Werden jedoch negative Konsequenzen beobachtet, verringert sich die Wahrscheinlichkeit der Ausführung des Verhaltens. Dieses wird als *stellvertretende Verstärkung* bezeichnet: stellvertretend für den Beobachter wird das Modell verstärkt. Hierauf werden wir im nächsten Kapitel genauer zu sprechen kommen.

An dieser Stelle kann auf einen weiteren Aspekt des Modell-Lernens hingewiesen werden: den so genannten enthemmenden oder hemmenden Effekt.

Das beobachtete Verhaltensmuster ist zum Zeitpunkt der Beobachtung schon Bestandteil des Verhaltensrepertoires des Beobachters. Dieser registriert die Konsequenzen, die das Modell nach Ausführung des Verhaltens erfährt. Erlebt das Modell positive Konsequenzen, erhöht sich die Auftretenswahrscheinlichkeit des Verhaltens beim Beobachter (*enthemmender Effekt*). Erfährt das Modell negative Konsequenzen, verringert sich beim Beobachter die Auftretenswahrscheinlichkeit des Verhaltens (*hemmender Effekt*). Hier wirkt nun wieder das Prinzip der stellvertretenden Verstärkung.

Der Ansatz des so genannten Modell-Lernens ist noch weitgehend vom Behaviorismus geprägt. Das Skinnersche Modell wird durch eine neue Komponente ergänzt: die »stellvertretende Verstärkung«. Dem Prinzip der *stellvertretenden Verstärkung* kommt große Bedeutung in einer Schulklasse zu. Ein erfolgreiches Verhalten eines Schülers verstärkt dasselbe Verhaltensmuster beim Rest der Schulklasse. Ebenso wird durch Bestrafung und Löschung nicht nur die Auftretenswahrscheinlichkeit des Verhaltens beim hiervon betroffenen Schüler gesenkt, sondern auch bei anderen Schülern der Klasse. Dieser Effekt der »stellvertretenden Verstärkung« hilft dem Lehrer bei der Umsetzung seines Erziehungsauftrages. Es können sich aufgrund der Wirkungsweise des Prinzips der stellvertretenden Verstärkung jedoch auch problematische Situationen ergeben. Exemplarisch soll eine dieser Situationen nun besprochen werden.

Unser bereits mehrfach vorgestellter junger Physiklehrer ist ein guter Kenner der Prinzipien des operanten Lernens. Er wandte zum Abbau unerwünschten Schülerverhaltens das Prinzip der Löschung bereits recht erfolgreich an. Bei einer Schülerin, die in seinem Fach eher durchschnittliche Leistungen zeigt, scheint dieses Prinzip plötzlich nicht mehr zu wirken. Die Schülerin wartet nicht ab, bis der Lehrer sie auffordert, ihre Meinung zu äußern. Konsequenterweise reagiert der Lehrer nicht auf diese Form der Unterrichtsbeteiligung. Trotzdem ändert sich das Verhalten unserer Schülerin nicht.

Zur Erklärung dieses Verhaltens muss noch eine weitere Information gegeben werden. Der Klassenprimus in diesem Fach ist ein sehr unruhiger Schüler. Auch dieser beteiligt sich relativ häufig unaufgefordert am Unterricht. Da dieser jedoch in der Regel sehr gute Beiträge zum Unterricht liefert, wird er von unserem Lehrer häufig gelobt.

Das Lob, das der Klassenprimus erhält, wirkt bei unserer Schülerin als stellvertretende Verstärkung. Nach Mietzel (1998) besitzen Verstärkungen aus der Sichtweise der »Sozial-kognitiven Lerntheorie« eine etwas andere Bedeutung als beim instrumentellen Lernen. Aus beobachteten Verstärkungen wird die Angemessenheit bestimmter Verhaltensweisen abgeleitet bzw. werden bestimmte Verhaltensprinzipien übernommen. Da der Lehrer die unaufgeforderte Unterrichtsbeteiligung des Schülers verstärkt, wird durch stellvertretende Verstärkung damit gleichzeitig auch die unaufgeforderte Unterrichtsbeteiligung unserer Schülerin verstärkt. Mit den Effekten der stellvertretenden Verstärkung kann eine auf den ersten Blick recht banal klingende Forderung an das Lehrerverhalten theoretisch untermauert werden: Lehrer müssen konsequent handeln. Verhalten, das bei einem Schüler akzeptiert wird, darf nicht bei einem anderen Schüler als ungebührlich angesehen werden.

Die Sozial-kognitive Lerntheorie

Mitte der 1970er-Jahre erweiterte Bandura (1979a) seine bis zu diesem Zeitpunkt noch stark behavioristisch geprägte Theorie. Die soziale Lerntheorie wurde durch kognitive Elemente ergänzt. Unter kognitiven Elementen sollen in diesem Zusammenhang die Aufnahme, Verarbeitung und Repräsentation der Umweltreize durch das Individuum verstanden werden. Der Prozess des Modell-Lernens wurde von Bandura jetzt in zwei Phasen unterteilt, die Aneignungs- und die Ausführungsphase. Die Unterscheidung dieser beiden Phasen wurde unter anderem aufgrund der Ergebnisse einer Erweiterung des bereits dargestellten Experimentes von Bandura et al. (1963) vorgenommen (vgl. »Lernen am Modell«, S. 42).

Drei Gruppen von Kindergartenkindern wurde per simulierter Fernsehübertragung ein aggressives Modell vorgeführt, welches eine Puppe malträtierte. Jede Gruppe erlebte ein anderes Ende der simulierten Fernsehvorführung. Die erste Gruppe sah, dass das aggressive Modell für sein Verhalten belohnt wurde. Der zweiten Gruppe wurde ein Ende ohne Konsequenzen für das Modell ge-

*zeigt. Die dritte Gruppe konnte eine Bestrafung des Modells be-
obachten. Die Filmvorführung ist für jedes Kind gesondert durchgeführt worden (siehe auch Abbildung 8). Im Anschluss daran
wurden die Kinder allein in ein Spielzimmer geführt, in dem
diverse Spielsachen vorhanden waren, unter anderem auch die im
Film verwendete Puppe. Nun wurde von Personen, denen nicht bekannt war, welcher der drei Experimentalgruppen das jeweilige
Kind angehörte, beobachtet, ob die im Film präsentierten Verhaltensweisen vom Kind spontan imitiert wurden. Es zeigten sich
signifikante (überzufällige) Unterschiede zwischen den drei Experimentalgruppen. Die Gruppe, die eine Bestrafung des Modells gesehen hatte, malträtierte signifikant weniger die Puppe als die
Gruppe, die eine Belohnung des Modells beobachten konnte.*

Abbildung 8: **Grundaufbau des Experimentes von Bandura (1965)**

*In einem zweiten Teil des Versuchs wurden die Kinder von der Ver-
suchsleiterin gebeten vorzuführen, was das Modell im Film mit der
Puppe gemacht hat. Als Verstärker wurden den Kindern Fruchtsaft*

und Klebebildheftchen gegeben. Die Verstärkergabe wurde u.a. mit dem Ziel durchgeführt, die Wirkung der von Gruppe drei erlebten stellvertretenden Bestrafung des Modells aufzuheben. Es zeigte sich, dass sich alle Kinder die im Film dargestellten Verhaltensweisen angeeignet hatten.

Unabhängig davon, ob das Modell bestraft, belohnt worden war oder keine Konsequenzen erfahren hatte, eigneten sich die Kinder das beobachtete Verhalten an. Die stellvertretende Verstärkung oder Bestrafung scheint nach den Ergebnissen dieses Experiments nur Auswirkungen auf die Ausführung des beobachteten Verhaltens zu haben, nicht jedoch auf die Aneignung des Verhaltens. Die Aneignung wird anscheinend von anderen Faktoren beeinflusst.

Die *Aneignungsphase* (Akquisition) wird von Bandura in zwei Phasen unterteilt:

- Aufmerksamkeitsprozesse und
- Gedächtnisprozesse.

Auf den Menschen strömen permanent deutlich mehr Informationen ein, als sein kognitives System (Informationsverarbeitung) aufnehmen und verarbeiten kann. Der Mensch muss deshalb die Fähigkeit entwickeln, relevante von irrelevanten Reizen zu unterscheiden. Dieses wird dadurch erreicht, dass wichtigen Reizen mehr *Aufmerksamkeit* entgegengebracht wird. In der Fachterminologie wird dieser Prozess als selektive Aufmerksamkeit bezeichnet. Aufmerksamkeit soll hier provisorisch definiert werden »… als ein Zustand konzentrierter Bewusstheit, begleitet von einer Bereitschaft des zentralen Nervensystems, auf Stimulation zu reagieren« (Zimbardo/Gerrig 1999, S. 166).

Wie trennt eine Person nun relevante von irrelevanten Reizen? Ein Kriterium scheint die Intensität des Reizes zu sein. Ein relevanter Reiz besitzt jedoch nicht nur eine gewisse Intensität, sondern steht zusätzlich noch im Kontrast zu anderen Umweltreizen.

Als Beispiel soll hier ein plötzliches lautes Geräusch in einer vormals stillen Umgebung dienen. Wir werden in der Regel der Quelle dieses Geräusches Aufmerksamkeit entgegenbringen. Anders sieht es in lauten Umgebungen aus, beispielsweise in einer Fabrikhalle. Hier strömt von allen Seiten Lärm auf uns ein. Es ist zu vermuten, dass wir in dieser Situation unsere Aufmerksamkeit nicht einer bestimmten Geräuschquelle zuwenden werden.

Außerhalb von Experimentalsituationen können wir uns häufig von auf uns einströmenden Reizen abwenden. Wir können beispielsweise Radio und Fernsehen abschalten oder den Sender wechseln. Die Voraussetzung für die Aneignung von Modellverhalten ist, dass wir unsere Aufmerksamkeit bestimmten Situationen zuwenden. Dies sind hauptsächlich solche, die für uns attraktive Reize enthalten. Entziehen wir uns einer bestimmten Situation, so sind wir nicht in der Lage, das dort gezeigte Verhalten wahrzunehmen. Eine Aneignung des Modellverhaltens ist nicht möglich.

In Schulklassen ist häufig eine noch einfachere Form des Nichtentgegenbringens von Aufmerksamkeit zu beobachten. Der Schüler hört dem Lehrer einfach nicht mehr zu. Er schaut beispielsweise aus dem Fenster oder ist mit seinen Gedanken schon bei der Freizeitgestaltung.

In der von Bandura gewählten Versuchssituation waren die Reize für die Versuchskinder attraktiv und dominant. Dieses liegt an der kindlichen Vorliebe für häufig latent gewalttätige Zeichentrickfilme (vgl. Krüger 1996). Das Fernsehen war in seiner Frühzeit ein deutlich dominanteres Medium als heute. Fernsehprogramme wurden von den meisten Menschen in den 1960er-Jahren deutlich konzentrierter konsumiert als in der heutigen Zeit.

Kommen wir zur zweiten Phase der Verhaltensakquisition. Damit ein beobachtetes Verhalten später ausgeführt werden kann, muss es, dieses mag banal klingen, erst einmal im *Gedächtnis* abgespeichert werden. Es muss also kognitiv repräsentiert sein. Ein beobachtetes Verhalten, an welches wir keine Erinnerungen haben, können wir nicht ausführen. Unser kognitives System setzt uns hier aber Grenzen. Eine Abspeicherung sehr komplexer Verhaltenssequenzen ist dem Individuum häufig nicht möglich.

Stellen wir uns einen Menschen vor, der noch nie mit einem Computer gearbeitet hat. Er beobachtet nun sehr aufmerksam eine Person, die einen Computer hochfährt, anschließend eine Anwendung startet und beginnt, mit diesem Programm zu arbeiten. Nun versucht der Beobachter selbst, diesen Computer zu bedienen.

Höchstwahrscheinlich wird er es nicht schaffen, die Anwendung zu starten und mit ihr zu arbeiten. Er ist damit überfordert, die relativ komplexen Verhaltensweisen in seinem kognitiven System adäquat zu repräsentieren.

Die *Ausführungsphase* wird von Bandura ebenfalls zweifach untergliedert, und zwar in

- motorische Reproduktionsprozesse und in
- Verstärkungs- und Motivationsprozesse.

In der dritten Phase wird das Beobachtete wiederholt, also reproduziert. Der Beobachter übt gewissermaßen das neue Verhalten ein. Nach Mietzel (1998) ist häufig eine Reproduktion in alltäglichen Unterrichtssituationen nicht möglich. Dieses liegt vor allem daran, dass komplexere Aufgaben »… gedächtnismäßig zunächst noch unzulänglich erfasst …« (S. 168) werden. Das Adjektiv »motorisch« ist dem Begriff *Reproduktionsprozess* vorausgestellt. Hiermit wird darauf hingewiesen, dass beobachtete Bewegungsabläufe nicht nur kognitiv reproduziert, sondern durch reale Nachahmung eingeübt werden müssen.

Als Beispiel soll hier das Autofahren dienen. Für viele Heranwachsende und Jugendliche besitzt das Autofahren eine hohe Attraktivität. Sie beobachten deshalb ihre Eltern sehr genau beim Autofahren. Sie wissen, wie die einzelnen Gänge geschaltet werden. Ebenfalls ist ihnen die Funktion der weiteren Bedienelemente des Fahrzeuges bekannt. Kommen diese Jugendlichen nun in die Fahrschule, sind sie keineswegs in der Lage, das beobachtete Verhalten fehlerfrei auszuführen. Sie »würgen« eventuell den Motor beim Anfahren ab oder haben Schwierigkeiten mit der Koordination gleichzeitig zu erledigender Tätigkeiten.

Bei einem geübten Autofahrer sind diese Verhaltensabläufe quasi automatisiert. Er ist ohne zu überlegen in der Lage, das Gaspedal der Situation angemessen zu bedienen oder den richtigen Gang zu wählen.

In der vierten Phase entscheidet sich, ob ein neu erlerntes Verhalten tatsächlich ausgeführt wird. Dieses ist abhängig von der *Motivation* des Individuums in einer realen sozialen Situation. An dieser Stelle kommen u.a. die bereits dargestellten Prozesse »direkte Verstärkung« und »stellvertretende Verstärkung« zum Tragen. Kommen wir hier noch einmal auf das zweite Experiment Banduras (1965) zu sprechen:

Im ersten Teil des Experimentes gab es drei Versuchsbedingungen: Eine Gruppe beobachtete, wie das Modell belohnt wurde, eine zweite, wie es bestraft wurde, und eine dritte sah, dass das Verhalten des Modells ohne Konsequenzen blieb. Spontan hatte nur jene Gruppe das beobachtete Verhalten nachgeahmt, die die Belohnung des Modells gesehen hatte.

Im zweiten Teil des Experimentes wurde allen drei Gruppen eine Belohnung angeboten, wenn sie das Modellverhalten zeigen würden. Es ergab sich nun, dass die Kinder aus allen drei Gruppen das Modellverhalten realisieren konnten.

Dieses bedeutet, dass auch jene Kinder, die eine Bestrafung oder keine Konsequenzen beim Modell beobachtet hatten, sich das Verhalten angeeignet hatten. Ausgeführt wurde das beobachtete Verhalten aber erst dann, wenn eine direkte Verstärkung (Fruchtsaft usw.) in Aussicht stand.

Die Gruppe jedoch, die die Belohnung des Modells beobachtet hatte, zeigte bereits im ersten Teil des Versuchs spontan die Mehrzahl der beobachteten Verhaltensweisen. Im zweiten Teil des Versuchs nun, also bei direkter Verstärkung (Fruchtsaft, Klebebilder), zeigte aber auch diese Gruppe noch signifikant mehr Verhaltensimitationen als im ersten Teil bei nur stellvertretender Verstärkung (Beobachtung der Belohnung des Modells). Dieses belegt, dass direkte Verstärkung deutlich wirksamer zu sein scheint als stellvertretende Verstärkung.

Selbstverstärkung

Ein dritter Verstärkungsmechanismus soll der Vollständigkeit halber an dieser Stelle noch eingeführt werden: die so genannte Selbstverstärkung (vgl. Halisch et al. 1977; Kanfer 1987). Das Handlungsergebnis oder die Ausführung der Handlung selbst wirkt hier als Verstärker. In derartigen Situationen ist zur Erhöhung der Auftretenswahrscheinlichkeit des gezeigten Verhaltens keine Verstärkung von außen notwendig.

Stellen wir uns einen passionierten Modelleisenbahner vor, dessen Hobby von seiner Familie nicht geteilt wird. Er erhält demgemäß von dieser relativ wenig Verstärker. Er wird jedoch durch das Handlungsergebnis verstärkt. Dieses kann beispielsweise seine Freude über den gelungenen Ausbau eines bestimmten Teils der Modelleisenbahn sein. Die emotionale Reaktion auf den gelungenen Ausbau des Teilstücks verstärkt die Handlung »Modelleisenbahnausbau«.

Es kann jedoch auch störendes Verhalten im Unterricht für das Individuum selbstverstärkend wirken. Der Verstärker ist in einem solchen Fall beispielsweise die emotionale Erregung des Kindes bei der Durchführung der Unterrichtsstörung. Hier würde ein Ignorieren des Verhaltens durch den Lehrer nicht zur Eliminierung des unerwünschten Verhaltens führen, da dadurch kein Verstärker aus der Situation entfernt wird.

Auch sollte an dieser Stelle nicht unerwähnt bleiben, dass die Förderung der Selbstverstärkung erwünschten Verhaltens ein Standardelement vieler verhaltenstherapeutischer Trainings- und Therapieprogramme ist (Heiby et al. 1984; Kornblith et al. 1983; Kossak 1990; Petermann/Petermann 1994, 1997; Walter et al. 1997). Als problematisch anzusehen ist die oben beschriebene Selbstverstärkung ausschließlich bei unerwünschtem Verhalten. Zum Abbau unerwünschter Selbstverstärkungen liegen ebenfalls Programme vor (vgl. Held et al. 1983; Sobez 1984).

Exkurs: Aggressives Verhalten

Beendet werden soll das Kapitel »Sozial-kognitive Lerntheorie« mit einem kurzen Exkurs. Ein weiteres beachtenswertes Ergebnis der zweiten Untersuchung von Bandura (1965) ist der Unterschied zwischen Jungen und Mädchen hinsichtlich der Ausführung des beobachteten aggressiven Verhaltens (Malträtieren der Puppe). Jungen, unabhängig von der Experimentalgruppenzugehörigkeit, malträtierten im ersten Versuchsdurchgang die Puppe signifikant häufiger als Mädchen. Die Jungen der Experimentalgruppen, bei denen das Modell am Ende verstärkt wurde, zeigten im Gegensatz zu den Mädchen schon im ersten Versuchsdurchgang sämtliche der beobachteten Verhaltensweisen. Die direkte Verstärkung im zweiten Versuchsdurchgang erhöhte die Verhaltensrate der Jungen dieser Gruppen nicht mehr.

Dieses Ergebnis von Bandura (1965) wird durch Angaben des »Diagnostischen und statistischen Manuals psychischer Störungen (DSM IV)« (Saß et al. 1996) bestätigt. Das klinische Störungsbild »aggressives Verhalten« im Kindes- und Jugendalter ist nach Angaben des DSM IV bei Jungen neunmal häufiger zu beobachten als bei Mädchen. Nach Loeber (1990) ist die klinische Störung »Aggression« häufig Teil eines Entwicklungsverlaufs, dem u.a. die Störung Hyperaktivität vorausgeht. Auf aggressives Verhalten im Kindesalter folgt in vielen, aber durchaus nicht in allen Fällen, delinquentes Verhalten im Jugend- und Erwachsenenalter.

Nun kann jedoch nicht jedes aggressive Verhalten von Kindern und Jugendlichen als pathologisch angesehen werden. Damit eine klinische Diagnose »aggressives Verhalten« gestellt werden kann, muss eine Vielzahl von Kriterien erfüllt sein. Dem interessierten Leser sei zur Vertiefung dieser Fragestellung die Lektüre der Diagnosemanuale ICD 10 (Dilling et al. 1993) und DSM IV (Saß et al. 1996) empfohlen. Petermann und Warschburger (1995) geben nach einer Durchsicht der entsprechenden Studien an, dass bei ca. zwei Prozent aller Kleinkinder und bei ca. 10 Prozent der Jugendlichen die Verhaltensstörung »Aggression« diagnostiziert werden kann.

Bei der von Bandura (1965) untersuchten Stichprobe ist davon auszugehen, dass bei der Mehrzahl der Jungen, die an der Untersu-

chung teilgenommen haben, keineswegs eine als pathologisch an-
zusehende Aggression zu diagnostizieren gewesen wäre. Warum
zeigten diese trotzdem eine gegenüber den Mädchen signifikant erhöhte Rate aggressiven Verhaltens?

Hierfür liefert Bandura (1979a) wiederum selbst einen Erklä-
rungsansatz. Er behauptet, »… dass die geringe aggressive Model-
lierung bei weiblichen Personen eher differenzielle Hemmung als
differenzielles Lernen aggressiver Verhaltensweisen widerspiegelt«
(S. 84). Dieses wird durch seine Untersuchungsergebnisse gestützt
(Bandura 1965). Auch die Mädchen hatten die aggressiven Verhaltensweisen gelernt, sie imitierten diese jedoch spontan deutlich seltener. Die höhere Rate der spontanen Imitation des beobachteten
aggressiven Verhaltens durch die Jungen führt Bandura (1979b) vor
allem auf gesellschaftliche Werte zurück. »Wenn aggressive Verhal-
tensformen gelernt worden sind, bestimmen im Wesentlichen die
sozialen Umstände, ob und wann sie ausgeführt werden.« (S. 84)
Körperlich aktives Verhalten wird in unserer Gesellschaft bei Jungen häufig gefördert und bei Mädchen unterdrückt. Jungen sind also in der Regel – öfter als Mädchen – direkt oder stellvertretend für
körperlich aktives Verhalten verstärkt worden.

Jungen erleben von frühester Kindheit an aggressive männliche
Modelle. Weibliche aggressive Modelle sind dagegen relativ selten
zu beobachten. Mädchen können sich aber mit beobachteten mas-
kulinen Rollenmustern schlechter identifizieren. Aus diesem Grunde bewirkt die Beobachtung männlicher Modelle bei Mädchen
deutlich schwächere Effekte als bei Jungen.

Neben lerntheoretischen Erklärungen werden für aggressives
Verhalten u.a. eine gestörte Informationsverarbeitung (Dodge et al.
1990) und ein vermindertes Einfühlungsvermögen (Minde 1992)
verantwortlich gemacht. Hiermit können allerdings schwerlich die
Unterschiede zwischen Jungen und Mädchen hinsichtlich des aggressiven Verhaltens erklärt werden. In jüngster Zeit wird der Einfluss genetischer Faktoren auf die Herausbildung aggressiven Verhaltens untersucht (Clarke et al. 1999; Hawkins et al. 1992; Rowe et
al. 1999; Walsh 1992). Die Ergebnisse dieser Studien sind jedoch
sehr widersprüchlich. Es erscheint uns deshalb noch zu früh, Aus-
sagen hinsichtlich des Einflusses genetischer Faktoren zu treffen.

Kognitive Ansätze

Wir haben bis jetzt erfahren, durch welche Prinzipien die Erhöhung oder Verringerung der Frequenz von Verhalten zu erreichen ist. Weiter ist dargestellt worden, dass Verhalten aufgrund von Beobachtung erworben werden kann. Individuen zeigen jedoch auch neue Verhaltensweisen, die sie nicht von anderen Personen übernommen haben können. Menschen sind anscheinend in der Lage, neue Erkenntnisse zu entwickeln, ohne dass äußere Einflüsse auf sie eingewirkt haben.

Es erscheint jedoch schwierig, die Gewinnung neuer Erkenntnisse mit den bis jetzt vorgestellten Lerntheorien zu erklären. Eine Erklärung hierfür bieten die so genannten kognitiven Ansätze.

Im Folgenden werden gestalttheoretische Vorstellungen, ein Grundmodell der menschlichen Informationsverarbeitung und der Ansatz der sozialen Informationsverarbeitung vorgestellt.

Der gestaltpsychologische Ansatz

In den 1920er-Jahren entwickelten Forscher wie Koffka, Köhler und Wertheimer eine neue psychologische Sichtweise: die Gestaltpsychologie (vgl. Bower/Hilgard 1984; Lück 1991; Wertheimer 1957). Das Fundament des gestaltpsychologischen Ansatzes bildet der Begriff der *Einsicht*. Dieser ist folgendermaßen definiert:

> *»Einsicht ist die plötzliche Wahrnehmung von Beziehungen zwischen den Elementen einer Problemsituation.«* (Edelmann 1994, S. 333)

Aufgrund dieser Definition von Einsicht ist es nicht verwunderlich, dass die Gestalttheorie sich mit der Erforschung von Wahrnehmungsprozessen beschäftigte. Deren Erforschung wurde hauptsächlich durch die Entdeckung des so genannten Phi-Phänomens ausgelöst. Hierunter wird der Effekt verstanden, dass hintereinander aufleuchtende Lampen beim Betrachter den Eindruck einer Bewegung auslösen. Diesen Effekt erleben wir regelmäßig in alltägli-

chen Situationen. Denken Sie beispielsweise an eine mit Warn-
leuchten gesicherte Autobahnbaustelle. Das Aufblinken dieser Lampen wird von uns als Bewegung wahrgenommen.

Die Grundaussage der von den Gestalttheoretikern aufgestellten Wahrnehmungsgesetze lautet:

Das Ganze ist anders als die Summe seiner Teile.

Diese Grundaussage wird durch so genannte Wahrnehmungsgesetze präzisiert. Das »**Gesetz der guten Gestalt**« besagt, dass eine Tendenz besteht, dass alles, was wahrgenommen wird, die bestmögliche Gestalt annimmt. Guski (1989) definiert dieses Gesetz leicht abweichend folgendermaßen: »Jede Reizkonstellation wird so gesehen, dass sie eine möglichst einfache Struktur ergibt.« (S. 54) Die genaue Ausformung dieser wahrgenommenen bestmöglichen Gestalt wird durch vier Prinzipien bestimmt, von denen eines in Abbildung 9 grafisch dargestellt wird.

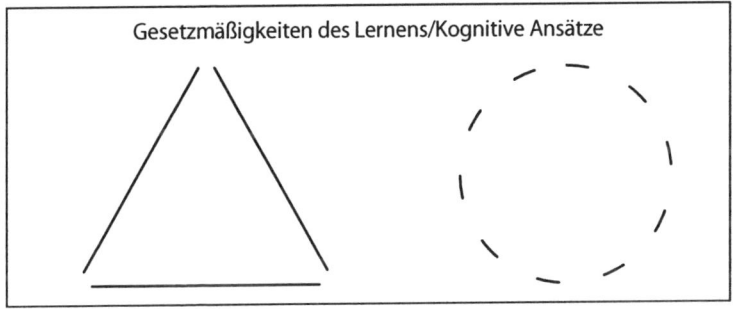

Gesetzmäßigkeiten des Lernens/Kognitive Ansätze

Abbildung 9: **Prinzip der Geschlossenheit**

Nach dem Prinzip der Geschlossenheit versucht die menschliche Wahrnehmung, eine unvollständige Figur als vollständige wahrzunehmen. In Abbildung 9 werden Sie höchstwahrscheinlich ein Dreieck und einen Kreis erkennen. Tatsächlich sind in dieser Abbildung nur mehrere Linien dargestellt.

Weitere Wahrnehmungsprinzipien der Gestalttheorie sind das »Prinzip der Kontinuität«, das »Prinzip der Nähe« sowie das »Prinzip der Ähnlichkeit«. Aus diesen vier Prinzipien kann abgeleitet werden, dass das kognitive System die einzelnen wahrgenommenen Teile zu einem Gesamtbild zusammenfasst. Aus Platzgründen können wir hierauf nicht genauer eingehen. Eine ausführliche Darstellung geben Bower und Hilgard (1984).

Ähnlich verhält es sich nach Ansicht der Gestaltpsychologen beim Lernen. Wahrgenommene (gelernte) Informationen werden im Gedächtnis abgespeichert. »Nach Ansicht der Gestaltpsychologen können die neuronalen Prozesse, die während der Wahrnehmung aktiv sind, in unterschwelliger Form als eine Spur überdauern. Die Informationen würden demnach im Wesentlichen in derselben Form und durch dieselben neuronalen Prozesse abgespeichert, wie sie während der Wahrnehmung gegeben waren.« (Bower/Hilgard 1984, S. 32).

Diese im Gedächtnis abgespeicherten Spuren (Informationen) tendieren ebenfalls dazu, die bestmögliche Gestalt anzunehmen. Die vom Lernenden abgespeicherte Information kann im günstigen Fall eine bessere Gestalt annehmen als die Originalinformation.

Wie kann der *Einsichtsprozess* durch die Gestalttheorie erklärt werden? Hierzu soll ein berühmter Versuch Köhlers (1963) dargestellt werden, der während des Ersten Weltkrieges durchgeführt wurde. Köhler befand sich bei Ausbruch des Ersten Weltkrieges auf einer Forschungsreise in Teneriffa. Aufgrund des plötzlichen Kriegsausbruches konnte er nicht nach Deutschland zurückkehren. Während seines Zwangsaufenthaltes auf der Insel führte er seine inzwischen berühmten Affenversuche durch.

> *»In der einfachsten Form des Tests wurde der Affe in einen Käfig gesetzt, über dem hoch oben an der Decke eine für das Tier unerreichbare Frucht hing. Irgendwo im Käfig lag ein Stock, der so lang war, dass das Tier die Frucht damit erreichen konnte. Der Affe musste den Stock als Werkzeug wahrnehmen, bevor er an sein Futter gelangen konnte.«* (Neel 1974, S. 345)

Güntürkün (1996) gibt an, dass die Affen, um an die Bananen zu gelangen, in weiteren Variationen des Experiments Türen öffneten, um anschließend auf die Türoberkanten zu klettern, Kisten aufeinander stapelten, Seile wie Lassos warfen oder Strohhalmbündel so lange knickten und drehten, bis sie als Stock verwendbar waren.

Wie kann die Bananenbeschaffung der Affen nun aus der Sicht der Gestalttheorie erklärt werden? Die Affen stellten Verknüpfungen zwischen den sich in der Situation befindlichen Elementen an. Es wurden demgemäß Werkzeuge und Zielobjekt (Bananen) miteinander in Verbindung gebracht. Dieses kann als Problemlösung durch Einsicht bezeichnet werden.

Ausdrücklich muss darauf hingewiesen, dass den Versuchstieren keine erfolgreichen Versuche anderer Tiere vorgeführt wurden.

Anders ausgedrückt kann die erfolgreiche Problemlösung des Versuchstieres in Anlehnung an Edelmann (1994) etwa folgendermaßen formuliert werden: Probleme besitzen eine schlechte Gestalt. Die schlechte Gestalt erzeugt eine Spannung, die durch die Umwandlung in eine gute Gestalt aufgelöst werden kann. Eine Problemlösung wird durch die Umstrukturierung der defekten Gestaltstruktur in eine gute Struktur erreicht.

Zusammenfassend kann festgehalten werden, dass die Gestalttheoretiker Lernen anhand interner (im Menschen liegender) Faktoren beschreiben. Damit steht diese Position im Gegensatz zu den behavioristischen Auffassungen. Ausgelöst wird ein Verhalten, um eine innere Spannung zu reduzieren. Kritisch anzumerken bleibt, dass von den Gestalttheoretikern keine genaueren Informationen bezüglich der konkret ablaufenden Prozesse des Lernens geliefert wurden. Guski (1989) beurteilt die Gestalttheorie zusammenfassend so: »Da die Gestaltpsychologie eher beschreibt als erklärt (…), sind ihre Anwendungsmöglichkeiten eher begrenzt.« (S. 72)

Informationsverarbeitung

In den 1970er-Jahren fand in der Psychologie ein Paradigmenwechsel statt. Beherrschten bis dahin vor allem behavioristische Ansätze die amerikanische Psychologie, gewannen nun kognitive Ansätze an Bedeutung. Dieser Paradigmenwechsel wird vielfach als kognitive Wende bezeichnet. Das Menschenbild der Psychologie veränderte sich »von der Modellvorstellung eines passiv reagierenden

Menschen zu einem planenden, selbsttätig handelnden und wahrnehmenden Individuum« (Lück 1991, S. 161).

Informationsverarbeitungsansätze beschäftigen sich mit der Aufnahme und Verarbeitung von Umweltreizen. Auf dieser Grundlage kann die Informationsverarbeitung als Grundlage jedweden Lernens angesehen werden. Auch die aus behavioristischer Sicht das Lernen bestimmenden Verhaltenskonsequenzen müssen vom Individuum wahrgenommen und verarbeitet werden. Werden diese Konsequenzen nicht wahrgenommen, dann können sie keine Wirkung entfalten. In Abbildung 10 ist ein stark vereinfachtes Schema der Informationsverarbeitung dargestellt.

Damit Informationen verarbeitet werden können, müssen sie erst einmal wahrgenommen werden. Wie bereits im Abschnitt »Die Sozial-kognitive Lerntheorie«, S. 45ff., dargestellt wurde, strömen auf den Menschen permanent mehr Informationen ein, als er aufnehmen bzw. verarbeiten kann.

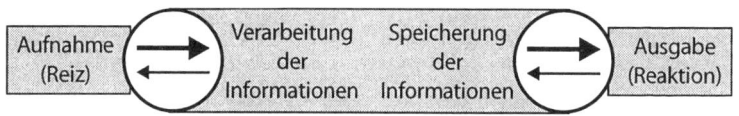

Abbildung 10: **Vereinfachtes Modell der menschlichen Informationsverarbeitung**

Bei den wahrgenommenen Reizen muss unterschieden werden zwischen subjektiv relevanten und weniger relevanten. Deshalb bringt ein Individuum einigen Reizen Aufmerksamkeit entgegen, anderen wiederum nicht. Es werden jedoch trotzdem mehr Reize in das kognitive System aufgenommen, als letztendlich verarbeitet werden. Dieses soll anhand des von Cherry (1953) beschriebenen so genannten »Cocktailparty-Phänomens« dargestellt werden.

Bei Gesprächen konzentrieren wir uns in der Regel voll auf die Konversation mit unseren Gesprächspartnern. Gespräche an Nachbartischen nehmen wir dabei häufig nicht wahr. Fällt jedoch am Nachbartisch der eigene Name, wird dieses von den meisten Menschen registriert.

Eine Selektion von Reizen wird demnach anhand von zwei Mechanismen vorgenommen: erstens durch die »Nichtwahrnehmung« großer Reizmengen, zweitens durch eine »Nichtweiterverarbeitung« aufgenommener Reize durch das kognitive System (s. Reddy 1995).

Das »Cocktailparty-Phänomen« zeigt, dass die aufgenommenen Reize nicht automatisch unserem Bewusstsein zur Verfügung stehen. Das kognitive System führt einen mehr oder weniger unbewussten Abgleich der einströmenden Informationen mit bestimmten, im kognitiven System bereits vorhandenen Mustern bzw. Schemata durch. Scheinen einzelne Informationen für diese Muster relevant zu sein, werden diese Informationen bewusst wahrgenommen. Die Wahrnehmung wird nun verstärkt auf die Quelle dieser Informationen ausgerichtet. Hier wird deutlich, dass der Wahrnehmungsprozess nicht gleichzusetzen ist mit einer objektiven Aufnahme von Informationen. Er ist vielmehr höchst subjektiv. Da die im kognitiven System vorhandenen Muster bzw. Schemata interindividuell (zwischen zwei Individuen) und im Verlaufe der Lebensspanne sogar intraindividuell (innerhalb eines Individuums) differieren, nehmen verschiedene Individuen den gleichen Wahrnehmungsgegenstand schon deshalb unterschiedlich wahr, weil sie unterschiedliche Aspekte daran beachten.

Wahrnehmungsgegenstände werden in Schemata abgespeichert. Unter einem Schema wird ein aufgrund früherer Erfahrungen gewonnenes allgemeines Wissen über den Wahrnehmungsgegenstand verstanden (Cohen 1989). Schon Piaget und Inhelder (1977) zeigten, dass Kleinkinder ihre Umwelt in Form von Schemata erklären.

Ein sehr junges Kind, das zu Hause mit einem Hund aufwächst, ordnet häufig anfangs jedes Tier dem Schema Hund zu. Später werden beispielsweise nur noch vierbeinige, sich bewegende Tiere diesem Schema zugeordnet oder alle Tiere, die einen Schwanz besitzen. Erst im späteren Verlauf der Entwicklung sind Kinder in der Lage, Tiere in halbwegs korrekte Schemata einzuordnen.

Die Aufgabe der Phase »Verarbeitung von Informationen« ist es unter anderem, die aufgenommenen Informationen den entsprechenden Schemata zuzuweisen. Damit wir auf aufgenommene und verarbeitete Informationen zurückgreifen können, müssen diese im kognitiven System verankert bzw., anders ausgedrückt, im Gedächtnis abgespeichert werden. Eine noch weit verbreitete Vorstellung über den Aufbau unseres Gedächtnisses postuliert eine Zwei- bzw. Dreiteilung unseres Abspeicherungssystems. Nach dieser kann das *Gedächtnis* in Ultrakurzzeitgedächtnis (sensorisches Gedächtnis), Kurzzeitgedächtnis und Langzeitgedächtnis unterteilt werden (vgl. Zimbardo/Gerrig 1999). Neuere Forschungsansätze beschreiben das Gedächtnis als neuronales Netzwerk (vgl. Chappell/Humphreys 1994; Lenk 1997). Eine Darstellung dieser Ansätze würde den Rahmen dieses einführenden Werkes sprengen. Es sei daher auf die angegebene Literatur verwiesen.

Nach Durchlauf der Schritte »Aufnahme (Reiz)«, »Verarbeitung der Information« und »Speicherung der Information« erfolgt die Reaktion des Individuums auf die Umweltreize im Schritt »Ausgabe (Reaktion)« (vgl. Abbildung 10, S. 58).

Informationsverarbeitungsansätze sind oft mit verhaltenstheoretischen Elementen kombiniert worden. Ein Beispiel hierfür ist das *Modell des sozialen Austausches* bei Kindern von Dodge (1986), welches von Bielski (1999) auf den Kontext geistig behinderter Kinder übertragen wurde. In welchem Zusammenhang steht die Informationsverarbeitung mit verhaltenstheoretischen Erklärungsansätzen?

An einer sozialen Interaktion sind immer mindestens zwei Personen beteiligt. Bei diesen verläuft die Verarbeitung der in der sozialen Situation vorhandenen Reize anhand des in Abbildung 10, S. 58, dargestellten Musters. Nach diesem Schema steht am Ende des Informationsverarbeitungsprozesses eine Reaktion, die nicht nur durch die in der sozialen Situation vorhandenen Reize beeinflusst wird, sondern auch durch die Vorerfahrungen des Individuums. Dodge (1986) analysierte besonders den Informationsspeicherungsprozess. Die aufgenommenen Informationen werden mit bereits gemachten Erfahrungen abgeglichen. Ähnelt die wahrgenommene soziale Situation einer bereits früher erlebten, dann werden die damals gemachten Erfahrungen bei der Reaktion mit berücksichtigt.

Betrachten wir zum Beispiel ein Kind mit Problemen bei der Interpretation sozialer Reize: Dieses Kind interpretiert ein Streicheln über den Kopf durch ein anderes Kind nicht als Sympathieerklärung, sondern als Bedrohung. Der zum Kopfstreicheln notwendige Bewegungsablauf wird mit dem sehr ähnlichen Bewegungsablauf des auf den Kopfschlagens verwechselt. Unser Kind reagiert auf diese Bewegung aggressiv. Diese aggressive Reaktion wird vom anderen Kind wiederum anhand des Grundmusters der Informationsverarbeitung aufgenommen und verarbeitet. Es deutet das aggressive Verhalten als Bedrohung und reagiert nun ebenfalls aggressiv. Was passiert nun bei unserem Kind, das Probleme bei der Interpretation sozialer Reize aufweist?

Im ersten Durchgang reagiert unser Kind mit einer aggressiven Reaktion. Diese nimmt es jedoch selbst nicht als aggressive Reaktion wahr, sondern als angemessene Behauptung. Es hat das Kopfstreicheln ja als Bedrohung wahrgenommen. Im zweiten Durchgang verhält sich das andere Kind nun tatsächlich aggressiv. Die Reaktion unseres Kindes wurde als Angriff aufgefasst. Dieser wird nun mit entsprechendem Verhalten beantwortet. Bei unserem Kind verstärkt jedoch die aggressive Gegenreaktion die ursprüngliche Interpretation des Kopfstreichelns als Angriff. Unser Kind würde auf die Frage, warum es auf das Kopfstreicheln aggressiv reagiert hat, höchstwahrscheinlich folgendermaßen antworten: »Ich habe doch Recht gehabt, das Kind hat mich nachher ja wirklich geschlagen.«

Informationsverarbeitung in sozialen Situationen ist ein gewissermaßen interaktionaler Prozess. Bei allen Interaktionspartnern laufen parallele Informationsverarbeitungsprozesse ab. Durch unterschiedliche Aufmerksamkeitsprozesse werden unter Umständen jeweils andere Umweltreize aufgenommen. Da die Individuen unterschiedliche Vorerfahrungen gemacht haben, werden diese Reize ebenfalls unterschiedlich interpretiert und kategorisiert. Die Reaktion der Interaktionspartner kann, wie oben beschrieben, die vorhandenen Wahrnehmungs- und Interpretationsmuster verstärken. Ein Schwerpunkt der kognitiven Verhaltenstherapie ist deshalb die Modifikation problematischer Wahrnehmungsprozesse (vgl. Hautzinger 1998; Lückert/Lückert 1994).

Lernen mit neuen Medien

In den letzten zwanzig Jahren hat eine Entwicklung in den Informations- und Kommunikationstechnologien eingesetzt, die unser Arbeits- und Privatleben grundlegend verändert hat bzw. verändern wird. Auf den pädagogischen Bereich haben diese Entwicklungen anfangs kaum Einfluss genommen. Erst in den letzten Jahren ist im schulischen wie im außerschulischen Aus- und Weiterbildungsbereich die Diskussion um die Nutzung dieser Technologien voll entbrannt (Issing/Klimsa 1997; Reinmann-Rothmeier/Mandl 1998; Tulodziecki 1997, 1998).

Beginnen wollen wir diesen Abschnitt mit einer Klärung des Begriffes »Medium«. Ganz allgemein werden Medien als Mittler von Informationen verstanden. »Soweit sie dies im Kontext von Lehren/Lernen tun, sind sie als ›pädagogische Medien‹ zu bezeichnen.« (Weidenmann 1994, S. 497) Nach dieser allgemeinen Definition sind auch »… Kreide, Lehrerin, Taschenrechner »Mittler«, d.h., sie vermögen Informationen zu transportieren« (S. 497).

Der Begriff »Neue Medien« bestimmt in den letzten Jahren die Diskussionen im pädagogischen Bereich. Es ist davon auszugehen, dass höchst unterschiedliche Vorstellungen mit diesem Schlagwort verbunden werden. Welche Medien können also den »Neuen Medien« zugeordnet werden?

Zunächst handelt es sich um einen Begriff, der relativ zum Zeitpunkt seiner Verwendung zu verstehen ist. Was gestern neu war, ist heute selbstverständlich, und was heute neu ist, ist morgen vielleicht schon veraltet. Videorekorder, Tageslichtschreiber etc. waren ebenfalls einmal »Neue Medien«, vielleicht sind sie es für manche Personen heute noch. Auch der Personal Computer (PC) war gegen Anfang der 1980er-Jahre ein »Neues Medium«. Heutzutage wird dieser von einem Großteil der Menschen, insbesondere von Kindern und Jugendlichen, als etwas Selbstverständliches angesehen.

Wenn heute in der Pädagogik von neuen Medien gesprochen wird, sind häufig »Multimedia« bzw. »*Multimedia-Systeme*« gemeint. Dabei wird »… die Digitaltechnik als das zentrale Glied aller Medien- und Kommunikationstechnik angesehen …« (Kerres 1998, S. 81). Hier sind zwei grundsätzliche Trends zu beobachten.

Zum einen wachsen vormals getrennt operierende Medientechniken zusammen, beispielsweise Bild- und Sprachsysteme. Zum anderen entstehen neue Medienformen, z.B. so genannte interaktive Medien. Nach Kerres (1998, S. 81) integrieren Multimediasysteme

- textliche Informationen und Zahlen,
- aufgezeichnete Ton- und erzeugte Audioinformationen,
- eingelesene oder erzeugte Grafiken,
- aufgezeichnete oder erzeugte Bewegtbilder.

Dieses kann als eine eher pragmatische Definition angesehen werden, die noch einige Unklarheiten bestehen lässt. Danach wäre auch der Film ein multimediales System. Hier werden ebenfalls Toninformationen und Bewegtbilder miteinander verknüpft.

Unabhängig von der Definitionsproblematik können die »Neuen Medien« im pädagogischen Bereich unter zwei verschiedenen Aspekten betrachtet werden: zum einen als Gegenstand des Unterrichts, zum anderen als Unterrichtsmittel.

Neue Medien als Gegenstand des Unterrichts

Die allgemeine Verbreitung der Computertechnologie hat seit Anfang der 1980er-Jahre in verschiedener Weise ihren Niederschlag im schulischen Bereich gefunden.

Lernziel »Programmierung«

Zu Beginn der flächendeckenden Verbreitung von Personal Computern unterschieden sich diese Geräte gravierend von heutzutage gebräuchlichen Exemplaren. Die ersten PC besaßen Speicherkapazitäten, die in der Größenordnung von ein bis zwei Disketten lagen. Die PC-Vorgänger bzw. damaligen Konkurrenzprodukte, beispielsweise der Commodore C 64, der Atari etc., besaßen nicht einmal eine Festplatte. Entsprechend klein und wenig komplex waren die zu dieser Zeit verwendeten Programme.

Die Schule reagierte auf das Aufkommen derartiger Computer damit, dass sie glaubte, die Schüler mit der »Sprache« dieser Geräte vertraut machen zu müssen. Der Informatikunterricht dieser Zeit bestand aus der Vermittlung von Programmiersprachen wie BASIC und dem Erstellen eigener kleiner Programme. Diese Art der Vermittlung der Computertechnologie erscheint aus damaliger Sichtweise verständlich. Dabei muss insbesondere berücksichtigt werden, dass grafische Benutzeroberflächen wie Windows erst gegen Ende der 1980er-Jahre zur Verfügung standen. Die Bedienung des PCs erfolgte damals ausschließlich über die Tastatur.

Die rasante technische Weiterentwicklung von Hard- (Computer) und Software (Programme) setzte dieser Form der Vermittlung von Computerkenntnissen ein Ende. Es war nun nicht mehr nötig, spezielle Programmiersprachen zu beherrschen, um Computer bedienen zu können. Andererseits war es aufgrund der Komplexität der Programmiersprachen zu Beginn der 1990er-Jahre wohl auch nicht mehr möglich, diese im normalen Schulunterricht zu vermitteln.

Lernziel »Computer- und Softwarenutzung«

In den 1990er-Jahren rückten zweierlei Bestrebungen in den Mittelpunkt der pädagogischen Bemühungen:

Zum einen sollten die Schüler lernen, mit dem Computer und dessen Peripheriegeräten wie Drucker, Scanner, Modem etc. umzugehen. Da aufgrund der grafischen Benutzeroberfläche (Windows etc.) nun keine besonderen Kenntnisse zur Bedienung eines PCs mehr notwendig waren, sollten jetzt vor allem Ängste abgebaut werden, die hinsichtlich des Umgangs mit diesen Geräten bestanden. Ziel war es, eine Grundvertrautheit mit dem Arbeitsgerät Computer herzustellen.

Das zweite Ziel des Computerunterrichts war die Vermittlung von Kenntnissen in der Bedienung spezieller Programme. Typische Beispiele hierfür sind Textverarbeitung, Datenbanken und Tabellenkalkulationsprogramme.

Zur Mitte der 1990er-Jahre wurden von der Bund-Länder-Kommission für Bildungsplanung und Forschungsförderung

(1995) Vorschläge für eine informationstechnische Grundbildung an allgemein bildenden Schulen vorgelegt. Hier wurde jedoch auch explizit beschrieben, dass seitens der Lehrer teilweise große Defizite bestanden, die durch spezielle Schulungsangebote zu lösen waren. Derartige Defizite scheinen auch heutzutage noch zu bestehen. Beispielsweise weisen Kahlert et al. (1998) darauf hin, dass die meisten Mitglieder einer Stichprobe von Lehrern, die den Auftrag bekamen, Unterrichtsmaterial im Internet zu suchen, nicht das beste Material im Unterricht einsetzten, sondern das am leichtesten zugängliche.

Lernziel »Informationsgewinnung mit computerbasierten Systemen«

In der zweiten Hälfte der 1990er-Jahre gewann das ehemals reine Wissenschaftsnetz *Internet* zunehmend an Bedeutung. Der Computer wandelte sich vom allein stehenden Einzelplatzrechner zum Netzwerkrechner. Viele Computernutzer haben nun Zugriff auf einige lokale Rechner (bspw. in einer Arbeitseinheit: Intranet) bzw. auf Millionen anderer Rechner über das Internet.

An die Pädagogik werden hier zwei verschiedene Anforderungen gestellt: Die erste Aufgabe ist die Heranführung an vernetzte Computersysteme. Diese Aufgabe dürfte sich in den nächsten Jahren nicht mehr in der heutigen Form stellen. Gleser und Bielski (2000) stellten bei Untersuchungen zur studentischen Internetnutzung fest, dass diese im Verlaufe der letzten Jahre stetig zunahm. Das Netz wird, wenn auch in unterschiedlicher Qualität, inzwischen von über 90% der befragten Studierenden genutzt. Diese Befunde stimmten mit denjenigen einer von der Bertelsmann Stiftung in Auftrag gegebenen Studie im Wesentlichen überein: Baacke (1999) ermittelten in einer aus Lehramtsstudierenden bestehenden Stichprobe eine Internetnutzung von 78,5 %. Es ist zu vermuten, dass dieser Trend in nicht allzu ferner Zeit auch in der Gesamtbevölkerung seine Fortsetzung finden wird. Die Aufgabe der Heranführung an das Netz dürfte sich dann nur noch für eine relativ kleine Personengruppe stellen.

Die zweite Aufgabe besteht in der Selektion der im Internet vorhandenen Informationen. Die Zahl der verfügbaren Internetseiten (Homepages) steigt momentan exponentiell von einigen Tausend noch vor wenigen Jahren auf inzwischen weit über 100 Millionen Seiten. Das inhaltliche Angebot im Internet scheint schier unerschöpflich zu sein. Zum Auffinden von Inhalten im Internet existieren so genannte Suchmaschinen. Diese durchsuchen alle Seiten im Internet nach dem eingegebenen Stichwort.

Angenommen, Sie sollen eine Hausarbeit zur Entstehungsgeschichte des Grundgesetzes schreiben. Die Recherche mit einer üblichen Suchmaschine ergab 5234 Webseiten mit Bezug zum Thema Grundgesetz.

Eine derart große Informationsmenge scheint nicht bearbeitbar zu sein. Eine zukünftige Aufgabe der Pädagogik liegt deshalb in der Vermittlung spezieller Suchstrategien.

Die Nutzung des Internets scheint jedoch noch weitere, auf den ersten Blick nicht zu erwartende, neue Probleme aufzuwerfen. So konnten Bielski und Gleser (2000) bei einer studentischen Stichprobe bei steigender Intensität der Internetnutzung eine gleichzeitige Abnahme der kritischen Distanz beobachten. Berücksichtigen wir die großen Probleme, die beispielsweise hinsichtlich des Datenschutzes, des elektronischen Handels, der Glaubwürdigkeit vieler Homepages etc. im Internet bestehen, so zeichnet sich hier eine weitere Aufgabe schulischer Bildung ab. Für eine ausführliche Betrachtung der schulischen Nutzungsmöglichkeiten des Mediums Internet sei auf Kerres (2000) verwiesen.

Medienkompetenz

Der Mensch ist in der heutigen Zeit gezwungen, sich mit einer ständig steigenden Informationsmenge auseinander zu setzen. Dieses bezieht sich nicht nur auf die so genannten »Neuen Medien«, sondern auch auf schon länger etablierte Medienformen. Als Beispiel sei die stetig steigende Zahl von Fernseh- und Radiosendern angeführt. Auch das Angebot im Bereich der Printmedien (Zeitungen, Zeitschriften, Bücher) vergrößert sich ständig. Keiner anderen Generation zuvor standen jemals so viele Informationen zur Verfügung. Der Auswahl relevanter Informationen kommt deshalb eine besondere Rolle zu. Im Zusammenhang mit der Auswahl und Gewichtung medial vermittelter Informationen wird seit längerem das Schlagwort »Medienkompetenz« verwendet. Nach Kübler (1999) enthalten pädagogische Konzepte von Medienkompetenz u.a. die Dimensionen »kognitive Fähigkeiten«, »analytische und evaluative Fähigkeiten« und »sozial reflexive Fähigkeiten«.

»Kognitive Fähigkeiten« werden hinsichtlich der Erfassung von Struktur, Organisation, Funktion und Inhalt der Medien benötigt. »Analytische und evaluative Fähigkeiten« sind nach unserer Meinung den »kognitiven Fähigkeiten« zuzurechnen. Hierunter fällt die Kompetenz zur inhaltlichen Bewertung der vermittelten Medieninhalte. »Sozial reflexive Fähigkeiten« sollen es ermöglichen, den eigenen Medienkonsum zu kontrollieren. Das Individuum soll in die Lage versetzt werden, Medien in angemessener Weise zu nutzen. Die Medien sollen also nicht das zentrale strukturierende Element des Tagesverlaufs sein.

Eine weiter gehende Definition von *Medienkompetenz* gibt eine Enquete-Kommission des Deutschen Bundestages (Deutscher Bundestag 1998). Sie fordert im Hinblick auf die berufliche Bildung eine »... fachliche Handlungskompetenz (...), um die Medienkompetenz zu erweitern. Medienkompetenz bedeutet, Medien zu handhaben, sich in der Medienwelt zurechtzufinden, Medieninhalte aufzunehmen und zu bearbeiten und gestalterisch in den Medienprozess einzugreifen« (S. 68). Diese Definition bezieht sich nicht nur auf die Medienrezeption, sondern auch auf die Medienerstellung. Das Bildungsziel »Medienerstellung« scheint in Zukunft eine große Relevanz zu erlangen. In vielen Organisationen wird die interne und externe Kommunikation schon weitgehend papierlos via Netzwerk (Intra- und Internet) durchgeführt. Es ist davon auszugehen, dass sich diese Tendenz fortsetzen wird. Deshalb sollten Schüler und Studenten in die Lage versetzt werden, Dokumente für derartige Kommunikationsformen zu erstellen, beispielsweise Internetseiten.

Neue Medien als Mittel des Unterrichts

Die Vermittlung von Fertigkeiten, die es dem Schüler ermöglichen sollen, einen Computer zu bedienen, ist nur ein Aspekt der Einbeziehung derartiger Geräte in den Unterricht. Einen anderen Aspekt bildet der Einsatz von Computern als Instrument der Wissensvermittlung.

Programmierter Unterricht

In den 1970er-Jahren wurde basierend auf der Lerntheorie von Skinner (1954, 1958, 1966, 1973) das Konzept des so genannten »Programmierten Unterrichts« entwickelt. Der »Programmierte Unterricht« wurde nicht mehr vom Lehrer durchgeführt, sondern von so genannten »Lernmaschinen«. Derartige Geräte ermöglichten zweierlei. Erstens konnte jeder Schüler sein Lerntempo selbst bestimmen. Zweitens war der Lehrstoff in so kleine Schritte aufgeteilt, dass die meisten Schüler die dazugehörigen Fragen ohne Fehler beantworten konnten. Nach jeder richtigen Beantwortung einer Frage wurde von der Lernmaschine ein Verstärker ausgegeben. Es wurde erwartet, dass der programmierte Unterricht besonders erfolgreich zur Vermittlung von Grundlagenwissen einzusetzen sei. Es wurde sogar weiter vermutet, dass bei Verwendung des programmierten Unterrichts die Zahl der Lehrer reduziert werden könnte.

Nach einer kurzen Phase der Euphorie verschwand der programmierte Unterricht aus dem Blickpunkt von Fachwelt und Öffentlichkeit. Es zeigten sich vielfältige Gründe für sein Scheitern. Die kleinschrittige Bearbeitung des Lernstoffes wurde von Schülern als langweilig und nicht motivierend erlebt. Auch die Konzeption so genannter verzweigter Programme, bei denen je nach Vorkenntnissen und kognitiven Fertigkeiten unterschiedliche Lernwege gewählt werden konnten, änderte an der negativen Bewertung durch die Schüler wenig.

Die Entwicklung verschiedener Lernwege, auf die die Schüler anhand der gemachten Fehler gelenkt werden sollten, konnte zur damaligen Zeit nicht zufrieden stellend gelöst werden. Dieses erscheint aus heutiger Sicht verständlich, da in den 1970er-Jahren für derartige Lernmaschinen noch keine leistungsstarke Computertechnologie bereitstand.

Computergestützte Lernprogramme

Mit der Entwicklung moderner leistungsstärkerer Computer stand zu Beginn der 1990er-Jahre eine Technik zur Verfügung, die neuere Versuche, den Weg des computergestützten Lernens zu gehen, Erfolg versprechender aussehen ließen.

Die zu diesem Zeitpunkt aufkommenden »Computer-Based-Trainings (CBT)« werden von Haak (1997) den behavioristisch geprägten Lernprogrammen zugeordnet. Auch Petersen (1994) sieht derartige Programme in der Nachfolge des »programmierten Lernens«. Hüther (1997a) ordnet die »Computer-Based-Trainings« den so genannten Selbstlernmedien zu. CBT werden hauptsächlich auf CD-ROM angeboten. Sie sind in der Regel multimedial konzipiert. Text wird mit Sprach-, Bild- und Videomaterial kombiniert.

Multimediale Lernprogramme bieten das Lernmaterial häufig parallel in unterschiedlichen Reizmodalitäten dar, beispielsweise in sprachlicher Form als Audioinformation, in visueller Form als Textinformation, als Grafik oder Video. Viele Autoren gehen davon aus, dass »durch eine gleichzeitige oder sukzessive Mehrfachkodierung das Lernen dadurch verbessert wird, dass ein Gegenstand präziser und vollständiger erfasst und auch behalten wird« (Edelmann 1994, S. 252). Weidenmann (1997) beschreibt eine sehr weite Verbreitung derartiger Sichtweisen in der Medien- und Instruktionspsychologie. Seiner Ansicht nach liegen jedoch hinsichtlich des Lernens mit neuen Medien hierfür noch keine Bestätigungen vor.

Es scheint jedoch so zu sein, dass abgebildete Gegenstände besser behalten werden als schriftlich erklärte. Dieses wird als »picture superiority effect« bezeichnet (Mintzer/Snodgrass 1999; Wippich et al. 1998). Dieser Effekt wird mit der so genannten Doppelkodierung (dual coding) erklärt (Paivio 1971; Paivio 1986). Dabei wird unterstellt, dass bei der visuellen Wahrnehmung von Objekten gleichzeitig die zugehörigen Bezeichnungen erinnert werden. All-

gemein wird unter »dual coding« verstanden, dass wahrgenomme-
nes Bildmaterial in zweifacher Form im Gedächtnis abgespeichert
wird, einmal in bildhafter Form, zum anderen in verbaler. Weitere
Untersuchungen lieferten Hinweise für die Gültigkeit der Doppel-
kodierungsannahme (Eye/Dixon 1984; Wippich 1987). Schnotz
(1997) schreibt jedoch, dass heutzutage die meisten Kognitionspsy-
chologen von der Doppelkodierung Abstand nehmen und davon
ausgehen, »dass sowohl beim Verstehen von Texten als auch beim
Verstehen von Bildern multiple mentale Repräsentation[en] gebildet werden« (S. 90). Dabei wird unterstellt, dass es sich nicht immer um bildhafte Repräsentationen des Gegenstandes handeln
muss.

Die Fortschritte in der Computertechnologie ermöglichen es,
mit relativ wenig Aufwand Sachverhalte multikodal (bspw. Text mit
Abbildungen) umzusetzen. Dieses gilt für neue sowie für traditio-
nelle Medien. Weidenmann (1997) relativiert jedoch den vorherr-
schenden Optimismus bezüglich der Verwendung multikodaler
Darstellungen in neuen Medien. Es wird vielfach unterstellt, »…
dass die durch neue Technologien ermöglichte Vielfalt an Medien,
Codes und Modalitäten das Lernen optimieren werde« (S. 78).
Weidenmann geht davon aus, dass es nicht das Medium, sondern
vielmehr die »… didaktische Strategie von Lernangeboten ist, die
den Lernprozess maßgeblich beeinflusst« (S. 78).

Ein weiteres Kennzeichen von CBT ist die so genannte *Hypertextstruktur*. Informationen werden hier nicht in linearer Form
präsentiert, sondern bieten »… einen individuellen Weg der Infor-
mationsaufnahme durch «Hyperlinks« an. Der Lernende kann sich
(…) seine eigenen lernzielbezogenen Rastplätze und Auffahrten
auswählen« (Fasching/Podehl 1997, S. 160). Besitzt er beispielsweise Vorkenntnisse, dann kann er ausschließlich das für ihn neue Material bearbeiten.

Die Annahme der Nichtlinearität von Hypertextstrukturen wird
von Döring (1999) relativiert. Digitale Dokumente können in
nichtlinearer Form verknüpft sein, sie müssen es aber nicht sein,
»… da die Verknüpfung jeweils von der Person festgelegt [wird],
die das (…) Dokument erstellt. Lineare Verknüpfungen sind dabei
gar nicht so selten und restringieren dementsprechend den Rezepti-

onsprozess« (S. 76). Hyperlinkstrukturen sind keine Hervorbringungen des digitalen Zeitalters. Auch Schlagwortverzeichnisse oder Lexika weisen eine nichtlineare Hyperlinkstruktur auf. Derartige Texte bezeichnet Döring im Vergleich zu digitalen Hypertexten als manuelle Hypertexte.

Auch für Hypertext-Dokumente gilt jedoch die oben dargestellte Relativierung Weidenmanns. Ob Hypertextstrukturen die Möglichkeit eines sinnvollen individuellen Lernweges bieten, hängt vom didaktischen Geschick des Konstrukteurs des Lernprogrammes ab. Schlechte Hypertextstrukturen können sogar den Lernerfolg behindern bzw. verhindern. Der Lernende kann beispielsweise einen Weg gehen, der plötzlich in einer Sackgasse endet. Weiter können die möglichen Wege durch das Programm nicht den individuellen Voraussetzungen des Lernenden entsprechen.

Tergan (1997) beschreibt das potenzielle Problem der Desorientierung in Hypertext-Dokumenten. Der Lernende kann den Überblick über seinen eigenen Standort im Hypertext-Dokument verlieren. Es ist sozusagen möglich, sich in Hypertextstrukturen zu verlaufen. Ein weiteres Problem stellt die mögliche »… Unkenntnis darüber, auf welchem Wege und mit welchen Mitteln der Zugriff auf eine bestimmte Information erfolgen kann, von der man weiß, dass sie in der Datenbasis enthalten ist« (S. 133), dar.

Fasching/Podehl (1997) sehen bei Hypertext-Dokumenten die Gefahr des »assoziativen Browsens«. Der Benutzer zappt sich analog zu heute weit verbreiteten Fernsehgewohnheiten durch die Hypertextstruktur. Um diesem Effekt entgegenwirken zu können, ist Medienkompetenz (vgl. Abschnitt »Medienkompetenz«, S. 66ff.) vonnöten.

Einen weiteren Vorteil von multimedialen Lernprogrammen soll die so genannte *Interaktivität* darstellen. Nach Hüther (1997b) kann bei computerbasierten Lernprogrammen Interaktivität auf zweierlei Weise vorliegen, zum einen als direkte Kommunikation mit einer anderen Person per so genannter elektronischer Post (E-Mail) über das Internet oder zum anderen als Kommunikation mit Strukturen, die in die Software (Computerprogramme) eingearbeitet sind. Für Letzteres kann als Beispiel die so genannte »Hilfefunktion« der meisten Computerprogramme dienen. An diesem Beispiel kann jedoch auch die Problematik der Interaktion mit in Computerprogrammen eingearbeiteten Strukturen verdeutlicht werden. Wir haben die Erfahrung gemacht, dass derartige Strukturen häufig Antworten auf alle möglichen Fragen zur Verfügung stellen, nur nicht auf die, die der Benutzer zum derzeitigen Zeitpunkt hat. Dieses liegt daran, dass in Wirklichkeit keine Interaktion stattfindet, sondern nur im Voraus einprogrammierte Antworten abgerufen werden.

Die für die neuen Medien postulierte Interaktivität findet sich bei einem »älteren« Medium, das bereits seit Menschengedenken zur Verfügung steht, nämlich beim Lehrer bzw. der Lehrerin. Interaktive Computerprogramme weisen heutzutage bei weitem noch nicht die Flexibilität realer zwischenmenschlicher Kommunikation auf.

Neue Medien in der Aus- und Weiterbildung

Multimediale Lernmedien können auf vielfältige Weise in Aus- und Weiterbildung zum Einsatz kommen. Sie besitzen dann große Vorteile, wenn beabsichtigt ist, einfaches Grundwissen in kurzer Zeit mit geringem Personaleinsatz zu vermitteln.

Dieses könnte beispielsweise bei der Einführung in die Funktionen eines neuen Arbeitsgeräts der Fall sein.

Hier ist jedoch zu berücksichtigen, dass die Entwicklung von gutem computerbasierten multimedialen Ausbildungsmaterial, bspw. einer CD-ROM, durchaus mit hohen Kosten verbunden ist. Die technischen Kenntnisse, die zur Herstellung multimedialen Ausbildungsmaterials benötigt werden, verlieren, wie oben dargestellt wurde, an Bedeutung. Heutzutage ist nicht die technische Seite der wichtigste Aspekt bei der Entwicklung multimedialen Lehrmaterials, sondern die didaktische. Kerres (1998) gibt an, dass die Entwicklung von »Computer-Based-Trainings (CBT)« ab einer Teilnehmerzahl zwischen 200 und 500 Personen als ökonomisch vertretbar anzusehen ist.

Eine weitere Einsatzmöglichkeit von multimedialem Material ist die Ergänzung des herkömmlichen Schulunterrichts.

So scheint beispielsweise eine Verwendung im Fremdsprachenunterricht Erfolg versprechend zu sein. Durch die Möglichkeit der Verknüpfung von Bild, Schrift und Sprache bietet sich hier ein Einsatz im Bereich des Erlernens neuen Vokabulars an.

Derartige Darbietungen scheinen das Behalten (Repräsentation) des neuen Lernstoffes verbessern zu können. Hier sei auf die oben dargestellte »duale« bzw. »multiple Codierung« verwiesen.

Ebenfalls sinnvoll erscheint der Einsatz multimedialen Materials in den naturwissenschaftlichen Fächern. Durch die Möglichkeit des gezielten Einsatzes von Lernprogrammen mit integrierten Videosequenzen kann das Verständnis komplizierterer Wirkmechanismen erleichtert werden.

Unserer Meinung nach kann computerbasiertes multimediales Material nur als Ergänzung zum herkömmlichen Unterricht betrachtet werden. Die von Skinner erträumte Ersetzung von Lehrpersonen durch Lernmaschinen scheint sich als illusorisch herauszustellen. Überdies hat die Schule neben der Vermittlung von Sachwissen einen allgemeinen Erziehungsauftrag. Kinder und Jugendliche sollen soziale Fertigkeiten erwerben. Hierfür ist jedoch die Interaktion mit Erwachsenen und Gleichaltrigen zwingend notwendig.

Ein zukünftiges Haupteinsatzfeld von digitalem multimedialem Unterrichtsmaterial scheint auch in der Erwachsenenbildung zu liegen (vgl. Knoll 1999). Hier sei besonders an das Fernstudium gedacht. In traditioneller Form wurden bislang so genannte Studienbriefe mit dem Unterrichtsmaterial verschickt. Die Fernuniversität Hagen setzt bereits heute multimediales Material auf CD-ROM und via Internet ein (Fernuniversität Hagen 1999).

Entwicklungspsychologische Aspekte in der Pädagogischen Psychologie

Ein Lehrer muss die unterschiedlichen Voraussetzungen der Schüler berücksichtigen. Dieses gilt sowohl für die interindividuellen Unterschiede zwischen Schülern einer Klasse als auch für die Unterschiede zwischen verschiedenen Jahrgangsstufen. Es erscheint sofort einleuchtend, dass das körperliche Leistungsvermögen von Dritt- und Achtklässlern unterschiedlich ist. Im Sportunterricht wird deshalb jeder Lehrer an jüngere Schüler andere Ansprüche stellen als an ältere. Begründet wird dieses mit dem unterschiedlichen körperlichen Entwicklungsstand der Kinder.

Die Ausprägung des körperlichen Entwicklungstandes wird vor allem durch *Reifeprozesse* erklärt. Die körperliche Entwicklung wird als nahezu automatisch ablaufend angesehen. Eine ausreichende Ernährung vorausgesetzt, durchlaufen nahezu alle Kinder annähernd parallel die gleichen körperlichen Entwicklungsphasen. Es wird deshalb davon ausgegangen, dass der Verlauf der körperlichen Entwicklung weitgehend durch das Erbgut des Individuums determiniert wird. Wird auch der Verlauf der kognitiven Entwicklung vor allem durch die Erbanlagen bestimmt?

Reifetheorien

Bis in die 1960er-Jahre wurde die Entwicklungspsychologie durch die so genannten Reifetheorien dominiert (vgl. Gesell 1958, 1971; Remplein 1965). Diese gingen davon aus, dass der Entwicklungsprozess eines Individuums weitestgehend durch seine genetischen Anlagen vorbestimmt ist. Unter *Reifung* wollen wir Vorgänge verstehen, »die spontan aufgrund (…) innerer Wachstumsimpulse einsetzen, und deren weiterer Ablauf vorwiegend von ihnen gesteuert wird« (Nickel 1979, S. 24).

Die Reifetheorien gingen davon aus, dass ein Mensch heranreift wie eine Pflanze (vgl. Abbildung 11). Gesell (1958, 1971), einer der bedeutendsten Vertreter der Reifetheorien, verwendete deshalb den Begriff Reife häufig synonym mit dem Begriff Wachstum.

Genau wie bei einer Pflanze zu einem bestimmten Zeitpunkt im Jahr die Blüte einsetzt, bildet ein Kind in bestimmten Phasen seiner Entwicklung bestimmte Fertigkeiten aus.

Abbildung 11: **Grafische Darstellung des Prinzips der Reifetheorien**

Dieses Konzept geht davon aus, dass die Ausbildung dieser Fertigkeiten von einem im Inneren des Kindes liegenden Steuerplan bestimmt wird. Selbstverständlich wurde nicht angenommen, dass die Entwicklung vollständig von internen Faktoren abhängt. Vertreter der Reifetheorien gingen jedoch davon aus, dass die Hauptrichtung der Entwicklung genetisch determiniert ist. Diese Ansätze werden in der Literatur auch als endogenistische Entwicklungstheorien bezeichnet.

Die Hauptforschungsmethode der endogenistischen Entwicklungspsychologen war die Beobachtung kindlicher Entwicklungsverläufe. Remplein (1965) entwickelte beispielsweise so genannte Alterstafeln. In diesen ist bestimmten *Entwicklungsphasen* das entsprechende Lebensalter zugeordnet. In Tabelle 3, S. 77, ist eine dieser Alterstafeln dargestellt. Aus der Darstellung wird deutlich, dass hier angenommen wird, dass der Entwicklungsprozess in Form von Phasen zu beschreiben ist, in denen die qualitativen Besonderheiten eines bestimmten Lebensabschnitts gekennzeichnet werden (Montada 1987).

Endogenistische Entwicklungstheorien drücken implizit aus, dass Entwicklung quasi von selbst geschieht. Dabei werden bestimmte Fähigkeiten und Fertigkeiten in eng umgrenzten Zeiträumen ausgebildet. Eine pädagogische Beeinflussung der Entwicklung einzelner Funktionen ist nach diesen Theorien nur innerhalb der Phasen möglich, in denen die entsprechenden Funktionen ausgebildet werden. Eine weitere Implikation dieser Theorien besteht darin, dass eine verspätete Entwicklung physischer und psychischer Funktionen eine erfolgreiche Entwicklung weiterer Funktionen in späteren Lebensphasen gefährdet.

Zur Verdeutlichung soll hier wieder eine Analogie zur Flora hergestellt werden. Tritt die Blüte der Pflanze im Frühjahr verspätet ein, ist häufig die Frucht im Spätsommer verkümmert ausgebildet.

Diese Auffassung von menschlicher Entwicklung muss kritisch betrachtet werden. Unbestritten ist, dass bestimmte **hyperplastische Phasen** existieren. Es wird unterstellt, dass in derartigen Phasen eine besondere Günstigkeit für den Erwerb bestimmter Funktionen und Fertigkeiten besteht. Es sei hier auf den kindlichen Spracherwerb verwiesen. Ein Neuerwerb einer Sprache im höheren Lebensalter ist deutlich schwieriger als in der hyperplastischen Phase des Kindesalters. Unbestritten ist jedoch auch, dass es durchaus erfolgreiche Spätentwickler gibt. Diesem trägt das deutsche Bildungssystem Rechnung, indem es den Wechsel zwischen den Schulformen vereinfacht hat. Viele Schulzentren ermöglichen beispielsweise Spätentwicklern nach Abschluss der Sekundarstufe I einen Wechsel von der Realschule in die gymnasiale Oberstufe.

Das Entwicklungsziel ist nach endogenistischer Auffassung die so genannte Reife. Diese Sichtweise spiegelt sich auch heutzutage noch in Termini wie Reifezeugnis und Schulreife wider.

Tabelle 3: **Beispiel einer Alterstafel** (nach Remplein 1965)			
Stufen	**Teilabschnitte**	**Zeitraum**	
Säuglingsalter	Schlafalter	0,0–0,2	
	Zuwendungsalter	0,2–1,0	
Kleinkindalter	Alter des Spracherwerbs	1,0–2,5	
	1. Trotzalter	2,5–3,5	
	Ernstspielalter	3,5–5,5	
Großkindalter	1. Gestaltwandel	5,5–6,5	
	mittleres Kindesalter	6,5–9	
	spätes Kindesalter	9,0–10,5/12	
Jugendalter		männlich	weiblich
	Vorpubertät	10,5–13	12–14
	Pubertät	15,5–15,5	14–16
	Jugendkrise	16,5–20	16–17
	Adoleszenz	16,5–20	17–21

Es wird die Auffassung vertreten, dass der Entwicklungsprozess mit Erreichen der Reifephase abgeschlossen ist. Nach Abschluss der Entwicklung folgt aus endogenistischer Sicht eine Phase der Stabilität, an die sich eine Phase des Alterns bzw. des Abbaus anschließt. In der heutigen Entwicklungspsychologie wird dieses Entwicklungsverständnis nicht mehr vertreten. Es hat sich die Sichtweise der *Entwicklungspsychologie der Lebensspanne* (life-span developmental psychology) durchgesetzt. Die neuere Entwicklungspsychologie wendet sich speziell gegen die Gleichsetzung von Alter und Abbau. Sie zeigt auf, »dass Entwicklung über die gesamte Lebensspanne gleichzeitig die Aspekte Wachstum oder Gewinn und Abbau oder Verlust enthält« (Montada 1995, S. 13).

Umwelttheorien

In endogenistischen Theorien spielen Umwelteinflüsse eine untergeordnete Rolle. Das Gegenstück zu diesen Ansätzen bilden *exogenistische Entwicklungsauffassungen*. Hier wird selbstverständlich nicht die Position vertreten, der Entwicklungsprozess werde ausschließlich durch Umwelteinflüsse gesteuert. Dieses wäre auch unsinnig, da beispielsweise genetische Defekte wie Trisonomien (z.B. Mongolismus bzw. Down Syndrom) den Entwicklungsverlauf stark beeinflussen.

Äußeren Einflüssen wird von Vertretern exogenistischer Auffassungen jedoch eine größere Bedeutung zugesprochen. Exogenistische Entwicklungsauffassungen wurden hauptsächlich von Behavioristen vertreten. Für diese ist Entwicklung eine Funktion des Lernens. Der aktuelle Entwicklungsstand eines Menschen kann demgemäß als Resultat »verschiedener Arten von Konditionierung, als Endergebnis einer langen Reihe oder ›Kette‹ von Erfahrungen« (Bourne/Ekstrand 1992, S. 315) angesehen werden.

Die beiden Prozesse, die die Entwicklung nach lerntheoretischer Auffassung vorantreiben, sind respondentes und operantes Konditionieren. Nach Skinner (1966) ist Entwicklung letztlich fast ausschließlich ein Produkt dieser Wirkungsweisen. »Was wir als Ontogenese des Verhaltens ansehen, kann letztlich als Folge der Verstärkung angesehen werden.« (S. 1206, Übersetzung d. d. Verf.)

Aus den Prinzipien des respondenten und operanten Verhaltens können in Anlehnung an Flammer (1996) drei Faktoren abgeleitet werden, die den *Entwicklungsprozess* vorantreiben:

- Umweltfaktoren: Hierunter wollen wir die physikalische Umwelt verstehen, aber auch das Verhalten anderer Individuen (operantes Verhalten als Stimuliproduzent).
- Der Organismus (Individuum): Die Wirkungen der Stimuli auf den Organismus hängen von den individuellen Gewohnheiten und Vorlieben des Individuums ab. Gleiche Stimuli können bei verschiedenen Menschen unterschiedliche Wirkungen haben.
- Wechselwirkung zwischen Individuum und Umwelt: Das Individuum produziert durch eigenes (operantes) Verhalten selbst Stimuli, die eine Veränderung der Umwelt bewirken.

Entwicklung kann aus exogenistischer Sicht demgemäß definiert werden als reziproke (wechselseitige) Beziehung zwischen Individuum (Organismus) und Umwelt. Aufgrund der Wirkung dieses Prozesses ist das Individuum in der Lage, immer mehr Ereignisse und Zustände zu differenzieren und zu klassifizieren. Anhand der Auswirkungen des eigenen Verhaltens wird ein zunehmend differenzierteres Verhaltensrepertoire erworben. Beobachten wir einen solchen Prozess über eine große Zeitspanne, kann er als Entwicklung bezeichnet werden.

Da respondentes und operantes Lernen während der ganzen Lebensspanne stattfinden, endet die Entwicklungsphase aus exogenistischer Betrachtungsweise nicht mit Beginn des Erwachsenenalters. Vielmehr entsprechen exogenistische Auffassungen dem Konzept der Entwicklungspsychologie der Lebensspanne.

Da die auf Individuen einwirkenden Umweltstimuli höchst unterschiedlicher Natur sind, müssten Entwicklungsverläufe verschiedener Menschen stark differieren. In der Praxis sind viele Entwicklungsverläufe jedoch relativ gleichförmig. Dieses Problem kann von Vertretern exogenistischer Auffassungen nicht zufriedenstellend erklärt werden. Zwar weisen diese darauf hin, dass die Funktionsprinzipien des Organismus die Entwicklungsmöglichkeiten einschränken und dass der Erwerb motorischer Fertigkeiten hierarchisch organisiert ist. Das bedeutet, dass Krabbeln eine Vorstufe des Stehens darstellt, Stehen eine Vorstufe des Laufens etc. Letztlich kann jedoch mit diesen Argumenten die relativ gleichförmige Entwicklung bei gleichzeitigem Beibehalten der oben dargestellten Annahmen nicht erklärt werden.

Die Anlage-Umwelt-Kontroverse

Nachdem die beiden Extrempositionen dargestellt worden sind, soll nun diskutiert werden, welcher Faktor stärkeren Einfluss auf die Entwicklung nimmt, die Anlage oder die Umwelt. Diese Diskussion ist in die Geschichte der Psychologie als so genannte »Anlage-Umwelt-Kontroverse« eingegangen. Unterschwellig beeinflusste diese Diskussion jedoch die gesamte Entwicklung des Faches Psychologie (Flammer 1996).

Vor allem die so genannte *Zwillingsforschung* versuchte, den Einfluss des Faktors Anlage auf die menschliche Entwicklung zu überprüfen. In entsprechenden Studien wurde in der Regel die Intelligenzausprägung von eineiigen, getrennt aufgewachsenen Zwillingen untersucht. Eineiige Zwillinge sind genetisch identisch, besitzen also die gleichen Anlagen. Bei getrennt aufgewachsenen eineiigen Zwillingen geht diese Forschungsrichtung davon aus, dass die Unterschiede zwischen ihnen auf unterschiedliche Umwelteinflüsse zurückzuführen sind. Werden bei diesen Zwillingen vergleichbare Intelligenzwerte ermittelt, so scheint dieses auf den Faktor Anlage zurückzuführen zu sein.

Eineiigen Zwillingen werden häufig gemeinsam aufwachsende Adoptivgeschwister gegenübergestellt. Auch die Adoptivgeschwister werden bezüglich ihrer Intelligenzausprägung miteinander verglichen. Bei Adoptivgeschwistern bestehen keinerlei Gemeinsamkeiten in der Erbanlage. Es wird bei gemeinsam aufwachsenden Adoptivgeschwistern jedoch unterstellt, dass die Umweltfaktoren annähernd identisch sind. Liegt die Intelligenzausprägung von Adoptivgeschwistern in einer vergleichbaren Größenordnung, könnte dieses als Hinweis für die Bedeutung des Faktors Umwelt interpretiert werden.

Tabelle 4: **Zusammenfassung von Studien zur Intelligenztest-korrelation von Zwillingen und Geschwistern** (nach Flammer 1996)			
Verwandschaftsgrad	In gleicher Familie aufgewachsen	Mittelwert der Intelligenztest-korrelation	Anzahl untersuchter Paare
Gleiche Person (zweimal getestet)	ja	.90	k. A.
Eineiige Zwillinge	ja	.86	4672
Eineiige Zwillinge	nein	.76	158
Zweieiige Zwillinge	ja	.55	8600
Zweieiige Zwillinge	nein	.35	112
Sonstige Geschwister	ja	.47	26473
Sonstige Geschwister	nein	.24	203
Eltern und ihre Kinder	ja	.40	4400
Eltern und ihre Kinder	nein	.31	345
Adoptierte Geschwister	Ja	.02	385

In Tabelle 4 ist eine Zusammenfassung von Korrelationsstudien zur Intelligenzausprägung von Zwillingen und sonstigen Geschwisterpaaren dargestellt. Die Bedeutung von Korrelationskoeffizienten wurde im Abschnitt »Korrelationsstudien«, S. 11ff., erläutert. Der aufmerksame Betrachter von Tabelle 4 mag über die erste Ergebniszeile verwundert sein. Die Intelligenzausprägung ist als Trait (vgl. Amelang/Bartussek 1997), also als relativ stabiles überdauerndes Persönlichkeitsmerkmal, definiert. Bei einer zweifachen Testung eines Individuums innerhalb eines kurzen Zeitraumes müssten demnach identische Intelligenzwerte ermittelt werden, also ein Korrelationskoeffizient von 1.0 bestehen. Tatsächlich beträgt der Koeffizient jedoch nur .90. Diese Unterschiede können erstens auf Ungenauigkeiten bei der Intelligenzmessung zurückgeführt werden. Zweitens ist davon auszugehen, dass die Konzentration eines Individuums zu den zwei Messzeitpunkten unterschiedlich ausgeprägt war. Drittens sind Lerneffekte bei der zweiten Testdurchführung nicht auszuschließen. Bei der zweiten Messung war dem Individuum der Test bereits von der ersten Messung her bekannt.

Sowohl bei gemeinsam aufwachsenden als auch bei getrennt aufwachsenden eineiigen Zwillingen konnten sehr hohe Korrelationskoeffizienten ermittelt werden (0.86 und 0.76). Bei adoptierten, gemeinsam aufwachsenden Geschwistern konnten keinerlei Zusammenhänge bezüglich der Intelligenzausprägung aufgezeigt werden. Der Korrelationskoeffizient beträgt hier 0.02. Dieses Ergebnis würde die oben aufgestellte Hypothese bestätigen. Der Faktor Anlage scheint die entscheidende Rolle hinsichtlich der Intelligenzausprägung eines Menschen zu spielen. Können die in Tabelle 4, S. 80, dargestellten Ergebnisse wirklich dergestalt interpretiert werden?

Trautner (1995) zweifelt eine derartige Interpretation dieser Ergebnisse an. Erstens kritisiert dieser die fehlende Repräsentativität der Stichproben dieser Untersuchungen für die Gesamtbevölkerung (Trautner 1978). Nur etwa 0.3 Prozent aller Lebendgeburten sind eineiige Zwillinge.

Ein zweiter nicht unerheblicher Kritikpunkt bezieht sich auf die Interpretation der Verhaltensunterschiede. Da die eineiigen Zwillinge genetisch identisch sind, werden Unterschiede in ihrem Verhalten auf die Umwelt zurückgeführt. Die Gemeinsamkeiten werden jedoch ausschließlich den Anlagefaktoren zugeschrieben. Dieses scheint bei der ersten Betrachtung einleuchtend zu sein.

An dieser Stelle muss unsere kritische Betrachtung ansetzen. Zwillinge sind in der Regel stark aufeinander fixiert. Sie verbringen eine größere Zeitspanne miteinander als andere Geschwister. Weiter werden sie in der Regel gemeinsam von den Eltern versorgt, sodass die Umwelteinflüsse im Verhältnis zu anderen Geschwistern annähernd identisch sind. Gemeinsam aufwachsende eineiige Zwillinge haben also identische Erbanlagen und annähernd identische Umweltbedingungen. Es ist retrospektiv unmöglich, den Einfluss der Anlagefaktoren vom Einfluss der Umweltbedingungen zu trennen. Noch einmal deutlicher: Unseres Ermessens werden die starken Gemeinsamkeiten zwischen eineiigen Zwillingen sowohl durch die Anlagefaktoren als auch durch die Umweltbedingungen bestimmt.

Als Gegenargument könnte vorgebracht werden, dass die Umweltbedingungen bei getrennt aufwachsenden eineiigen Zwillingen sehr verschieden sind. Hier scheinen also die Gemeinsamkeiten tatsächlich ausschließlich auf Anlagefaktoren zurückzuführen zu sein. Auch dieses Argument können wir entkräften. In entwickelten Industrieländern werden von den Behörden sehr hohe Anforderungen an potenzielle Adoptiveltern gestellt. Fast alle Adoptivkinder werden deshalb an Mittel- oder Oberschichtfamilien vergeben. Ein Adoptionsverfahren erstreckt sich teilweise über mehrere Jahre hin. Adoptiveltern, die dieses schwierige Verfahren durchlaufen haben, bringen gegenüber ihrem Adoptivkind in der Regel besonders viel Zuwendung auf. Es zeigt sich also, dass die Umweltbedingungen auch für getrennt aufwachsende eineiige Zwillinge durchaus miteinander vergleichbar zu sein scheinen.

Ein dritter Kritikpunkt ist die Vernachlässigung der Betrachtung der *Kovariation zwischen Anlage und Umwelt*. Unter Kovariation verstehen wir die Abhängigkeit der Ausprägung eines Faktors von der Ausprägung eines anderen Faktors.

Nehmen wir beispielsweise an, ein handwerklich interessierter Vater fördert seinen Sohn stark in diesem Bereich. Er ist jedoch der Meinung, dass Frauen keine besondere Förderung im handwerkli-

chen Bereich benötigen. Aus diesem Grunde wird die Adoptivtoch-
ter bezüglich ihrer handwerklichen Fertigkeiten von ihm nicht ge-
fördert.

Der Faktor »Förderung der handwerklichen Fertigkeiten« kovariiert in unserem Beispiel mit dem Geschlecht des Kindes. Erhöben wir nun die handwerklichen Fertigkeiten der beiden Adoptivgeschwister, so würden wir höchstwahrscheinlich eine höhere Ausprägung beim leiblichen Sohn feststellen können. Kann die niedrigere Ausprägung der handwerklichen Fertigkeiten der Adoptivtochter nun ausschließlich anhand des Faktors Anlage erklärt werden? Diese Frage ist zu verneinen. Die Ausprägung der handwerklichen Fertigkeiten bei den Adoptivgeschwistern wird in unserem Beispiel anscheinend durch die Wirkung einer Kombination beider Faktoren, Anlage und Umwelt, bestimmt.

Aus dem Dargestellten wird deutlich, dass die menschliche Entwicklung durch ein Zusammenspiel von Anlagefaktoren und Umwelteinflüssen determiniert wird. Im Folgenden sollen theoretische Modellvorstellungen zur Erklärung dieses Zusammenspiels in knapper Form dargestellt werden.

Eine einfache, aber lange Zeit weit verbreitete Vorstellung des Zusammenspiels zwischen Anlage- und Umweltfaktoren ist das so genannte *Obergrenzenmodell*. Danach begrenzen Anlagefaktoren die Höhe der Ausprägung der Entwicklung. Wie weit die genetischen Entwicklungsmöglichkeiten ausgenutzt werden, wird von den Umweltfaktoren mitbestimmt.

Eine weitere, auch unter Laien verbreitete Entwicklungsauffassung entspricht dem *Modell der additiven Mischung*. Zur Bestimmung des Erb- und Umweltanteils wurden beim Modell der additiven Mischung eineiige, getrennt aufwachsende Zwillingspaare herangezogen. Das Erbgut (Anlage) dieser Zwillinge ist identisch. Beispielsweise soll nun erhoben werden, wie viel Einfluss Anlagefaktoren (Gene) auf die Ausprägung der Intelligenz nehmen. Differieren bei unseren eineiigen, getrennt aufwachsenden Zwillingen die Umweltbedingungen stark voneinander, so kann die eventuell festzustellende Differenz in der Intelligenzausprägung mit den unterschiedlichen Umweltbedingungen erklärt werden. Sind die Umweltbedingungen annähernd identisch, ist es nicht möglich, zwischen Umwelt- und Anlageeinfluss zu differenzieren.

Die Vertreter des Modells der additiven Mischung gehen davon aus, dass bei tatsächlich unterschiedlichen Umweltbedingungen die Anteile der Wirkung der Anlage und der Umwelt auf die Intelligenzausprägung bestimmbar sind. Aus der durchschnittlichen Abweichung der Intelligenzausprägung der eineiigen Zwillingspaare wird die Größe des Umwelteinflusses auf die Intelligenzausprägung errechnet. Jensen (1969) ermittelte einen Einfluss der Anlage auf die Ausprägung der Intelligenz von 80 Prozent. Die Umwelt bestimmt demgemäß nur zu 20 % die Höhe der Intelligenzausprägung. Spätere Untersuchungen ergaben leicht niedrigere Werte für den Einfluss der Anlage. Nach Angaben von Klauer (1998) liegen diese Werte zwischen 35 und 75 Prozent. Zur Bewertung dieser Befunde sei auf unsere Kritik an derartigen Untersuchungen auf S. 81ff. verwiesen. Beide bis jetzt vorgestellten Modelle, das Obergrenzenmodell sowie das Modell der additiven Mischung, ermöglichen es unserer Ansicht nach nicht, das Zusammenspiel von Anlage und Umwelt angemessen abzubilden.

Ein tragfähigeres Modell der Erklärung des Zusammenwirkens von Anlage und Umwelt ist das so genannte *Wechselwirkungsmodell*. Hier wird davon ausgegangen, dass die Entwicklung eines Menschen zu einem Zeitpunkt t_0 ausschließlich als Resultat der Anlage zu betrachten ist. Als Zeitpunkt t_0 wollen wir den Beginn der menschlichen Entwicklung, also die Befruchtung der Eizelle, betrachten. Zu einem späteren Zeitpunkt t_1 haben auf das Individuum bereits Umwelteinflüsse eingewirkt. Als Zeitpunkt t_1 soll in diesem Fall die Geburt des Kindes angesehen werden. Die Entwicklung des Kindes ist zum Zeitpunkt der Geburt bestimmt worden durch die Anlagefaktoren (Zeitpunkt t_0) und die während der Schwangerschaft einwirkenden Umweltfaktoren. Am nächsten Messzeitpunkt t_2, der beispielsweise am ersten Geburtstag liegt, ist der Entwicklungsstand des Kindes determiniert durch den Entwicklungsstand zum Zeitpunkt t_1 und die Umwelteinflüsse, die zwischen den Messzeitpunkten t_1 und t_2 eingewirkt haben.

In Tabelle 5 ist das Wechselwirkungsmodell formal dargestellt. Es wird ersichtlich, dass der Einfluss des Faktors Anlage im Verlaufe

Tabelle 5: **Formale Darstellung des Wechselwirkungsmodells**
t_0 = Anlage (Pränatal)
t_1 = Individuum t_0 + Umwelteinflüsse
t_2 = Individuum t_1 + Umwelteinflüsse
t_3 = Individuum t_2 + Umwelteinflüsse
t_n = Individuum t_{n-1} + Umwelteinflüsse

der Entwicklung nach diesem Modell immer weiter abnimmt. Dieses Modell weist den Anlagefaktoren trotzdem für den Verlauf der menschlichen Entwicklung eine große Bedeutung zu. Auch beim Zeitpunkt t_n wirken diese immer noch ein, da in t_{n-1} die reinen Anlageeinflüsse des Zeitpunktes t_0 immer noch enthalten sind. Mit diesem Modell ist es beispielsweise möglich, den Einfluss einer Chromosomenanomalie wie der Trisomie 21 (Mongolismus) auf den Verlauf der menschlichen Entwicklung zu beschreiben.

Stufenmodelle der menschlichen Entwicklung

Im Verlauf der Geschichte der Entwicklungspsychologie haben Stufen- oder Phasenmodelle zur Erklärung menschlicher Entwicklungsprozesse eine große Bedeutung erlangt. Als Beispiele für Stufen oder Phasenmodelle sollen hier die Theorien von Piaget (Piaget/Inhelder 1977), Erikson (1977), Havighurst (1948, 1956) und Kohlberg (1995) angeführt werden. Aus Platzgründen soll die Problematik der Stufenmodelle nur am Beispiel der Modelle von Erikson und Havighurst diskutiert werden.

Eriksons *Theorie der psychosozialen Entwicklung* erhebt den Anspruch, den gesamten menschlichen Entwicklungsprozess von der Geburt bis zum Ende des Lebens beschreiben zu können. Eriksons Theorie ist stark an psychoanalytische Vorstellungen angelehnt. Von Freud unterscheidet sich Erikson durch eine stärkere Heranziehung von Umweltfaktoren zur Erklärung des menschlichen Entwicklungsprozesses.

Im Entwicklungsmodell von Erikson wird die menschliche Entwicklung in acht grundlegende Phasen unterteilt. Jede dieser Phasen hat den Charakter einer Krise, die vom Individuum bewältigt werden muss. Eine Krise findet in einer Zeitspanne statt, in der ein psychosoziales Problem sich in einer erhöhten Verletzbarkeit des Individuums manifestiert. Die Krisen beschreibt Erikson in Form von Gegensatzpaaren (vgl. Tabelle 6).

Tabelle 6: **Acht Hauptstadien der psychosozialen Entwicklung** (nach Erikson)	
Gegensatzpaare	*Lebensalter*
Vertrauen – Misstrauen	Kleinkindphase
Autonomie – Scham und Zweifel	Frühe Kindheit
Entschlusskraft – Schuldgefühl	Spielalter
Überlegenheit – Unterlegenheit	Schulalter
Identität – Verwirrung	Jugend
Vertrautheit – Isolation	Frühes Erwachsenenalter
Generativität – Stagnation	Erwachsenenalter
Integrität – Verzweiflung	Hohes Alter

Aufgabe der ersten Phase ist die Entwicklung von Grundvertrauen bzw. Urvertrauen. Die Krise wird durch den engen Kontakt zu den Eltern, vor allem zur Mutter (Stillen etc.), bewältigt. Gelingt die Bewältigung dieser Krise nicht, so entsteht nach Erikson ein Grundmisstrauen. Dieses beeinträchtigt den gesamten weiteren Entwicklungsverlauf. Aus Platzgründen kann hier nicht auf alle Phasen des eriksonschen Modells eingegangen werden. Es sei hier auf die einschlägige Literatur (Erikson 1977; Flammer 1996) verwiesen. Kurz eingegangen sei an dieser Stelle nur auf die Krise des Jugendalters. Der Heranwachsende ist in dieser Zeit mit starken Veränderungen konfrontiert. Erstens treten einschneidende körperliche Wandlungen auf. Die Geschlechtsreife tritt ein. Gleichzeitig findet ein starker Wachstumsschub statt. Der Jugendliche muss sich mit diesen Veränderungen auseinander setzen und sein Selbstbild den neuen Bedingungen entsprechend anpassen. In dieser Phase differenzieren sich die Geschlechterrollen weiter aus. Auf der sozialen Ebene werden die Aneignung und Präsentation neuen Verhaltens erwartet. Gelingt dem Heranwachsenden die Bewältigung dieser Krise, kann er eine Identität aufbauen, die den neuen Bedingungen entspricht. Gelingt die Bewältigung nicht, bleibt Verwirrung zurück.

An dieser Stelle soll auf ein Grundproblem vieler Stufen- bzw. Phasenmodelle eingegangen werden. Derartige Modelle sind in der Regel hierarchisch aufgebaut. Die meisten Stufenmodelle setzen zur erfolgreichen Bewältigung einer Entwicklungsphase voraus, dass die vorangegangenen Phasen ebenfalls erfolgreich bewältigt wurden. Bei vielen dieser Modelle wird die Phase, in der die entsprechenden Entwicklungsschritte verlaufen, sogar zeitlich relativ eng terminiert. Derartige Vorstellungen schließen erfolgreiche Spätentwickler nicht ein. Dieses Problem ist bereits auf S. 76 f. thematisiert worden. Diese Theorien setzen voraus, dass in einer bestimmten Lebensphase bestimmte Fähig- oder Fertigkeiten ausgebildet werden. Gelingt dieses nicht, so ist die Ausbildung dieser Fertigkeiten in späteren Lebensphasen nicht mehr adäquat nachzuholen. Dieser Ansicht muss nach heutigen Erkenntnissen deutlich widersprochen werden. Es ist zwar nachgewiesen, dass für die Ausbildung einzelner Fertigkeiten, beispielsweise des Spracherwerbs, bestimmte Zeitspannen als besonders günstig erscheinen (hyperplastische Phasen), diese Sichtweise kann jedoch nicht auf den gesamten Entwicklungsprozess übertragen werden. Nickel (1979) weist darauf hin, dass es den Stufenmodellen nicht gelingt, eine große Anzahl neuerer empirischer Erkenntnisse zu integrieren. Die Annahmen der Stufenmodelle stehen häufig im Widerspruch zu diesen empirisch gewonnenen Befunden.

Als Gegenbeispiel zur eriksonschen Entwicklungsauffassung soll hier das *Konzept der Entwicklungsaufgaben* von Havighurst (1948) diskutiert werden. Dreher/Dreher (1985) betrachten das Konzept der Entwicklungsaufgaben als geeignet, heutzutage als gültig angesehene theoretische Konzepte zu integrieren. Eine Entwicklungsaufgabe stellt sich in einer spezifischen Lebensphase. Die Bewältigung der Entwicklungsaufgabe wird vom Individuum als Glück bzw. Erfolg erlebt, die Nichtbewältigung als Unglück bzw. Misserfolg (Havighurst 1948).

Die Entwicklungsaufgaben werden nach Havighurst (1956) durch drei Faktoren bestimmt:

- physische Reife (physical maturation),
- kultureller Druck (cultural pressure),
- individuelle Werte oder Zielsetzungen (individual values or aspiration).

Bestimmte Entwicklungsaufgaben, beispielsweise die Erlangung von Kontrolle über die Stuhl- und Urinausscheidung, müssen vom Individuum gelöst werden. Zur Lösung dieser Entwicklungsaufgabe tragen hauptsächlich die Faktoren eins und zwei bei (»physische Reife« und »kultureller Druck«). Gelingt es einem Kind zu einem bestimmten Zeitpunkt nicht, die Kontrolle über die Körperausscheidungen zu erlangen, wird dies zwangsläufig einen »unglücklichen« Entwicklungsverlauf zur Folge haben.

Andere Entwicklungsaufgaben können vom Individuum zwar prinzipiell gelöst werden, eine Lösung ist jedoch nicht zwingend erforderlich. Dieses steht in Zusammenhang mit zwei Faktoren: dem kulturellen Druck, in dem sich Erwartungen der Gesellschaft manifestieren, und den individuellen Zielsetzungen der Person. Die Erwartungen der Gesellschaft verändern sich im Lauf der Zeit.

Als Beispiel soll hier auf außereheliche Formen des Zusammenlebens verwiesen werden. Noch vor kurzer Zeit erhielten nicht verheiratete Paare keine gemeinsame Wohnung. Insgesamt kann festgestellt werden, dass noch vor nicht allzu langer Zeit unehelich zusammenlebende Paare weitgehend von der bürgerlichen Gesellschaft ausgeschlossen wurden.

Die Bewältigung einer Entwicklungsaufgabe »Eheschließung« erschien notwendig, da sie eine Voraussetzung gesellschaftlicher Anerkennung darstellte. Heutzutage sind nicht verheiratete Paare von der Gesellschaft akzeptiert. Dies scheint sich sogar inzwischen auf gleichgeschlechtliche Paare auszuweiten. Die Bewältigung einer Entwicklungsaufgabe »Eheschließung« ist also heutzutage nicht mehr zwingend erforderlich.

Weiter soll darauf hingewiesen werden, dass eine Tendenz zur Aufsplitterung der Gesellschaft in kleinere Subgesellschaften mit jeweils eigenen, zum Teil voneinander abweichenden Werten und

Normen besteht. Der auf Individuen in unserer heutigen Zeit einwirkende kulturelle Druck unterscheidet sich deshalb interindividuell stark (vgl. Lüthi 1991; Schwaller 1992). In verschiedenen Subgesellschaften stellen sich deshalb unterschiedliche Entwicklungsaufgaben.

Der zentrale Faktor, der letztlich die havighurstschen Vorstellungen von anderen Modellen abhebt, sind die individuellen Werte und Ziele des Individuums. Da diese, wie der wahrgenommene kulturelle Druck, ebenfalls interindividuell stark differieren, ergeben sich für die jeweiligen Individuen teilweise verschiedene Entwicklungsaufgaben. Aufgrund der individuell differierenden Entwicklungsaufgaben unterscheidet sich das Havighurst-Konzept deutlich von anderen Stufen- oder Phasenmodellen. Andere Phasenmodelle geben in der Regel einzelne universell gültige Wirkprinzipien an, die den Anspruch erheben, den Entwicklungsverlauf für alle Individuen gleichermaßen erklären zu können.

Abschließend sollen noch einmal die Unterschiede des havighurstschen Entwicklungsmodells gegenüber der eriksonschen Auffassung herausgestellt werden. Nach Havighurst können Entwicklungsaufgaben auf eine enge Zeitspanne beschränkt sein oder über einen längeren Zeitraum verlaufen. Im eriksonschen Modell ist die Bewältigung der Entwicklungskrisen jeweils an eine Phase gebunden. Havighurst beschreibt Entwicklungsaufgaben als kulturabhängig. In unterschiedlichen sozialen Gebilden stellen sich demgemäß andere Entwicklungsaufgaben. Erikson dagegen betrachtet die psychosozialen Krisen als kulturunabhängig und universell. In allen Kulturen müssen demgemäß die gleichen psychosozialen Krisen bewältigt werden.

Quintessenz entwicklungspsychologischer Betrachtungen

Welche Konsequenzen ergeben sich aus dem in diesem Kapitel Dargestellten für die pädagogische Praxis? Als Erstes müssen wir zusammenfassend feststellen, dass Entwicklung sowohl durch interne (Anlage) als auch durch externe Faktoren (Umwelt) determiniert ist. Die Anlagefaktoren bestimmen die Grundausstattung an Fertigkeiten und Entwicklungsmöglichkeiten am Anfang des menschlichen Entwicklungsprozesses, also zum Zeitpunkt der Befruchtung der Eizelle. Der weitere Entwicklungsprozess wird weitgehend durch die Einwirkung von Umweltfaktoren auf das Individuum determiniert.

Im Entwicklungsprozess gibt es hyperplastische Phasen. In diesen bestehen besonders günstige Bedingungen für die Ausbildung bestimmter Fertig- und Fähigkeiten. Die Ausbildung dieser Fertigkeiten ist in der Regel jedoch (eventuell eingeschränkt) auch in späteren Entwicklungsphasen noch möglich. Weiter ist festzuhalten, dass Entwicklung nicht in genau festgelegten statischen Phasen zu beschreiben ist. Keinem Stufen- oder Phasenmodell gelingt es, die Ergebnisse empirischer Untersuchungen angemessen zu integrieren.

Die Wechselwirkung von Anlage und Umwelt soll am Beispiel schulischer Leistung im Folgenden nochmals verdeutlicht werden.

Schulmisserfolg bzw. Schulerfolg kann anhand zweier Faktoren bzw. der Kombination zweier Faktoren erklärt werden:

- Anlagefaktoren (endogenistische Auffassungen)
- Umweltfaktoren (exogenistische Auffassungen)

Intelligenz ist beispielsweise ein Faktor, der von vielen Autoren als hauptsächlich durch die Anlage determiniert angesehen wird. Ferner wird häufig davon ausgegangen, dass die Güte der Schulleistung durch die Ausprägung der Intelligenz bestimmt wird.

Des Weiteren wird die Bedeutung von Anlagefaktoren bei Minderbegabungen diskutiert. Als Beispiel sollen hier »geistige Behinderungen« genannt werden (vgl. Wendeler 1996). Jedoch scheinen Umweltfaktoren in Bezug auf Schulerfolg bzw. Misserfolg eine ebenfalls nicht unbedeutende Rolle zu spielen. Krapp (1984) gibt an, dass z.B. bei Korrelationsuntersuchungen zur Klärung des Zusammenhangs zwischen Sozialstatusmerkmalen und Leistungskriterien Koeffizienten zwischen 0.3 und 0.4 ermittelt wurden.

Einzeln können Anlage- und Umweltfaktoren jedoch Schulleistungen nicht hinreichend erklären. Vielmehr scheint ein Zusammenspiel beider Faktoren die Güte der Schulleistung zu bewirken.

In Abbildung 12 sind mögliche Bedingungsfaktoren der Schulleistung dargestellt (Krapp 1976).

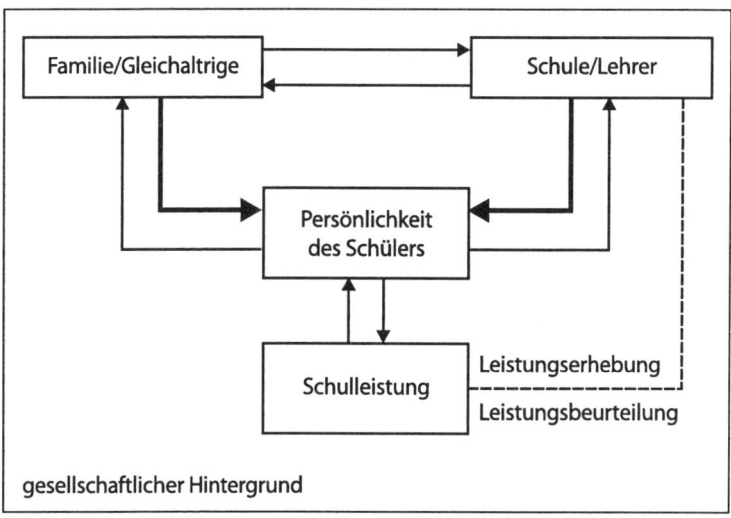

Abbildung 12: **Modell möglicher Bedingungsfaktoren der Schulleistung** (nach Krapp 1976, S. 94)

Die Schulleistung wird nach diesem Modell durch fünf Faktoren bestimmt, vier Umweltfaktoren und einen sich aus Umwelt- und Anlageanteilen zusammensetzenden Faktor. Die Umweltfaktoren sind das familiäre Umfeld, der Freundeskreis, das schulische Umfeld sowie der Lehrer. Die Persönlichkeit des Schülers ist sowohl durch Anlage- als auch durch Umweltanteile determiniert (vgl. Abschnitt »Die Anlage-Umwelt-Kontroverse«, S. 79ff.).

Aus dem quantitativen Verhältnis von Umwelt- und Anlagedeterminanten (4 zu 1) im oben dargestellten Modell kann die Hypothese eines vergleichsweise geringen Einflusses von Anlagefaktoren auf die Ausprägung der Schulleistung abgeleitet werden.

Auf retardierte Personen scheint diese Hypothese jedoch nicht zuzutreffen. Hierunter fallen beispielsweise Menschen mit einer »geistigen Behinderung«. Das Entwicklungspotenzial dieses Personenkreises ist in der Regel dergestalt eingeschränkt, dass Umweltfaktoren hier keine Kompensation leisten können. Dieser Personenkreis erbringt selbst bei optimalen Umweltbedingungen nur Schulleistungen, die im unteren Leistungsbereich anzusiedeln sind.

Anders verhält es sich bei nicht retardierten Kindern. Hier wird oft ein hoher korrelativer Zusammenhang zwischen Intelligenzausprägung und Schulleistung erwartet. »Seit langem weiß man jedoch, dass die Beziehung zwischen Leistungsfähigkeiten und Leistungsergebnissen keineswegs perfekt ist.« (Helmke/Weinert 1997, S. 105) Ermittelte Korrelationen zwischen Intelligenztestwerten und Schulleistung liegen zwar zwischen 0.5 und 0.6 (Fraser et al. 1987), jedoch konnten Weinert und Helmke (1997) aufzeigen, dass die korrelativen Zusammenhänge zwischen Intelligenzausprägung und Mathematikleistung mit zunehmendem Alter bei Schulkindern anscheinend geringer werden.

Perleth und Sierwald (1992) ermittelten bei einer Stichprobe hoch begabter Kinder und Jugendlicher Gruppen mit unterschiedlichen Leistungsprofilen. Untersucht wurden die Leistungen in den Bereichen »Naturwissenschaften und Mathematik«, »Literatur und Kunst« sowie »Soziale Aktivitäten und öffentliches Auftreten«. Die zwei größten Gruppen bestanden aus Personen, die in allen drei Bereichen entweder überdurchschnittlich gute oder unterdurchschnittlich schlechte Resultate erzielten. Aus vorwissenschaftlicher Alltagssicht wäre zu erwarten gewesen, dass die Mehrzahl der hoch begabten Probanden in die überdurchschnittliche Leistungsgruppe einzuordnen gewesen wäre, was jedoch nicht der Fall war. Auch die Schulleistung hoch begabter Kinder scheint also in hohem Maße durch Umwelteinflüsse bestimmt zu werden.

Ein Konstrukt, von dem man eher erwartet, dass es unterschiedliche Ausprägungen von Schulleistungen erklären kann, soll im Folgenden diskutiert werden: die Motivation.

Motivation

Die psychologischen Begriffe Motiv und Motivation werden auch in der Umgangssprache häufig verwendet. Man spricht vom Motiv des Täters in einem Kriminalstück, von der Motivation einer Fußballmannschaft usw. Dabei werden die Begriffe Motiv und Motivation nicht selten synonym verwandt. Es soll eine Aussage darüber getroffen werden, warum eine Person eine Handlung ausgeführt oder unterlassen hat.

Wissenschaftlich gesehen, sind *Motive* so genannte hypothetische Konstrukte, die zur Erklärung von Verhalten herangezogen werden. Sie sind, ähnlich wie die Intelligenz, nicht direkt messbar, sondern sie werden über andere Variablen bzw. beobachtbare Verhaltensweisen erschlossen. Wenn also z.B. ein Schüler in einem Fach eifrig mitarbeitet, dann erklärt man sich dieses Verhalten, indem man dem Schüler eine hohe Motivation zuschreibt.

Motiv und Motivation werden, je nachdem von welchem theoretischen Ansatz man ausgeht, unterschiedlich definiert. So definiert Rheinberg (1998) Motivation als ein Konstrukt, »das die aktivierende Ausrichtung des momentanen Lebensvollzuges auf einen positiv bewerteten Zielzustand beschreiben und erklären soll« (S. 357). Nach Gage und Berliner (1996) ist Motivation »das, was einem Menschen die Energie zu seinem Tun verleiht und die Ausrichtung seiner Tätigkeit bestimmt« (S. 337). Dabei wird die Motivation durch interne (im Menschen liegende) und externe (außerhalb des Menschen liegende) Faktoren bestimmt.

Bedeutsam ist hier der Hinweis, dass Motivation durch ein Zusammenwirken von Person und Umwelt bzw. der konkreten Situation entsteht. In älteren Motivationstheorien konzentrierte man sich im Wesentlichen nur auf die Person. Die Person hatte bestimmte Motive bzw. Bedürfnisse, die sie dann veranlassten, aktiv zu werden, um zu einer Bedürfnisbefriedigung zu gelangen. Ein

Beispiel für einen solchen Ansatz ist die Motivationstheorie von
Freud (1915/1982). Insbesondere Lewin (1936) hat dann darauf
hingewiesen, dass Motivation das Resultat eines Zusammenwirkens
von Person und Situation ist. Vereinfacht lässt sich dies mit einer
(sicherlich eher pseudomathematischen) Gleichung verdeutlichen:

Motivation = Motiv · Situation

Dieses bedeutet, dass Motivation dann entsteht, wenn ein entsprechendes Motiv in der Person gegeben und die Situation so beschaf-
fen ist, dass das Motiv verhaltenswirksam werden kann.

*Angenommen, das Motiv ist »Hunger«. Dieses Motiv wird die Per-
son nur dann zu entsprechenden Aktivitäten veranlassen (motivieren), wenn die Situation entsprechende Anreize enthält, die zur
Befriedigung dieses Motivs führen können. Ein solcher Anreiz
könnte in einem attraktiven Nahrungsangebot bestehen.*

Dies bedeutet, dass Motivation nur dann entsteht, wenn einerseits
bei der Person ein bestimmtes Motiv vorliegt und andererseits in
der Situation zu dem Motiv »passende« Anreize vorhanden sind.
Solche Anreize können materieller und immaterieller Natur sein.

*Ein materieller Anreiz wäre beispielsweise eine Geldzuweisung an
einen Schüler durch die Eltern bei einer guten Schulnote, ein immaterieller Anreiz die Erhöhung des Ansehens des Schülers beim
Lehrer durch die gute Schulleistung.*

Die Bedeutung situationaler Anreize für menschliche Motivation
wurde in den so genannten Erwartungs-Wert-Theorien untersucht.

Erwartungs-Wert-Theorien

Im Folgenden wird das Grundprinzip der so genannten Erwartungs-Wert-Theorien vorgestellt. Ein Überblick über die verschiedenen Varianten ist bei Weiner (1994) zu finden. Die zentralen Be-

griffe sind Erwartung und Wert; der Begriff Anreiz kommt explizit nicht vor. Wie sich zeigen wird, sind Erwartung und Wert zwei Aspekte eines situationalen Anreizes.

*Nehmen wir an, das Erreichen einer guten Note in einem Fach stelle für einen Schüler einen situationalen Anreiz dar. »**Erwartung**« bezeichnet nun die subjektive Wahrscheinlichkeit eines Individuums, ein bestimmtes Ergebnis herbeiführen zu können. So könnte sich der Schüler sehr sicher sein, eine gute Note zu bekommen, er könnte es aber auch für eher unwahrscheinlich halten.*

Unter »**Wert**« soll die Bedeutung verstanden werden, die ein Individuum einem bestimmten Ereignis beimisst.

Der Schüler könnte dem Erreichen einer guten Note in diesem Fach einen hohen oder auch nur einen geringen Wert zuschreiben.

Motivation wird bei den »Erwartungs-Wert-Theorien« als multiplikative Verknüpfung von Erwartung und Wert definiert. Sind sowohl Erwartung als auch Wert hoch ausgeprägt, dann ergäbe sich eine hohe Motivation. Ist nur ein Faktor hoch ausgeprägt, der andere aber gering, resultiert eine schwach ausgeprägte Motivation.

Erwartet der Schüler mit hoher Wahrscheinlichkeit, eine gute Note zu erreichen, und schreibt er dieser einen hohen Wert zu, dann müsste seine Motivation, also seine Bereitschaft, sich für dieses Ziel einzusetzen, hoch sein.

Die Erwartungs-Wert-Theorien lassen eine solch einfache Schlussfolgerung aber nicht zu. Vielmehr sollen nach diesen Theorien Erwartung und Wert in einem umgekehrt proportionalen Verhältnis zueinander stehen. Beispiel: Lottospiel

Einem Hauptgewinn im Lotto wird allgemein ein hoher Wert zugesprochen. Die Erwartung eines Lottospielers, sechs Richtige zu erreichen, ist jedoch eher gering ausgeprägt; er wird das Eintreten eines solchen Ereignisses für eher unwahrscheinlich halten.

Dieses bedeutet, dass ein Ziel oder ein Ereignis von einem Individuum für umso wertvoller gehalten wird, je geringer die Wahrscheinlichkeit ist, es zu erreichen. Dies entspricht zunächst durchaus unserer Erfahrung im Alltag. Dinge, von denen wir glauben, dass wir sie sehr leicht erhalten können, werden von uns als nicht so wertvoll eingeschätzt wie solche, deren Erreichbarkeit wir für eher unwahrscheinlich halten. Entsprechende Konsequenzen hat eine solche Einschätzung für unsere Motivation, also unsere Bereitschaft, sich für die Erreichung eines Ziels einzusetzen. In einer Gleichung (1) ausgedrückt, ergibt sich also:

(1) Resultierende Motivation = Erwartung · Wert

Um diese Zusammenhänge zu verdeutlichen, sind in die oben dargestellte Gleichung fiktive Zahlen für Erwartung und Wert eingesetzt worden (vgl. Tabelle 7).

Tabelle 7: **Beispiel für die resultierende Motivation bei Erwartungs-Wert-Theorien**		
Erwartung	**Wert**	**Resultierende Motivation**
0.1	0.9	0.09
0.2	0.8	0.16
0.3	0.7	0.21
0.4	0.6	0.24
0.5	0.5	0.25
0.6	0.4	0.24
0.7	0.3	0.21
0.8	0.2	0.16
0.9	0.1	0.09

Hierbei wird von der beschriebenen Annahme ausgegangen, dass Erwartung und Wert in einem umgekehrt proportionalen Verhältnis zueinander stehen. Aus diesem Grund steigen die Erwartungswerte kontinuierlich an, die Wertwerte fallen dagegen kontinuierlich ab. Aus der Spalte »Resultierende Motivation« wird ersichtlich, dass die Motivation die höchste Ausprägung bei einer mittleren Ausprägung von Erwartung und Wert erreicht.

Welche Konsequenzen für die pädagogische Praxis ergeben sich daraus, dass die resultierende Motivation die höchsten Werte bei einer mittleren Ausprägung von Erwartung und Wert annimmt?

Für einen Schüler ist es in der Regel »wertvoller«, wenn es ihm gelingt, eine schwierige Aufgabe zu lösen. Er wird einen Lösungsversuch aber nur dann unternehmen, wenn er sich eine gewisse Erfolgswahrscheinlichkeit ausrechnet.

Die Motivation des Schülers, diesen Lösungsversuch zu unternehmen ist, wie die Tabelle zeigt, dann am höchsten, wenn sowohl die subjektive Erfolgswahrscheinlichkeit (Erwartung) als auch der subjektive Wert des Ziels in einem mittleren Bereich liegen:
Erwartung (0.5) · Wert (0.5) = resultierende Motivation (0.25).
Wie die Tabelle auch zeigt, führen leichte Veränderungen der Erwartungs- und Wertgrößen nicht zu einer gravierenden Beeinträchtigung der resultierenden Motivation.

Die Tabelle zeigt aber auch folgendes: Zielen, von denen man erwartet, dass man sie fast mit Sicherheit erreicht (z.B. Erwartung = 0.9), wird nach dieser Theorie ein sehr geringer Wert (z.B. Wert = 0.1) beigemessen. Gemäß der Erwartungs-Wert-Theorie wird auch die resultierende Motivation eher gering sein (z.B. = 0.09).

Entsprechend verhält es sich mit Zielen, die man zwar für sehr wertvoll hält (z.B. Wert = 0.9), deren Erreichbarkeit aber als sehr gering eingeschätzt wird (z.B. Erwartung = 0.1). Auch hier wird nur eine sehr geringe Motivation unterstellt.

Auf den ersten Blick erscheint die Erklärung menschlicher Motivation durch die Erwartungs-Wert-Theorien durchaus einleuchtend. Berücksichtigen wir allerdings unsere Alltagserfahrungen, dann kommen doch gewisse Zweifel auf, ob mit diesem Ansatz menschliche Motivation zuverlässig eingeschätzt bzw. vorhergesagt werden kann. Es sei hier an Personen gedacht, die einem Ziel einen sehr hohen Wert beimessen, die Erreichbarkeit aber nur gering einschätzen. Nach dem Erwartungs-Wert-Ansatz dürften diese Personen im Hinblick auf ihre Motivation, dieses Ziel zu erreichen, eher wenig aktiv werden. Trotzdem kann man in der Realität das Gegenteil beobachten.

Nehmen wir als Beispiel den Arztberuf. Dieser Beruf besitzt in Deutschland ein hohes Ansehen (Wert). Die subjektive Wahrscheinlichkeit (Erwartung), diesen Beruf ergreifen zu können, ist jedoch relativ gering (strenger Numerus clausus, schwieriges Medizinstudium). Und doch beobachten wir Personen, die entgegen der Vorhersage der Erwartungs-Wert-Theorien sich mit ganzer Kraft und hohem Einsatz für die Erreichung dieses Berufsziels einsetzen.

Offenkundig gibt es noch andere Faktoren, die für die Motivation des Menschen bedeutsam, aber im Erwartungs-Wert-Ansatz nicht enthalten sind. Aufbauend auf dem Grundmodell der Erwartungs-Wert-Theorien, wurde ein erweitertes Modell entwickelt und hierbei insbesondere das Leistungsmotiv bzw. die Leistungsmotivation zusätzlich in den Blick genommen (Atkinson 1953, 1957; Heckhausen 1963).

Theorie der Leistungsmotivation

Das besonders für den schulischen Bereich bedeutsame *Leistungsmotiv* kann definiert werden, als »eine relativ überdauernde Persönlichkeitsdisposition, Leistungsziele anzustreben« (Prochaska 1998, S. 10). Es kann weiter nach Heckhausen (1989) in Anlehnung an Atkinson »mit solchen Handlungszielen umschrieben [werden], in denen vornehmlich eine Auseinandersetzung mit Maßstäben der Tüchtigkeit (…) erkennbar ist« (S. 2). Das Leistungsmotiv wird nach obigen Definitionen als stabile Persönlichkeitseigenschaft, also als ein Trait (vgl. Amelang/Bartussek 1997), angesehen.

Atkinson (Atkinson/Litwin 1960) etwa unterscheidet bei der Leistungsmotivation zwei Tendenzen: die *Hoffnung auf Erfolg* (abgekürzt: Erfolgsmotiv, häufig synonym für Leistungsmotiv) und die *Furcht vor Misserfolg* (abgekürzt: Misserfolgsmotiv). Auch das Misserfolgsmotiv wird als überdauernde persönliche Disposition angesehen (Schlag 1995).

Es wird nun davon ausgegangen, dass die Bereitschaft zur leistungsorientierten Tätigkeit durch drei Faktoren beschrieben werden kann:

- die subjektive Wahrscheinlichkeit (W), ein bestimmtes Ziel zu erreichen;
- den Anreizwert (A) des angestrebten Ziels;
- das Erfolgs- bzw. Misserfolgsmotiv (M_e und M_m).

Der erste Faktor entspricht dem Begriff der »Erwartung«, der zweite dem Begriff des »Werts« in der Erwartungs-Wert-Theorie.

Hinzu kommen in diesem Ansatz die beiden als Persönlichkeitsmerkmale betrachteten Tendenzen des Leistungsmotivs, nämlich das Erfolgs- bzw. Misserfolgsmotiv.

Auch hier wird angenommen, dass die drei Faktoren multiplikativ miteinander verknüpft sind. Ferner wird ebenfalls davon ausgegangen, dass Anreizwert und Erfolgswahrscheinlichkeit in einem umgekehrt proportionalen Verhältnis zueinander stehen. Jedoch sind hier zusätzlich zwei Fälle zu unterscheiden: Individuen, bei denen das Motiv »Hoffnung auf Erfolg« und solche, bei denen das Motiv »Furcht vor Misserfolg« stärker ausgeprägt ist. Diese Aufteilung wird hier mehr aus didaktischen Gründen vorgenommen, da sich später zeigen wird, dass letztlich beide Tendenzen für die Ausprägung der Leistungsmotivation verantwortlich sind.

Hoffnung auf Erfolg

In den weiteren Betrachtungen wird das Motiv »Hoffnung auf Erfolg« mit M_e, die subjektive Einschätzung der Erfolgswahrscheinlichkeit mit W_e und der Anreizwert mit A_e bezeichnet. Die aus diesen Faktoren resultierende Tendenz, eine Leistung anzustreben, benennen wir T_e. Schreiben wir die multiplikative Verknüpfung der drei Faktoren als Gleichung (2), dann ergibt sich:

$$(2) \ T_e = M_e \cdot W_e \cdot A_e$$

Die Multiplikation von W_e und A_e ergibt wie bei den »Erwartungs-Wert-Theorien« die höchste resultierende Motivation bei mittleren Werten (vgl. Tabelle 7, S. 96). Als weiterer Faktor kommt das Erfolgsmotiv M_e hinzu, das, wie beschrieben, als relativ stabiles Persönlichkeitsmerkmal angesehen wird.

Das Grundmodell der »Erwartungs-Wert-Theorien« wurde damit durch die Integration eines Persönlichkeitsmerkmals (Erfolgsmotiv) erweitert.

Greifen wir wieder unser Beispiel des Arztberufes auf. Berücksichtigen wir nur W_e und A_e, also Erfolgswahrscheinlichkeit und Wert, dann erhalten wir nach der Erwartungs-Wert-Theorie nur eine geringe Motivation (s.o.). Nun aber lässt sich auch erklären, warum trotzdem bestimmte Personen dieses Ziel intensiv anstreben. Es sind jene Personen, deren Erfolgsmotiv (M_e) besonders stark ausgeprägt ist.

Furcht vor Misserfolg

Es wird nun weiter unterstellt, dass das Motiv, Misserfolg zu vermeiden (M_m), ebenfalls im multiplikativen Zusammenhang mit der Wahrscheinlichkeit des Misserfolges (W_m) und dem Anreizwert des Misserfolges (A_m) steht. Auch hier wurde eine Erweiterung des Erwartungs-Wert-Ansatzes durch Hinzufügen des Misserfolgsmotivs vorgenommen. Formal ergibt sich folgende Gleichung (3):

$$(3)\ T_m = M_m \cdot W_m \cdot A_m$$

In dieser Gleichung steht T_m für die sich ergebende Tendenz, einen Misserfolg zu vermeiden.

Die Emotionen, die leistungsbezogene Tätigkeiten bei einer Person auslösen, werden weitgehend bestimmt durch in der Vergangenheit gemachte Erfahrungen mit Leistungssituationen. Erfolge haben in der Regel beim Individuum Stolz und Wohlbefinden ausgelöst, Misserfolge dagegen Scham und Unwohlsein. Daraus wurde geschlossen, dass leistungsbezogene Tätigkeiten bei Individuen zwei

Tendenzen zur Folge haben: die »Hoffnung auf den Erfolg« und die »Furcht vor dem Misserfolg«. Je nach Art der früheren Erfahrungen, kann entweder die Hoffnung auf Erfolg oder die Furcht vor Misserfolg im Vordergrund stehen. Grundsätzlich wird jedoch davon ausgegangen, dass bei allen Individuen beide Motive, »Hoffnung auf Erfolg« und »Furcht vor Misserfolg«, gleichzeitig vorhanden sind.

Zusammenwirken von Erfolgs- und Misserfolgsmotiv

Es wird nun davon ausgegangen, dass das Zusammenwirken von »Hoffnung auf Erfolg« (T_e) und »Furcht vor Misserfolg« (T_m) darüber entscheidet, mit welcher Intensität sich ein Individuum einer leistungsbezogenen Tätigkeit zuwendet. Es wird eine additive Verknüpfung von »Hoffnung auf Erfolg (T_e)« und »Furcht vor Misserfolg (T_m)« unterstellt. Das Ergebnis dieser additiven Verknüpfung wird als resultierende Tendenz (T_r) bezeichnet. Die resultierende Tendenz entscheidet darüber, ob ein Individuum eine leistungsbezogene Tätigkeit in Angriff nimmt. Die formale Schreibweise dieser Verknüpfung ist in der nächsten Gleichung (4) dargestellt.

$$(4)\ T_r = T_e + T_m$$

Setzen wir in dieser Gleichung für $T_e = M_e \cdot W_e \cdot A_e$ und für $T_m = M_m \cdot W_m \cdot A_m$ ein. Hieraus ergibt sich die folgende Gleichung (5):

$$(5)\ T_r = (M_e \cdot W_e \cdot A_e) + (M_m \cdot W_m \cdot A_m)$$

Diese kann folgendermaßen umgeformt werden:

$$T_r = (M_e - M_m) \cdot (W_e \cdot (1 - W_e))$$

Betrachten wir nur den zweiten Teil der endgültigen Formel, $W_e \cdot (1 - W_e)$. Dieser Teil nimmt, mit Ausnahme von $W_e = 0$ oder $W_e = 1$, immer positive Werte an. Die subjektive Einschätzung eines Erfolges kann zwischen 0 und 1 liegen. 0 bedeutet: Es ist absolut un-

möglich, ein Erfolgserlebnis zu erreichen. 1 bedeutet: Das Erfolgserlebnis tritt mit hundertprozentiger Wahrscheinlichkeit ein. Daraus
können folgende Schlussfolgerungen gezogen werden:

- Wenn $M_e > M_m$, resultiert immer ein positiver Wert T_r (Ausnahme: $W_e = 0$ oder $W_e = 1$). Menschen, bei denen M_e (Erfolgsmotiv) $> M_m$ (Furcht vor Misserfolg) ist, bezeichnen wir als »*erfolgsorientierte*« Personen. Es sind jene Personen, die bereit sind, leistungsbezogene Tätigkeiten in Angriff zu nehmen.
- Wenn $M_m > M_e$, resultiert immer ein negativer Wert T_r (Ausnahme: $W_e = 0$ oder $W_e = 1$). Menschen, bei denen die Furcht vor
  dem Misserfolg (M_m) größer als das Erfolgsmotiv (M_e) ist, bezeichnen wir als »*misserfolgsorientierte*« Personen. Dies sind
  jene Individuen, die leistungsbezogene Tätigkeiten vermeiden.
- Wenn $M_e = M_m$, ergibt sich eine resultierende Tendenz (T_r) von
  0. Diese Personen stehen genau in der Mitte zwischen den er-
  folgs- und misserfolgsorientierten Personen. Eine Aussage über
  deren Leistungsverhalten ist schwer möglich.

Jedoch ist Folgendes zu bedenken: In unserer Gesellschaft wird den
Menschen vom Kindergarten über die Schule bis zum Beruf Leistung abverlangt. Das heißt, auch die misserfolgsorientierten Personen bzw. jene, die zwischen den beiden Tendenzen schwanken,
müssen Leistungen erbringen und tun dieses auch. Zur Erklärung
dieses Sachverhaltes werden externe Faktoren verantwortlich gemacht. Neben der Tendenz T_r beeinflussen beispielsweise Faktoren,
wie das Streben nach einer Schul- oder Berufskarriere, Befürchtun-
gen, Nachteile in Kauf nehmen zu müssen, das leistungsbezogene
Verhalten von Menschen.

Wie sich gezeigt hat, ist die Ausführung leistungsbezogener Tätigkeiten abhängig von der Schwierigkeit der Aufgabe. Dabei ist die
Aufgabenschwierigkeit gleichzusetzen mit dem Anreizwert des Erfolges (A_e). Die Erfolgswahrscheinlichkeit ist bei schwierigen Aufgaben geringer als bei leichten. Wie bereits ausgeführt, wird ein Ziel
für umso wertvoller gehalten, je schwerer es zu erreichen ist.

Setzt man konkrete Werte für Erfolgs- (M_e) bzw. Misserfolgs-
orientierung (M_m), Erfolgs- (W_e) bzw. Misserfolgswahrscheinlich-

keit (W_m), die Aufgabenschwierigkeit (A_e, Anreizwert des Erfolges)
und den (negativen) Anreizwert des Misserfolges (A_m) in Gleichung 5 ein, dann zeigt sich Folgendes: Die erfolgsorientierte Person ($M_e > M_m$) erreicht die höchste resultierende Motivation bei
mittlerer Aufgabenschwierigkeit. Dies ergibt sich aus dem Grundschema der Erwartungs-Wert-Theorien (vgl. Tabelle 7, S. 96).

In Tabelle 8 ist die Ausprägung der resultierenden Motivation
für eine Person, deren Furcht vor Misserfolg stärker ausgeprägt ist
als das Erfolgsmotiv ($M_m > M_e$-Typ), anhand eines fiktiven Beispiels dargestellt. Hierfür sind in Gleichung 5 beispielhaft Zahlen
eingesetzt worden. Als Wert für das Erfolgsmotiv (M_e) wurde 2 gewählt, für die Ausprägung der Furcht vor dem Misserfolg (M_m) der
Wert 4. Die Werte für die subjektive Einschätzung der Wahrscheinlichkeit des Erfolges (W_e) und den Anreizwert des Erfolges (A_e)
sind entsprechend ihres unterstellten reziproken Verhältnisses festgelegt worden. Die Werte für die Ausprägung der Einschätzung der
Wahrscheinlichkeit des Misserfolges (W_m) und den (negativen)
Anreizwert des Misserfolges (A_m) wurden anhand der weiteren Implikationen der Theorie berechnet. Aufgrund der hohen Komplexität wurde hier auf eine Darstellung dieser Implikationen verzichtet.

In Tabelle 8 sind in der Spalte T_r (resultierende Motivation) die
höchsten (negativen) Motivationsausprägungen fett markiert.

Tabelle 8:	**Resultierende Motivation im Kontext der Aufgabenschwierigkeit (A_e) beim $M_m > M_e$ Typ ($M_e = 2$ und $M_m = 4$)**					
T_r	M_e	W_e	A_e	M_m	W_m	A_m
−0,18	2	0,1	0,9	4	0,9	−0,1
−0,32	2	0,2	0,8	4	0,8	−0,2
−0,42	2	0,3	0,7	4	0,7	−0,3
−0,48	2	0,4	0,6	4	0,6	−0,4
−0,5	2	0,5	0,5	4	0,5	−0,5
−0,48	2	0,6	0,4	4	0,4	−0,6
−0,42	2	0,7	0,3	4	0,3	−0,7
−0,32	2	0,8	0,2	4	0,2	−0,8
−0,18	2	0,9	0,1	4	0,1	−0,9

Das misserfolgsorientierte Individuum ($M_m > M_e$) erreicht die (relativ) höchsten Motivationswerte bei extrem geringen Aufgabenschwierigkeiten ($A_e = 0.1$) und extrem hohen Aufgabenschwierigkeiten ($A_e = 0.9$). Rein rechnerisch ergeben sich natürlich negative Werte, was bedeutet, dass sich Misserfolgsorientierte generell bemühen, leistungsorientierte Situationen zu vermeiden. Ihre »Furcht vor dem Misserfolg« ist größer als ihre »Hoffnung auf Erfolg«.

Werden jedoch misserfolgsorientierte Personen ($M_m > M_e$) mit leistungsbezogenen Situationen konfrontiert, wird unterstellt, dass sie extrem leichte oder extrem schwierige Aufgaben in Angriff nehmen.

Dass Individuen, bei denen die »Furcht vor Misserfolg« stärker ausgeprägt ist als die »Hoffnung auf Erfolg« ($M_m > M_e$), bevorzugt besonders leichte Aufgaben wählen, scheint verständlich zu sein. Hier ist die Gefahr, einen Misserfolg zu erleben, besonders gering.

Warum wählen jedoch diese Personen angeblich ebenso bevorzugt Aufgaben von extrem hoher Schwierigkeit? Hier ist das Erleben eines Misserfolges doch besonders wahrscheinlich. Die Wahl dieser Aufgaben erscheint besonders verwunderlich, da misserfolgsorientierte Personen ($M_m > M_e$) doch gerade große Furcht vor einem Misserfolg haben sollen. Eine mögliche Erklärung für die Wahl besonders schwerer Aufgaben scheint zu sein, dass es möglich ist, einen potenziellen Misserfolg mit der besonderen Schwierigkeit zu begründen. Ein Misserfolg wird also auf eine Weise erklärt, die eine Beeinträchtigung des Selbstwertgefühls vermeidet. Auf diesen Ansatz der Ursachenerklärung werden wir im Abschnitt »Die Attributionstheorie«, S. 106ff., noch genauer zu sprechen kommen.

Konsequenzen für die Pädagogik

In der Schule, aber auch im Beruf, stellen Personen, die leistungsbezogene Situationen meiden, ein Problem dar. Sind pädagogische Maßnahmen vorstellbar, mit denen misserfolgsorientierte Schüler in erfolgsorientierte »verwandelt« werden können? Ein üblicherweise zutreffender pädagogischer Grundsatz ist, dass Erfolgserlebnisse zu einer Erhöhung der Motivation beitragen. Es wird aber hier angenommen, dass Erfolgserlebnisse auf die »Misserfolgsorientierten« und die »Erfolgsorientierten« unterschiedliche Auswirkungen haben.

In Tabelle 9 sind die in der einschlägigen Literatur unterstellten Auswirkungen von Erfolg und Misserfolg auf erfolgsorientierte ($M_e > M_m$) und misserfolgsorientierte Personen ($M_m > M_e$) zusammenfassend dargestellt (Atkinson/Litwin 1960; Heckhausen 1963, 1989; Weiner 1975, 1976).

Tabelle 9: **Zusammenfassung der Auswirkungen von Erfolg und Misserfolg auf erfolgsorientierte und misserfolgsorientierte Personen**		
	Erfolgsorientierte Person **($M_e > M_m$ -Typ)**	**Misserfolgsorientierte Person** **($M_m > M_e$ -Typ)**
Erfolg bei leichter Aufgabe	Verringerung der Motivation	relative Erhöhung der Motivation
Erfolg bei schwerer Aufgabe	Erhöhung der Motivation	Verringerung der Motivation
Misserfolg bei leichter Aufgabe	Erhöhung der Motivation	Verringerung der Motivation
Misserfolg bei schwerer Aufgabe	Verringerung der Motivation	relative Erhöhung der Motivation

Die »Theorie der Leistungsmotivation« impliziert bei misserfolgsorientierten Personen eine Erhöhung der Motivation durch Erfolg bei leichten und Misserfolg bei schweren Aufgaben. Demgegenüber wird eine Verringerung der Motivation durch Erfolg bei schweren und Misserfolg bei leichten Aufgaben unterstellt.

Anders sieht es bei erfolgsmotivierten Personen aus. Bei diesen wird von einer Erhöhung der Motivation durch die Lösung von schweren und durch das Versagen bei leichten Aufgaben ausgegangen. Verringert werden soll die Motivation durch Erfolg bei leichten und den Misserfolg bei schweren Aufgaben.

Diese Befunde geben keine klaren Hinweise für pädagogische Maßnahmen bei den Misserfolgsorientierten. Grundsätzlich ist zu bedenken: Solange das Misserfolgsmotiv stärker ausgeprägt ist als das Erfolgsmotiv, soll die Tendenz erhalten bleiben, leistungsbezogene Situationen zu meiden. Da aber das Erfolgs- und das Misserfolgsmotiv als relativ stabile Persönlichkeitsmerkmale angesehen werden, scheint hier eine kurzfristige Beeinflussung durch den Lehrer kaum möglich zu sein.

Wenn schulische Interventionen möglich sein sollen, dann müssen Faktoren ins Auge gefasst werden, die einer rascheren Modifikation zugänglich sind. Aus der Theorie der Leistungsmotivation lassen sich dahingehend keine entsprechenden Ableitungen treffen.

Ergiebiger scheint dagegen ein Ansatz zu sein, in dem der Frage nachgegangen wird, wie Personen Erfolg und Misserfolg kognitiv verarbeiten. Hier wird untersucht, welche Ursachen für Erfolg oder Misserfolg verantwortlich gemacht werden. Diese so genannten »Attributionstheorien« stehen im Mittelpunkt der folgenden Ausführungen.

Die Attributionstheorie

Dimensionen der Ursachenzuschreibung

Mit den attributionstheoretischen Ansätzen fand eine Wende in der Motivationsforschung statt. Wie später gezeigt werden wird, stand nun eine Motivationstheorie zur Verfügung, aus der sich in der pädagogischen Praxis anwendbare Maßnahmen zur Erhöhung der Motivation ableiten lassen.

Attribution bedeutet Zuschreibung, genauer gesagt, die Zuschreibung von Ursachen. Man spricht deshalb auch von Theorien der Kausal-Attribution. Es wird davon ausgegangen, dass eine Person, die einen Erfolg oder Misserfolg erlebt hat, darüber nachdenkt, auf welche Ursachen dieses Ereignis zurückzuführen ist.

Das Grundkonzept der Attributionstheorie wurde von Heider (1958) formuliert. Nach Heider kann ein Erfolg oder Misserfolg auf zwei Ursachen zurückgeführt werden, nämlich auf die Dimension »Können« und die Dimension »Wollen«. Können bezieht sich auf die Fähigkeiten, Kenntnisse und Fertigkeiten einer Person, Wollen auf ihre Anstrengungsbereitschaft. Misserfolg kann demzufolge unterschiedlich erklärt werden. Die Person erklärt sich ihren Misserfolg damit, dass sie nicht über die nötigen Fähigkeiten verfüge oder damit, dass sie sich nicht genügend angestrengt habe.

Dieser Ansatz wurde von Weiner (1974) aufgegriffen und erweitert. Nach Weiner lassen sich folgende *Dimensionen der Ursachenerklärung* unterscheiden (vgl. Tabelle 10):

Tabelle 10: **Zweidimensionales Attributionsschema**

	Internale Dimension	**Externale Dimension**
Stabil	Begabung, Fähigkeiten	Aufgabenschwierigkeit
Variabel	Anstrengung	Glück, Zufall, andere Personen

Wie bei Heider finden sich internale Dimensionen, die sozusagen in der Person angesiedelt sind, nämlich Fähigkeiten und Anstrengung. Fähigkeiten werden als relativ überdauernde stabile Personenmerkmale angesehen, während Anstrengung als ein variables Merkmal aufgefasst wird. Weiner ergänzt Heiders Modell durch eine außerhalb der Person angesiedelte externale Dimension. Zuschreibungen auf dieser externalen Dimension können ebenfalls stabilen (z.B. Aufgabenschwierigkeit) oder variablen (z.B. Glück) Charakter besitzen.

Als Beispiel kann hier die Ursachenerklärung eines guten Ergebnisses bei einer Mathematikarbeit dienen. Wenn eine Person dieses Ergebnis auf ihre hohen Fähigkeiten in Mathematik zurückführt, attribuiert sie internal und stabil. Ihre Mathematikfähigkeiten werden auch noch ein paar Monate später vorhanden sein und können deshalb als relativ stabil angesehen werden. Führt die Person das Zustandekommen der guten Note in der Mathematikarbeit dagegen auf Zufall oder Glück zurück, attribuiert sie external und variabel. Zufall lässt sich bekanntlich nicht berechnen.

Als weitere Dimension kommt die Kontrollierbarkeit ins Spiel. Hier stellt sich folgende Frage: Ist es einem selbst möglich, das Auftreten dieses Ereignisses zu beeinflussen? Wenn die Person beispielsweise ein schlechtes Ergebnis in einer Mathematikarbeit auf eine persönliche Minderbegabung in Mathematik zurückführen würde, besäße sie keine Möglichkeit, das Ergebnis dieser Arbeit zu beeinflussen. Mangelnde Fähigkeit wird als relativ stabil angesehen. Die meisten Menschen sehen Fähigkeit bzw. Begabung als in gewissem Maße genetisch determiniert an. Würde eine Person dagegen das Versagen auf nicht ausreichende Anstrengung zurückführen, dann könnte sie Einfluss auf den Ausgang der Arbeit nehmen.

Es besteht ein enger Zusammenhang zwischen wahrgenommener Kontrollierbarkeit und wahrgenommener Verantwortlichkeit. Ist eine Person der Meinung, dass sie eine Situation nicht kontrollieren kann, dann fühlt sie sich für das Geschehen auch nicht verantwortlich.

Ein Gärtner soll beispielsweise einen Garten in einer Art und Weise gestalten, die seinem eigenen ästhetischen Empfinden nicht entspricht. Ihm ist es nicht gelungen, den Kunden von dessen Vorstellungen hinsichtlich der Gestaltung der Gartenanlage abzubringen. Da der Gärtner Geld verdienen muss, gestaltet er den Garten nach den Wünschen des Kunden. Es ist nun jedoch zu vermuten, dass sich dieser Gärtner nicht für das Ergebnis seiner Handlung verantwortlich fühlt.

Zusammengefasst ergeben sich also folgende Dimensionen der Ursachenzuschreibung (vgl. Tabelle 11):

Tabelle 11: **Zusammenfassung der Dimensionen der Attribution**					
Lokalitätsdimension		**Dimension der Stabilität**		**Dimension der Kontrollierbarkeit**	
Internal	☐	Stabil	☐	Beeinflussbar	☐
External	☐	Variabel	☐	Nicht beeinflussbar	☐

In der konkreten Situation wird zur Ursachenerklärung eines Ereignisses immer eine Kombination dieser verschiedenen Dimensionen herangezogen. Je nachdem, ob es sich um die Erklärung von Erfolg oder Misserfolg handelt, wird bei der Erklärung der Ursachen in unterschiedlicher Weise auf die drei Dimensionen zurückgegriffen. So erklären Menschen Erfolg häufig internal, variabel und kontrollierbar. Das heißt, die Person führt den Erfolg auf ihre eigene Anstrengung zurück (internal, variabel) und ist der Meinung, für das Ereignis selbst verantwortlich zu sein (Kontrollierbarkeit).

Attribution in der Schule

Ursachenerklärung durch den Lehrer

In einer großen Schulklasse ist es, zumindest für einen Fachlehrer, der häufig nur kurze Zeit mit der Klasse zusammen ist, nicht immer möglich, einen realistischen Eindruck von einem Schüler zu gewinnen (zum Problem der Eindrucksbildung siehe auch Abschnitt »Eindrucksbildung«, S. 133ff.).

Ungeachtet dessen macht sich der Lehrer ein Bild über den Leistungsstand eines Schülers und entwickelt Annahmen über die Ursachen der Schülerleistung.

Bei der Ursachenerklärung der Schülerleistung durch den Lehrer handelt es sich um eine Fremdattribution, da eine Person das Handeln einer anderen erklärt. Wie Ross (1977) beschrieben hat, besteht in solchen Situationen grundsätzlich die Gefahr, den so genannten *»fundamentalen Attributionsfehler«* zu begehen. Dieser besteht darin, dass man das Verhalten der anderen Person internal und stabil erklärt. Das Verhalten der anderen Person wird vorwiegend auf deren überdauernde Eigenschaften zurückgeführt (vgl. Tabelle 12).

Tabelle 12: **Grundmuster des so genannten »fundamentalen Attributionsfehlers«**					
Ursachenlokalisation		**Stabilität**		**Kontrollierbarkeit**	
Internal	☑	Stabil	☑	Beeinflussbar	☐
External	☐	Variabel	☐	Nicht beein-flussbar	☑

So könnte der Lehrer eine gute Schülerleistung mit der besonderen Begabung des Schülers für dieses Fach erklären. Analog dazu würde er eine schlechte Leistung auf mangelnde Fähigkeiten zurückführen. Beides ist pädagogisch nicht unbedenklich. Die Attribution auf stabile Fähigkeiten kann zur Folge haben, dass der Lehrer auf pädagogische Bemühungen insbesondere zur Förderung des schlechten Schülers verzichtet. Wie beschrieben, werden Fähigkeiten im Alltag häufig als »angeboren« interpretiert. Da der Lehrer glaubt, auf angeborene »Eigenschaften« keinen Einfluss nehmen zu können, hat er gewissermaßen ein Alibi dafür, auf pädagogische Maßnahmen zu verzichten. Wie sich Lehrerattributionen auf Fähigkeiten bei guten Schülern auswirken, wird im Abschnitt »Pädagogische Interaktion«, S. 158ff., beschrieben, wo insbesondere auf die Rolle der interpersonalen Erwartungen in der »Lehrer-Schüler-Beziehung« eingegangen wird.

Derartige Attributionsmuster des Lehrers beziehen sich nicht nur auf das Leistungsverhalten von Schülern, sondern auch auf ihr Sozialverhalten. Was kann der Lehrer schon tun, wenn der Schüler einen »angeborenen« Hang zur Unpünktlichkeit hat? Lehrer erklären sich auch ihre eigenen Leistungen. Dabei wird, insbesondere bei Misserfolgen, ein eher umgekehrter Attributionsfehler begangen. Erfolgreichen Unterricht attribuiert der Lehrer im Wesentlichen internal, er schreibt sich also selbst den Erfolg zu. Ist der Unterricht nicht so erfolgreich, wird die Ursache in den Schülern gesucht, die nicht richtig mitmachen wollen. Er attribuiert also external.

Die beschriebenen Attributionsmuster von Lehrern sind an sich schon sehr problematisch. Eine besonders schwierige Situation ergibt sich jedoch, wenn derartige Attributionsmuster mit ungünstigen Attributionen der Schüler bezüglich ihrer eigenen Schülerleistungen zusammentreffen.

Ursachenerklärung durch Schüler

Auch Schüler, so die Annahme, stellen Überlegungen an, auf welche Ursachen ihre (guten oder schlechten) Leistungen zurückzuführen sind. Dieses soll nun an einigen Beispielen verdeutlicht werden.

Nehmen wir an, ein Schüler erreicht am Schuljahresende eine gute Note. Er führt dieses Ergebnis auf intensives und langes Üben zurück. In Tabelle 13 ist die Ursachenzuschreibung dieses Schülers in den drei Dimensionen der Attribution dargestellt. Dieser lokalisiert die Ursache für die gute Klassenarbeit internal. Er selbst hat das Ergebnis durch Üben bewirkt. Er attribuiert daher weiter auf eine variable Dimension, nämlich Anstrengung. Deshalb geht er ebenfalls davon aus, das Ergebnis der Klassenarbeit durch Üben beeinflussen zu können (Kontrollierbarkeit).

Tabelle 13:	**Attribution eines Schülers, der einen Erfolg auf intensives langes Üben zurückführt**				
Ursachenlokalisation		**Stabilität**		**Kontrollierbarkeit**	
Internal	☑	Stabil	☐	Beeinflussbar	☑
External	☐	Variabel	☑	Nicht beeinflussbar	☐

Betrachten wir nun einen zweiten Schüler. Dieser erreicht ebenfalls eine gute Note. Er führt die gute Note auf Glück und das Wohlwollen des Lehrers zurück (vgl. Tabelle 14). Wie spiegelt sich diese Ursachenzuschreibung in den Attributionsdimensionen wider?

Tabelle 14:	**Attribution eines Schülers, der einen Erfolg auf Glück und das Wohlwollen des Lehrers zurückführt**				
Ursachenlokalisation		**Stabilität**		**Kontrollierbarkeit**	
Internal	☐	Stabil	☐	Beeinflussbar	☐
External	☑	Variabel	☑	Nicht beeinflussbar	☑

Das Glück und das Wohlwollen des Lehrers sind außerhalb des Schülers anzusiedeln. Dieser lokalisiert die Ursache für seine gute Note also external. Wohlwollen und Glück können als variabel angesehen werden. Der Lehrer kann sein Wohlwollen dem Schüler relativ schnell entziehen. Daher ist keine Kontrollierbarkeit und damit auch keine Eigenverantwortung gegeben.

Wie wirken sich die guten Noten auf die zukünftige Anstrengungsbereitschaft unserer Schüler aus? Hier kommen operante

Lernprinzipien zum Tragen. Bei unserem ersten Schüler (Ursachenzuschreibung: regelmäßiges intensives Üben) wirkt die gute Note als positiver Verstärker. Er hat gelernt, dass regelmäßiges Üben zum Erfolg führt. Höchstwahrscheinlich wird dieser Schüler in Zukunft ebenfalls regelmäßig üben, um weitere Erfolgserlebnisse zu erreichen.

Der zweite Schüler hat den Erfolg auf Glück und Wohlwollen des Lehrers attribuiert. Das Erfolgserlebnis kann keine Anstrengungsbereitschaft verstärken, da der Schüler es nicht in einen Zusammenhang mit seiner Anstrengung bringt.

Beim ersten Schüler bewirkt das Erfolgserlebnis also eine Stabilisierung oder Erhöhung der Anstrengungsbereitschaft, beim zweiten ist dies nicht der Fall.

Kommen wir nun auf Misserfolge zu sprechen. Unser Schüler aus dem ersten Beispiel erhält in der ersten Mathematikarbeit des neuen Schuljahres eine schlechte Note. In dieser Zeit war er sehr stark mit außerschulischen Aktivitäten beschäftigt. Er führt das schlechte Ergebnis deshalb auf mangelnde Vorbereitung zurück.

Tabelle 15:	**Attribution eines Schülers, der den Misserfolg in einer Arbeit auf mangelnde Vorbereitung zurückführt**					
Ursachenlokalisation		**Stabilität**		**Kontrollierbarkeit**		
Internal	☑	Stabil	☐	Beeinflussbar	☑
External	☐	Variabel	☑	Nicht beeinflussbar	☐

In Tabelle 15 ist die Ursachenzuschreibung des ersten Schülers anhand der drei Attributionsdimensionen dargestellt. Die Ursache wird internal lokalisiert, der Schüler schreibt die schlechte Arbeit seiner mangelnden Anstrengung zu. Allerdings ist er in der Lage, sich mehr anzustrengen. Dies hat er in der Vergangenheit gezeigt. Grundsätzlich wird eine Möglichkeit gesehen, die Ursache des Misserfolges zu kontrollieren. Die eigene Anstrengung ist von ihm beeinflussbar.

Betrachten wir nun unseren zweiten Schüler. Auch er erhält in der ersten Mathematikarbeit des neuen Schuljahres eine schlechte Note. Er begründet dieses jedoch nicht damit, dass er nun einfach

Pech gehabt hat, sondern damit, dass seine Mathematikfähigkeiten eher gering ausgeprägt sind. Bislang hatte er Glück gehabt und trotz (eingebildeter oder tatsächlicher) Minderbegabung im Fach Mathematik gute Noten erreicht. Nun wirkt sich, aus der Sicht des Schülers, die Minderbegabung aus und resultiert in schlechten Noten (vgl. Tabelle 16).

Tabelle 16:	**Attribution eines Schülers, der seinen Misserfolg auf mangelnde Fähigkeit zurückführt**				
Ursachenlokalisation		**Stabilität**		**Kontrollierbarkeit**	
Internal	☑	Stabil	☑	Beeinflussbar	☐
External	☐	Variabel	☐	Nicht beeinflussbar	☑

Dieser Schüler lokalisiert die Ursache für den Misserfolg in seiner eigenen Person. Er selber schreibt sich keine ausreichenden Fähigkeiten im Fach Mathematik zu. Die Minderbegabung sieht er als stabil an. Er behauptet: Zur Mathematik finde ich keinen Zugang, da kann ich machen, was ich will. Demgemäß kann er das Ergebnis der Mathematikarbeit nicht beeinflussen.

Welche Auswirkungen wird der Misserfolg dieser beiden Schüler in der ersten Mathematikarbeit des neuen Schuljahres auf deren zukünftige Motivationsausprägung haben? Zur Beantwortung dieser Frage muss ein zusätzlicher Aspekt eingeführt werden: die emotionalen Auswirkungen von Erfolg und Misserfolg.

Emotionale Auswirkungen von Erfolg und Misserfolg

Unabhängig von der Kausalattribution des Ergebnisses lösen Erfolgs- bzw. Misserfolgserlebnisse bestimmte Emotionen aus. »Man ist ganz einfach ›erfreut‹, ein gutes Leistungsergebnis erzielt zu haben, oder ›traurig‹, wenn sich die Leistungserwartungen nicht erfüllt haben sollten.« (Mietzel 1998, S. 339) Bei beiden Schülern löst das Misserfolgserlebnis einen negativen emotionalen Zustand aus. Kein Individuum ist bestrebt, diesen negativen emotionalen Zustand über eine längere Zeit aufrechtzuerhalten. Der erste Schüler (Attribution: zu geringe Anstrengung) hat die Möglichkeit, diesen negativen emotionalen Zustand durch erhöhte Anstrengung auszugleichen, da er überzeugt ist, sein Leistungsergebnis selbst beeinflussen zu können. Erreicht dieser in der nächsten Arbeit eine gute Note, wird wieder eine positive Emotion ausgelöst.

Beim zweiten Schüler sieht dieses anders aus. Auch bei diesem bewirkt die schlechte Arbeit einen negativen emotionalen Zustand, da er das schlechte Leistungsergebnis auf sich zurückführt (mangelnde Fähigkeiten). Er sieht sich jedoch nicht in der Lage, die unzureichenden Fähigkeiten zu beeinflussen. Er schreibt sich keine Kontrollierbarkeit über sein Leistungsergebnis zu.

Hieraus resultiert, dass dieser Schüler in der Vorbereitungsphase der nächsten Arbeit keine besonderen Anstrengungen unternimmt. Mit großer Wahrscheinlichkeit wird er wieder einen Misserfolg erleben. Dieser Misserfolg führt zu einer Verfestigung der Ursachenzuschreibung: Ich besitze eine Minderbegabung im Fach Mathematik. Ein solcher Kreislauf kann in einen Zustand führen, der als »Erlernte Hilflosigkeit« (vgl. Seligman 1995) bezeichnet wird. »*Erlernte Hilflosigkeit*« kann als Stadium beschrieben werden, in dem das Handeln durch die Auffassung bestimmt wird, Probleme könnten mit den vorhandenen Fertigkeiten des Individuums nicht mehr gelöst werden. Es besteht die Tendenz zur Generalisierung dieser Auffassung. In unserem Fall könnte die Konsequenz sein, dass der zweite Schüler die Selbstzuschreibung geringer Fertigkeiten im Fach Mathematik auf andere Fächer überträgt.

Wie aus diesen Beispielen deutlich wird, ist die Ursachenerklärung von Erfolg und Misserfolg beim Schüler nicht nur ein intellektuelles Spielchen. Vielmehr hat die Art und Weise der Attribution gravierende Folgen für das zukünftige Leistungsverhalten. Der eine Schüler (Attribution: mangelnde Anstrengung) wird durch das Misserfolgserlebnis angeregt, seine Anstrengungen zu steigern; der andere Schüler (Attribution: geringe Fähigkeiten) wird seine Bemühungen nicht erhöhen. Ein und dasselbe Ereignis (schulischer Misserfolg) führt in Abhängigkeit vom individuellen Attributionsmuster zur einer Erhöhung oder zu einer Verringerung der Motivation.

Attribution und Selbstbild

Menschen sind in der Regel bestrebt, von sich ein positives Selbstbild zu entwickeln bzw. aufrechtzuerhalten. Das führt dazu, dass Erfolge vorwiegend internal attribuiert werden. Man sagt sich, der Erfolg ist eingetreten, weil ich über so exzellente Fähigkeiten verfüge und/oder mich ordentlich angestrengt habe. Misserfolg dagegen wird eher external erklärt: Die Umstände haben mich behindert oder die Aufgabe war so schwer, dass auch ein anderer sie nicht hätte lösen können (Whitley/Frieze 1985).

Bei der Zurückführung von Erfolg auf eigene Fähigkeiten bzw. Anstrengung wird das positive Selbstbild verstärkt. Misserfolg würde das positive Selbstbild eines Individuums beeinträchtigen. Um diese Beeinträchtigung zu vermeiden, tendieren viele Menschen dazu, Misserfolg externen Ursachen zuzuschreiben. Schneider und Schmalt (1994) beschreiben diese Attributionsweise als »... hedonistische Verzerrung in der Ursachenwahrnehmung, (...) [die] es gestattet, ein positives Selbstwertgefühl aufzubauen und frei von Belastungen zu halten« (S. 266).

Ein solches selbstwertdienliches Attributionsmuster ist sozusagen der »Normalfall«. Wie sich aber zeigen wird, gibt es Ausnahmen, die besonders im pädagogischen Bereich zu nicht unerheblichen Schwierigkeiten führen.

Leistungsmotivation und Attributionstheorie

In der Theorie der Leistungsmotivation (vgl. Abschnitt »Theorie der Leistungsmotivation«, S. 98ff.) wurde unterschieden zwischen erfolgsorientierten ($M_e > M_m$) und misserfolgsorientierten ($M_m > M_e$) Personen. Bei den ersteren ist das Erfolgsmotiv stärker ausgeprägt als das Misserfolgsmotiv, bei den zweiten verhält es sich umgekehrt.

Attribuieren erfolgsorientierte Personen und misserfolgsängstliche Personen Erfolg bzw. Misserfolg unterschiedlich? Zu dieser Fragestellung wurden mehrere Untersuchungen durchgeführt (vgl. Weiner/Kukla 1970; Weiner/Potepan 1970). Die Ergebnisse dieser Untersuchungen fasste Weiner (1976) folgendermaßen zusammen.

>»Hoch leistungsmotivierte Personen attribuieren, verglichen mit den niedrig leistungsmotivierten, Erfolg auf Begabung und Anstrengung und Misserfolg auf mangelnde Anstrengung. Niedrig leistungsmotivierte Personen attribuieren, verglichen mit den hoch leistungsmotivierten, Misserfolg auf mangelnde Begabung und sehen sich im Allgemeinen als weniger begabt an.« (S. 241)

Das Attributionsmuster der Erfolgsorientierten entspricht in einem dem oben beschriebenen »Normalfall«: Erfolg wird internal attribuiert.

Jedoch ist im Hinblick auf das zukünftige Leistungsverhalten Folgendes zu beachten. Wird Erfolg von den hoch Leistungsmotivierten mit den eigenen, stabilen Fähigkeiten erklärt, muss dies nicht zwangsläufig zu einer verstärkten Anstrengung führen. Fähigkeiten werden häufig als nicht beeinflussbar erlebt, also würde eine Erhöhung der Anstrengung nichts nützen. Eine Person könnte beispielsweise Folgendes von sich behaupten: »Ich besitze eine hohe Sprachbegabung. Schon meine Eltern beherrschten mehrere Sprachen.« Warum soll sich diese Person beispielsweise in der Vorbereitung einer Englischarbeit besonders anstrengen?

Günstiger wäre eine internale und variable Attribution (Anstrengung), da Anstrengung als beeinflussbar erlebt wird. Dadurch, dass Erfolgsmotivierte Misserfolg in vielen Fällen internal variabel attribuieren (mangelnde eigene Anstrengung), ergibt sich auch hier eine positive Prognose.

Misserfolg, der mit mangelnder Anstrengung erklärt wird, löst negative Emotionen aus, z.B. Scham über die eigene Faulheit. Da das Individuum die Situation als beeinflussbar ansieht, ist es in der Lage, die negativen Emotionen durch Erhöhung der Anstrengung zu kompensieren und dadurch einen Leistungsanstieg zu erzielen. Dieser Zusammenhang ist in Abbildung 13 grafisch dargestellt.

Abbildung 13: **Auswirkungen der erwünschten Kausalzuschreibung von Misserfolg**

Misserfolgsorientierte Personen dagegen zeigen nun aber ein Attributionsmuster, das kaum als selbstwertdienlich bezeichnet werden kann. Kurz gesagt: Sie attribuieren Erfolg eher auf externale Dimensionen und Misserfolg auf internale.

Erleben misserfolgsorientierte Personen einen Erfolg, dann führen sie ihn vor allem auf Glück, Zufall, Hilfe durch andere Personen oder auf eine geringe Aufgabenschwierigkeit zurück. Misserfolg dagegen wird im Wesentlichen mit eigenen (unzureichenden) Fähigkeiten erklärt. Da Begabung und Fähigkeiten als stabil und kaum veränderbar angesehen werden, sehen diese Personen für zukünftige Leistungssituationen keine Beeinflussungsmöglichkeiten.

Ein derartiges Attributionsmuster ist der psychischen Gesundheit kaum dienlich. Was für ein Selbstbild soll eine Person entwickeln, die Erfolge nach außen delegiert und Misserfolge an der eigenen Person festmacht? Wie soll eine Erhöhung der Motivation bei einer solchen Person erreicht werden?

Es sei daran erinnert, dass bei der Diskussion der »Theorie der Leistungsmotivation« angemerkt wurde, dass Erfolgserlebnisse nicht immer zu einer Erhöhung der Motivation führen. Hier wird nun deutlich, bei welchem Personenkreis dies zutrifft.

Misserfolgsorientierte Personen, die ihre Erfolge external attribuieren, können durch Erfolgserlebnisse nicht motiviert werden. Erfolg wird außerhalb der Person liegenden Dimensionen zugeschrieben, auf die man keinen Einfluss hat. Eine pädagogisch wahrlich schwierige Situation. Die »Theorie der Leistungsmotivation« lieferte keinen deutlichen Hinweis auf einen Lösungsansatz. Lassen sich aus der Attributionstheorie möglicherweise hilfreiche pädagogische Maßnahmen ableiten?

Attributionsmuster und Motivationsförderung

Aus den bisherigen Darstellungen lassen sich Attributionsmuster herausarbeiten, die aus pädagogischer Sicht als besonders günstig zu bezeichnen sind. Erfolg sollte internal, variabel und kontrollierbar erklärt werden. Das heißt, der Erfolg ist auf meine eigene Anstrengung, die ich selbst kontrollieren kann, zurückzuführen. Misserfolg sollte ebenfalls internal, variabel und kontrollierbar erklärt werden. Das heißt, der Misserfolg ist auf meine mangelnde Anstrengung zurückzuführen, die ich aber beeinflussen kann.

Diese beiden Attributionsmuster sind deshalb besonders günstig, weil Dimensionen zur Ursachenerklärung herangezogen werden, die in der Person selbst liegen und von dieser als beeinflussbar erlebt werden. Eine Erfolgsattribution auf eigene Fähigkeiten ist zwar prinzipiell auch nicht negativ, hat aber den Nachteil, dass hier eine Dimension herangezogen wird, die häufig als nicht beeinflussbar erlebt wird. Die Attribution auf Anstrengung sollte auch in diesem Fall nicht fehlen. In der Übersicht lassen sich diese Schlussfolgerungen wie folgt darstellen:

Tabelle 17:	**Erwünschte Attribution von Erfolg und Misserfolg** (leicht modifiziert nach Fosterling 1985)		
Leistungs- ergebnis	Attribution	Emotion/ Erwartung	Verhalten
Erfolg	Fähigkeit (u. Anstren- gung)	Stolz, hohes Selbst- wertgefühl, hohe zukünftige Erfolgs- erwartung	weitere Bereitschaft zum leistungsorien- tierten Arbeiten
Misserfolg	mangelnde Anstrengung	Schuldgefühle, weiter vorhandene Erfolgserwartung	weitere Bereitschaft zum leistungsorien- tierten Arbeiten

Die in Tabelle 17 dargestellten Attributionsmuster lassen eine Bereitschaft erwarten, sich weiter leistungsbezogenen Situationen zu stellen. Dieses ist jedoch kaum der Fall, wenn eine Person auf Attributionsmuster zurückgreift, wie sie in Tabelle 18 (S. 119) dargestellt sind. Erfolg kann diese Personen nicht motivieren. Misserfolg führt zu einer Verstärkung der Demotivation.

Wie kann mit diesen »Problemfällen« umgegangen werden? Wie gesagt, die Vermittlung von Erfolgserlebnissen hilft bei diesen ungünstigen Attributionsmustern nicht weiter. Ziel ist es vielmehr, kurz- bzw. mittelfristig das ungünstige Attributionsmuster zu verändern. Diese Personen sollten wie die »Normalfälle« Erfolge internal, variabel und Misserfolge nicht internal stabil attribuieren.

Tabelle 18: **Unerwünschte Attribution von Erfolg und Misserfolg** (nach Fosterling 1985)			
Leistungs-ergebnis	**Attribution**	**Emotion Erwartung**	**Verhalten**
Erfolg	Zufall o. Glück	Keine / evtl. leicht erhöhte Erfolgs-erwartung	Keine verstärkte Bereitschaft zum leistungsorientierten Arbeiten
Misserfolg	Geringe Fähigkeit	Scham, Gefühl der Inkompetenz, ge-ringer werdende Erfolgserwartung	Abwendung von leistungsorientierter Tätigkeiten, Verrin-gerung der Ausdauer

Damit Schüler Erfolg in erwünschter Weise attribuieren können, muss natürlich erst einmal ein Erfolg gegeben sein. Um diesen zu erreichen, sollte der Lehrer bei der Wahl der Aufgabenschwierigkeit den Kenntnisstand des Schülers berücksichtigen. Heckhausen (1980) spricht hier vom *Prinzip der »Passung«*. Die Aufgaben dür-fen nicht zu leicht, aber auch nicht zu schwer sein, sondern müssen mit Anstrengung zu lösen sein.

Zu leichte Aufgaben werden nicht als Erfolg erlebt, bei zu schweren wird external (Aufgabe kann niemand lösen) attribuiert.

Die Unterrichtssituation sollte so gewählt werden, dass es dem Lehrer möglich ist, notfalls diesem Schüler Hilfestellungen zu leis-ten. Nach erbrachtem Leistungsergebnis sollte der Schüler vom Lehrer ausdrücklich gelobt werden. Dieses Lob ist mit dem Hinweis auf die Anstrengung des Schülers zu verknüpfen.

Problematischer ist die Förderung der erwünschten Attribution (geringe Anstrengung) nach Misserfolgen. Normalerweise scheitert nur eine geringe Anzahl von Schülern bei im Unterricht zu bearbei-tenden Übungsaufgaben. Wenn der Lehrer den Schüler nun darauf hinweist, dass sein Misserfolg aufgrund mangelnder Anstrengung zustande gekommen ist, könnte dieses zu einer gewissen Stigmati-sierung in der Schulklasse führen. Ferner wirkt eine derartige Kritik als Bestrafung. Diese löst beim Schüler eine unangenehme Emotion aus. Zur Problematik der Bestrafung sei auf Abschnitt »Abbau un-erwünschter Verhaltensweisen«, S. 29ff., verwiesen.

Eine derartige Kritik sollte der Lehrer nach Möglichkeit nur nach einem auf den Misserfolg folgenden Erfolg durchführen. Er könnte in dieser Situation folgendermaßen vorgehen: Anfangs sollte er ausdrücklich den Schüler für dessen Leistung loben. Dabei weist der Lehrer darauf hin, dass die Leistung auf der erbrachten Anstrengung beruht. Danach kann er zum vorhergegangenen Misserfolg überleiten. Er erläutert dem Schüler, dass dieser Misserfolg bei gleicher Anstrengung nicht hätte zustande kommen müssen. Die Kritik am Schüler ist in diesem Fall mit einem parallelen Lob verbunden.

Es hat sich im Übrigen gezeigt, dass Kritik nach vorangegangenen positiven Äußerungen leichter akzeptiert wird. Beginnt man mit Kritik, wird das folgende Lob gar nicht mehr wahrgenommen, der Schüler »klappt sozusagen die Ohren zu«.

Nach einigen weiteren Erfolgserlebnissen dieses Schülers sollte der Lehrer durchaus auch die Zuschreibung auf »Fähigkeit des Schülers« verstärken. Er kann nun darauf hinweisen, dass er mit seinen Leistungen zufrieden ist etc. Hiermit wird das Selbstbewusstsein des Schülers gefördert. Ein gut ausgeprägtes Selbstbewusstsein ist notwendig, um zwangsläufig im Laufe der Schulkarriere auftretende Misserfolge bewältigen zu können. Besitzt der Schüler nur ein gering ausgeprägtes Selbstbewusstsein, so besteht die Gefahr des Entstehens der Attribution »geringe Fähigkeit« bei schulischen Misserfolgen.

Nun gibt es Einflüsse auf den Schüler, die der Lehrer nicht kontrollieren kann. Beispielhaft seien nur die Attributionsmuster von Eltern genannt. Es sind also Fälle denkbar, wo eine Veränderung der Attributionsmuster im normalen Unterricht durch den Lehrer nicht mehr geleistet werden kann. Für diese Fälle sind spezielle Zuschreibungs-Trainingsprogramme entwickelt worden, die jedoch nur von besonders geschulten Personen durchgeführt werden sollten. Derartige Reattributions-Trainingsprogramme (vgl. Ziegler/ Heller 1998; Ziegler/Schober 1995; Ziegler/Schober 1997) können durchaus beachtliche Erfolge aufweisen.

Hier ist wie anderswo auch Vorbeugen besser als heilen. Dies bedeutet, dass der Lehrer generell darauf achten sollte, dass er nicht selbst unerwünschte Attributionsmuster fördert. Es wurde bereits angesprochen, dass Lehrer häufig die Leistungen ihrer Schüler internal stabil, also mit Begabung erklären (s. »fundamentaler Attributionsfehler«, S. 109ff.). Langfristig kann dies dazu führen, dass der Schüler diese ungünstige Erklärungsweise übernimmt. Generell ist festzustellen, dass der Lehrer Erfolge wie Misserfolge seiner Schüler diesen gegenüber auf internale variable Dimensionen zurückführen sollte. Nur dann kann der Schüler selbst Einfluss nehmen und damit auch die Verantwortung für seine Erfolge und Misserfolge übernehmen.

Intrinsische und extrinsische Motivation

Die Ausführungen zur Motivation sollen abgeschlossen werden mit einer Unterscheidung zweier grundsätzlicher Typen der Motivation: der intrinsischen und der extrinsischen Motivation.

Unter intrinsischer Motivation verstehen wir eine Handlungsausführung, die durch eine Aufgabe selbst ausgelöst wird.

Eine Schülerin bearbeitet beispielsweise eine Mathematikhausaufgabe, weil sie an dieser Interesse aufweist. Ein Schüler, der kein Interesse am Fach Mathematik besitzt, hat die Aufgabe ebenfalls bearbeitet.

Da dieser nicht durch die Aufgabe selber motiviert wurde, muss die Bearbeitung der Hausaufgabe durch außerhalb der Aufgabe liegende Faktoren angeregt worden sein, beispielsweise der Furcht vor schlechten Zensuren. Wir sprechen in diesem Fall von extrinsischer Motivation, also von einer Motivation, die nicht durch die Aufgabe selbst bestimmt wird, sondern durch außerhalb liegende Faktoren.

Gage und Berliner (1996) bezeichnen eine Motivation, »die ohne Belohnungen ›einfach da‹ ist« (S. 360) als intrinsisch. Eine extrinsische Motivation ist für diese dagegen »von beobachtbaren Belohnungen abhängig« (S. 360).

Versuchen wir, die im Motivationskapitel vorgestellten Theorien (Grundmodell der Erwartungs-Wert-Theorien, vgl. S. 94ff.; Theorie der Leistungsmotivation, vgl. S. 98ff.; Attributionstheorie, vgl.

S. 106ff.) dem intrinsischen oder extrinsischen Ansatz zuzuordnen, müssen wir feststellen, dass diese allesamt extrinsische Motivationsprozesse beschreiben.

Intrinsische Motivation, also eine Motivation aus der Sache heraus, wird von vielen Pädagogen als die wertvollere Motivationsform angesehen. Es ist jedoch die Frage zu stellen, ob eine explizit intrinsische Motivation so überhaupt auftritt. Aus behavioristischer Betrachtungsweise wäre diese Fragestellung zu verneinen. Die Auslösung von Verhalten (Motivation) wird hier ausschließlich auf externe Faktoren zurückgeführt. Gage und Berliner vertreten ebenfalls diese Position. Ein guter Klavierspieler erwecke zwar den Anschein, von innen her motiviert zu sein [intrinsisch] »tatsächlich äußern sich hier [jedoch] nur Prozesse der Selbstverstärkung, die mit großer Wahrscheinlichkeit aus früheren externen Verstärkungen [extrinsisch] umgewandelt worden sind« (S. 361).

Interpersonale Wahrnehmung und Verhalten

Ein im alltäglichen Leben sich immer wiederholender Vorgang ist die Wahrnehmung anderer Personen. Dies gilt für Personen, die man schon seit längerer Zeit kennt, ebenso wie für solche, die einem zum ersten Mal begegnen. Relativ schnell gelangt man zu einer Einschätzung der anderen Person, macht sich ein Bild vom anderen. Dieses Bild umfasst Vorstellungen darüber, welche Eigenschaften die andere Person hat, in welchem Gefühlszustand sie sich befindet, welches Verhalten von ihr zu erwarten ist usw. Solche Einschätzungen sind für das eigene Handeln von weitreichender Bedeutung. Das eigene Verhalten dem anderen gegenüber wird weitgehend vom wahrgenommenen Bild der anderen Person bestimmt.

Das Bild vom anderen liefert damit nicht nur eine schnelle Orientierung in der sozialen Umwelt, man »weiß«, mit wem man es zu tun hat. Weiter »weiß« man auch, wie man sich dem anderen gegenüber zu verhalten hat. Die Anführungszeichen deuten aber bereits Besonderheiten dieses »Wissens« an. Man hat sich zwar ein Bild über die andere Person gemacht, die Frage aber ist, was man wirklich über sie weiß. Diese Frage und deren Beantwortung stellen das zentrale Problem der Forschung zur interpersonalen Wahrnehmung dar. Von der Philosophie des Altertums bis hin zur modernen Psychologie reichen die Versuche aufzuklären, was man sozusagen mit »bloßem Auge« von der anderen Person erkennen kann (s. dazu ausführlicher Buser 1970).

Ab der zweiten Hälfte des 19. Jahrhunderts sind u.a. folgende Forschungsfragen bearbeitet worden:

- Welcher Zusammenhang besteht zwischen den Körpermerkmalen der anderen Person und ihren Gefühlen und Persönlichkeitsmerkmalen? Dieser Frage hat sich vor allem die Ausdruckspsychologie gewidmet (s. »Deutung des menschlichen Ausdrucks«, S. 124ff.).

- Wie kommt das Bild über die andere Person überhaupt zustande, wie werden die Informationen verarbeitet, die der andere uns darbietet? Antworten darauf versuchte die Forschung zur Eindrucksbildung zu geben (s. »Eindrucksbildung«, S. 133ff.).

Deutung des menschlichen Ausdrucks

Der Wahrnehmung unmittelbar zugänglich ist das Äußere einer Person. Daher lag es nahe, Überlegungen darüber anzustellen, ob und inwieweit von äußeren Merkmalen einer Person auf deren Eigenschaften und Gefühle geschlossen werden kann. Es sollten also Zusammenhänge zwischen äußerlich sichtbaren Merkmalen und nicht beobachtbaren »inneren« Merkmalen ermittelt werden. Ein solches Wissen über die Verknüpfung äußerer und innerer Personenmerkmale wäre immer dann hilfreich, wenn es um eine rasche Einschätzung anderer geht. Aber auch bei psychischen Erkrankungen und im Rahmen der therapeutischen Bemühungen wären entsprechende Kenntnisse von Vorteil.

Der Frage nach dem Zusammenhang von äußeren und inneren Merkmalen widmete sich die *Ausdruckspsychologie*, ein Zweig der Psychologie, der vor allem in Deutschland zur Bedeutung gelangte.

Hier lassen sich zwei Forschungsrichtungen unterscheiden. Die erste untersucht den Zusammenhang zwischen überdauernden Körperformen und charakterlichen Merkmalen. Diese Richtung wird auch als Konstitutionspsychologie bezeichnet.

Größere Bedeutung erlangte jedoch eine zweite Richtung, der es um den Zusammenhang zwischen Ausdrucksbewegungen und inneren Merkmalen der Person ging.

Konstitutionspsychologie

Ziel der Konstitutionspsychologie war es, Zusammenhänge zwischen dem Körperbau, also der relativ stabilen Architektonik des Körpers einerseits und Gefühlen und Charaktermerkmalen andererseits zu beschreiben.

Bedeutendster Vertreter dieser Richtung war Kretschmer (1921). Er hatte beobachtet, dass psychotische Erkrankungen, nämlich Schizophrenie und manisch-depressive Erkrankung, bei Personen mit bestimmtem Körperbau unterschiedlich häufig auftraten. Schlanke, hoch aufgeschossene Personen erkrankten häufiger an Schizophrenie, während eher rundliche, mittelgroße Personen mit gedrungenem Körperbau öfter manisch-depressive Erkrankungen aufwiesen.

Abbildung 14: **Pyknischer und leptosomer Typ**

Kretschmer definierte daher zunächst zwei Körperbautypen:

- den leptosomen Körperbautyp (schlanke, groß gewachsene Personen mit flachem Brustkorb),
- den pyknischen Typ (gedrungene Gestalt, schmale Schulter, erheblicher Leibesumfang).

Später fügte er einen dritten Typ hinzu, dem er allerdings eine eher geringe Aufmerksamkeit widmete, nämlich den

- athletischen Typ (mittelgroß, kräftige Schultern, ausgeprägte Muskulatur).

Dem leptosomen und dem pyknischen Körperbautyp ordnete er jeweils einen Charaktertyp zu: Dem leptosomen wurde der schizothyme Charaktertyp, dem pyknischen der zyklothyme Charaktertyp zugewiesen. Jeder dieser beiden Charaktertypen hatte drei Ausprägungen, nämlich die des gesunden Menschen, eine Zwischenform und eine krankhafte Ausprägung. Damit ergeben sich folgende Zuordnungen (vgl. Tabelle 19):

Tabelle 19: **Körperbautypen und Charaktertypen**		
	Leptosomer Körperbautyp	**Pyknischer Körperbautyp**
Gesunde Form	schizothymer Charaktertyp	zyklothymer Charaktertyp
Zwischen-form	schizoider Charaktertyp	zykloider Charaktertyp
Krankhafte Form	schizophrene Erkrankung	manisch-depressive Erkrankung

Es wurde nun davon ausgegangen, dass sich jeder Charaktertyp durch spezifische Personenmerkmale kennzeichnen ließe. Beispielsweise seien die Schizothymen (gesunde Personen mit leptosomem Körperbau) als die »Vornehm-Feinsinnigen, die weltfremden Idealisten, die kühlen Herrennaturen und Egoisten, die Trockenen und Lahmen« (Heiss 1949, S. 41) zu charakterisieren.

Damit wird eine Problematik des kretschmerschen Ansatzes deutlich. Die Persönlichkeit des Menschen wird als statisch angesehen, d.h., der Charakter des Menschen ist zu einem bestimmten Zeitpunkt definiert und verändert sich nicht. Unberücksichtigt bleibt auch, dass das Verhalten eines Menschen von der Situation und dem Handeln der anderen Interaktionspartner beeinflusst wird. Weiterhin ist problematisch, dass hinsichtlich des Körperbautyps die Altersvariable vernachlässigt wird. So findet sich der leptosome Typ eher bei Jüngeren, der pyknische eher bei Älteren. Kritisch ist ferner anzumerken, dass es eher unwahrscheinlich ist, dass die Vielzahl der unterschiedlichen Persönlichkeiten mit einer so geringen Zahl von Grundtypen erfasst werden kann; ein Problem, an dem jedwede Typologie krankt.

Ein grundsätzliches Problem liegt in der Annahme eines Kontinuums vom gesunden zum kranken Menschen. Ist der Kranke tatsächlich gekennzeichnet durch eine übersteigerte Ausprägung der typenspezifischen Merkmale des Gesunden? Diese Hypothese einer Kontinuität zwischen normalem und erkranktem Seelenleben ist nicht nur umstritten, sondern auch faktisch kaum überprüfbar. Darüber hinaus fehlen Konzepte, die den angenommenen Zusammenhang zwischen Körperbau und Charakter erklären könnten (s.a. Rosemann/Kerres 1986).

Alles in allem ist festzuhalten, dass der Versuch, aus dem Körperbau Informationen über die Persönlichkeit eines Menschen zu gewinnen, als gescheitert angesehen werden muss. Insofern haben die Arbeiten Kretschmers und anderer Autoren aus dieser Forschungsrichtung nur noch eine historische Bedeutung.

Deutung von Ausdrucksbewegungen

Während die Konstitutionspsychologie von der Körperstatik ausging, bemühte sich eine andere Richtung der Ausdruckspsychologie, den Zusammenhang zwischen Ausdrucksbewegungen und inneren Personenmerkmalen zu ermitteln. Zu den Ausdrucksbewegungen zählen vor allem die Bewegungen des Gesichts (Mimik), der Hände und des Körpers (Gestik, Gang), die Stimme und die Sprechweise, aber auch die Handschrift.

Besonders intensiv wurden die Bewegungen des Gesichts sowie die Handschrift (Graphologie) untersucht. Mit der Analyse der Mimik befassten sich ausführlich vor allem Piderit (1867) und Lersch (1932). Klages (1964) nahm sich in erster Linie der Handschrift des Menschen an.

Eine der zentralen Vorstellungen war (etwa bei Piderit), dass sich Gefühle durch häufig wiederholte Bewegungen der Gesichtsmuskeln gewissermaßen im Gesicht einprägen (vgl. Abbildung 15). Aus diesen Spuren könne dann auf Eigenschaften des Menschen geschlossen werden. Beispielsweise sollen so die Falten um den Mund herum entsprechende Rückschlüsse auf die Person zulassen: »Den bittern Zug findet man ausgebildet bei erbitterten oder verbitterten Menschen; den süßlichen Zug als Folge süßlichen Wesens.« (Piderit 1867, S. 199) Ähnlich sieht es Lersch, der von der Verfestigung der Spuren mimischer Ausdrucksgeschehnisse im Gesicht spricht (Lersch 1932).

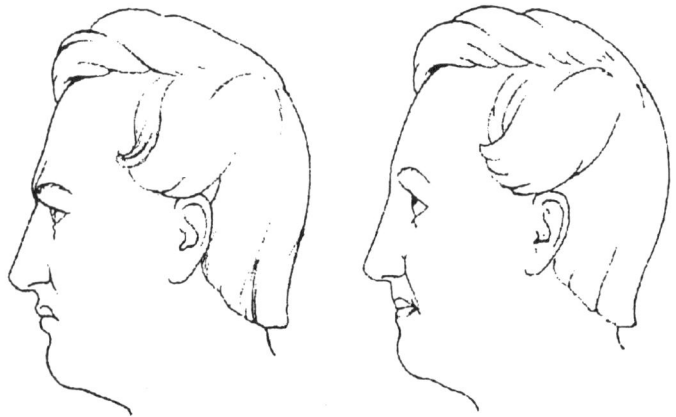

Abbildung 15: **Bitterer und süßlicher Zug um den Mund**
(aus Piderit 1867)

Durch die Zuordnung des mimischen Ausdrucks zu Eigenschaften der Person ließe sich gewissermaßen ein »*Lexikon der Gesichtsmimik*« erstellen. Wie in einem Nachschlagewerk könne man ermitteln, welche Eigenschaften einer Person mit einem hängenden Augenlid, einem offen stehenden Mund usw. zuzuschreiben seien. Grundlegend für die Erforschung der Ausdrucksbewegungen ist also die Annahme einer konstanten Beziehung zwischen dem Ausdrucksmedium (z.B. der Mimik) und bestimmten seelischen Befindlichkeiten oder Charaktermerkmalen der Person.

Eben diese Grundannahme hat sich nicht bestätigen lassen. Es existiert keine eineindeutige Zuordnung zwischen Ausdrucksmedium, Gefühlen und/oder Eigenschaften der Person. Ein Ausdrucksmedium »A« kann in einem Zusammenhang Eigenschaft »X« signalisieren, in einem anderen Zusammenhang Eigenschaft »Y«. So kommt denn auch Rohracher (1963) zu einem für die Ausdrucksforschung bitteren Schluss:

> *»Es gibt noch keine gesicherte Ausdruckskunde, mit deren Hilfe man den Charakter eines Menschen aus seinem Aussehen, seinen Bewegungen, seiner Sprechweise oder seiner Schrift rasch und verlässlich erkennen könnte. Mit wissenschaftlichen Methoden ist nicht einmal der Unterschied zwischen einem fröhlichen und einem spöttischen Lachen feststellbar; wir haben keine Instrumente, mit denen man konstatieren könnte, ob ein Blick offen, listig oder verträumt ist.«* (S. 110)

Es ist also festzuhalten, dass weder Körperbau noch Ausdrucksbewegungen verlässliche Informationen über Gefühle oder Persönlichkeitsmerkmale eines Menschen liefern. Dieser Befund ist nicht nur von wissenschaftlicher Bedeutung, sondern hat auch wichtige Konsequenzen für die alltägliche Praxis.

Das Problem der Menschenkenntnis

Nicht selten begegnet man Personen, die sich für gute »Menschenkenner« halten. Sie meinen, sozusagen »mit einem Blick« feststellen zu können, was der andere für ein Mensch ist; sie fühlen sich befähigt, die andere Person genau einzuschätzen. Häufig sind es Lehrer oder Vorgesetzte, die glauben, die Fähigkeit zur Menschenkenntnis zu besitzen.

Nach dem bisher Ausgeführten sollte deutlich geworden sein, dass es sich hierbei um eine Fehleinschätzung handelt. Menschenkenntnis in dem hier angesprochenen Sinne gibt es nicht. Im Folgenden werden die verschiedenen Aspekte dargestellt, die diese Schlussfolgerung ermöglichen.

Mehrdeutigkeit der Ausdrucksmerkmale

Die Befunde der Ausdrucksforschung machen deutlich, dass eine eindeutige Zuordnung äußerer Körpermerkmale zu inneren Merkmalen nicht möglich ist. Weder von der Statik des Körpers noch von den Ausdrucksbewegungen kann zuverlässig auf Gefühle oder Personenmerkmale des anderen geschlossen werden. Eben diese Mehrdeutigkeit der Ausdrucksmerkmale ist es, die es nicht erlaubt, regelhafte »Übersetzungen« zu formulieren. Eine hohe Stirn lässt sich eben nicht grundsätzlich mit »hoher Intelligenz« übersetzen, weit auseinander stehende Augen sind eben nicht immer Ausdruck von »Offenheit« einer Person.

Überprüfung der Genauigkeit der Wahrnehmung

Im Grunde genommen ist mit der Feststellung der Mehrdeutigkeit der Ausdrucksmerkmale die Frage nach der Möglichkeit von Menschenkenntnis beantwortet, und zwar negativ. In der Literatur werden jedoch noch weitere problematische Aspekte diskutiert, von denen hier nur einige angesprochen werden sollen.

Angenommen, man ist zu einer bestimmten Einschätzung einer anderen Person gelangt. Beispielsweise hält man die andere Person für »temperamentvoll«. Wie lässt sich nun überprüfen, ob diese Einschätzung richtig ist? Welche Kriterien könnten zur Überprüfung der Einschätzungsgenauigkeit herangezogen werden?

- Man könnte die wahrgenommene Person selbst befragen, ob und in welchem Maße sie sich für temperamentvoll hält. Allerdings hat sich gezeigt, dass beim Zustandekommen des Selbstbildes ähnliche Prozesse eine Rolle spielen wie bei der Wahrnehmung anderer Personen (vgl. den Abschnitt »Eindrucksbildung«, S. 133ff.). Die naive Vorstellung, dass »man sich selbst am besten kenne«, hat sich in einer Vielzahl von Untersuchungen als nicht haltbar erwiesen (vgl. Kenny 1994; Rosemann/Kerres 1986). Dies bedeutet, dass die Selbsteinschätzung der wahrgenommenen Person kein geeignetes Kriterium für die

Überprüfung der Genauigkeit der Personenwahrnehmung darstellt (s.a. Gosling et al. 1998).

- Auch der Einsatz von Testverfahren, etwa von Persönlichkeitstests, liefert kein brauchbares Kriterium, da diese Tests den Anforderungen an Zuverlässigkeit (Reliabilität) und Gültigkeit (Validität) nicht genügen (vgl. Kapitel »Leistungsbeurteilung in der Schule«, S. 169ff.). Zumindest bis heute ist es nicht möglich, Personenmerkmale so genau zu erfassen, dass man mit ihrer Hilfe die Richtigkeit der Einschätzung der anderen Person überprüfen könnte.

- Ähnlich problematisch ist es, das Urteil von Freunden der wahrgenommenen Person oder so genannten Experten heranzuziehen. Auch die Einschätzungen derartiger Personen werden von Faktoren beeinflusst, die die Wahrnehmungsresultate als zweifelhaft erscheinen lassen. Später werden wir hierauf genauer zu sprechen kommen. Gage, Leavitt und Stone (1955) konnten in einer inzwischen als klassisch anzusehenden Studie aufzeigen, dass es Lehrern nicht möglich war, Personenmerkmale ihrer Schüler korrekt einzuschätzen (vgl. Abschnitt »Wahrnehmung in der Lehrer-Schüler-Beziehung«, S. 161ff.).

- Ein denkbarer Ausweg bestünde darin, gut beobachtbare Verhaltensweisen der wahrgenommenen Person zu definieren und diese durch geschulte Personen beobachten zu lassen. Anstatt eine Person global hinsichtlich ihrer »Freundlichkeit« einzuschätzen, könnte man z.B. Dauer und Anzahl ihres Lächelns registrieren. Jedoch ist keineswegs sicher, dass Lächeln ein zuverlässiger Indikator für das Merkmal »Freundlichkeit« ist. Prinzipiell könnte es auch bedeuten, dass die Person mit ihrem Lächeln andere täuschen, also von sich einen bestimmten Eindruck erzielen will (vgl. Kenny 1994).

Angesichts dieser Probleme sind verschiedene Autoren zu dem Schluss gelangt, dass die Frage nach der Genauigkeit der Personenwahrnehmung prinzipiell nicht beantwortbar ist (Jones 1990; Richter/Kruglanski 1997). Jedes der genannten Kriterien ist letztlich auch ein Ergebnis von Personenwahrnehmung, sodass im Prinzip nur ein Wahrnehmungsergebnis mit dem anderen verglichen wird.

Weiter wird mit dem Konzept »Genauigkeit der Wahrnehmung« unterstellt, dass die beurteilten Merkmale von Personen relativ stabil seien. Diese Annahme findet jedoch heutzutage kaum noch Unterstützung.

Reziprozität der Wahrnehmung

Wenn man einen Gegenstand betrachtet, ist dies ein einseitiger Prozess. Die Person nimmt den Gegenstand wahr, macht sich ein Bild von ihm. Den Gegenstand lässt dies völlig unberührt.

Anders ist es bei der Wahrnehmung von Personen. Wenn sich zwei Personen begegnen, ist sich jede darüber im Klaren, dass hier eine wechselseitige Wahrnehmung stattfindet. Person A nimmt Person B wahr. Genauso nimmt Person B Person A wahr. Beide Personen kommen zu einer Beurteilung des Gegenübers und verhalten sich entsprechend.

Hat Person A von Person B ein positives Bild, dann wird sie ein anderes Verhalten zeigen als im Fall eines negativen Bildes. Entsprechendes gilt für Person B. Dieses bedeutet, dass der Wahrnehmungsgegenstand (die andere Person) während des Wahrnehmungsvorgangs aufgrund der wechselseitigen Wahrnehmung und des darauf beruhenden Verhaltens verändert wird. Die Person A mit dem positiven Bild von Person B wird der Person B einen anderen »Anblick« darbieten als die Person A, die zu einer negativen Beurteilung der Person B gelangt ist. Entsprechendes gilt selbstverständlich umgekehrt für die Person B (siehe hierzu ausführlicher Kenny 1994; Rosemann/Kerres 1986).

Zusammenfassend können wir festhalten: Die Mehrdeutigkeit der Ausdrucksmerkmale, die faktische Unmöglichkeit, die Genauigkeit der Einschätzung der anderen Person überprüfen zu können, und die Reziprozität der Wahrnehmung lassen »Menschenkenntnis« als Fiktion erscheinen. Vor allem jene Personen, deren Urteil für andere von weit reichender Bedeutung ist, also eben Lehrer oder Vorgesetzte, sollten sich derartige Befunde vor Augen führen. Sicherlich gibt es den Wunsch, den anderen möglichst rasch zu »durchschauen«, tatsächlich machen wir uns relativ schnell ein Bild vom anderen. Allerdings muss klar sein, dass man »mit bloßem Auge« nicht erkennen kann, was der andere für ein Mensch ist (s.a. Rosemann/ Kerres 1986).

Die folgenden Abschnitte dieses Kapitels werden darüber hinaus deutlich machen, wie komplex die Prozesse sind, die bei der Wahrnehmung anderer Personen ablaufen.

Eindrucksbildung

Nachdem klar geworden war, dass es nicht möglich ist, anhand des Körperbaus oder der Ausdrucksbewegungen verlässliche Aufschlüsse über die wahrgenommene Person zu erhalten, beschränkte man sich auf eine scheinbar einfachere Fragestellung. Diese Frage lautet: Wie kommt das Bild über den anderen zustande? Es geht also nun darum, wie der Wahrnehmende Informationen über die andere Person aufnimmt und verarbeitet. Es geht in keiner Weise mehr darum, ob dieses Bild richtig ist oder falsch. Interessant ist »lediglich«, wie bestimmte Informationen, die die wahrgenommene Person anbietet, vom Wahrnehmenden verarbeitet werden, das heißt: wie der Eindruck vom anderen entsteht. Wie sich zeigen wird, geht es dabei nicht nur um den berühmt-berüchtigten »Ersten Eindruck«, sondern auch um die Wahrnehmung von Personen, die einem schon länger bekannt sind. Der Prozess der Eindrucksbildung kann in drei Phasen unterteilt werden:

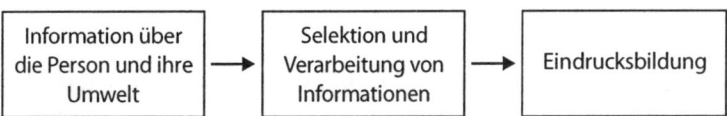

Abbildung 16: **Der Prozess der Eindrucksbildung**
(nach Rosemann/Kerres 1986, S. 35)

In der ersten Phase wird der Wahrnehmende mit einer Vielzahl von Informationen über den anderen konfrontiert. Es sind Informationen über das Äußere der Person, über ihr momentanes Verhalten, über die Situation, in der sich die andere Person befindet usw.

Die kognitive Kapazität des Wahrnehmenden reicht in der Regel nicht aus, um die gesamte vorhandene Informationsmenge simultan zu verarbeiten. So kommt es in einer zweiten Phase zu einer Auswahl bestimmter Informationen aus der vorhandenen Gesamtmenge.

Welche Informationen aktuell ausgewählt werden, ist abhängig von verschiedenen Faktoren. Solche Faktoren sind z.B. die sozialen Einstellungen des Wahrnehmenden, seine motivationale Gerichtetheit, seine emotionale Gestimmtheit oder seine momentane physische Befindlichkeit.

Eine wichtige Rolle spielt auch das »Vorwissen« des Wahrnehmenden über Charakteristika bestimmter Kategorien von Personen. Derartige Kategorien werden auch als implizite Persönlichkeitstheorien bezeichnet. Im Abschnitt »Implizite Persönlichkeitstheorien …«, S. 142, werden wir darauf genauer eingehen.

Da dieses »Vorwissen« bereits bei der Selektion der Information über den anderen von Bedeutung ist, lässt sich, wie auch in Abbildung 16 angedeutet, in der zweiten Phase keine scharfe Trennung zwischen Informationsselektion und Informationsverarbeitung ziehen. Es kommt zu Überschneidungen.

Hat z.B. jemand ein bestimmtes »Vorwissen« über Punker, dann wird dieses sowohl einen Einfluss darauf haben, welche Information bevorzugt aufgenommen wird, als auch eine Rolle bei der Informationsverarbeitung spielen.

Wie die ausgewählte Information vom Wahrnehmenden verarbeitet wird, welche Prozesse dabei eine Rolle spielen, darüber bestehen unterschiedliche Auffassungen. Im Abschnitt »Prozesse der Informationsverarbeitung«, S. 141ff., wird hierauf genauer eingegangen werden.

Aus der Selektion und Verarbeitung der Information resultiert nun in der dritten Phase ein Bild der wahrgenommenen Person.

Verbunden mit diesem Bild sind bestimmte Verhaltensbereitschaften, das heißt, dieses Bild beeinflusst das zukünftige Verhalten der wahrgenommenen Person gegenüber.

Informationsquellen bei der Eindrucksbildung

Wie oben ausgeführt, wird der Wahrnehmende mit einer Reihe von Informationen über die wahrgenommene Person konfrontiert, mit Informationen über die Person selbst sowie über die Situation.

Die im Folgenden beschriebenen Befunde sollten daher nicht missverstanden werden. Es geht immer nur um die »Wirkung« bestimmter Merkmale auf den Wahrnehmenden, nicht darum, wie der Wahrgenommene »wirklich« ist.

Personenmerkmale als Informationsquelle

Eine klassische Studie über die Wirkung von Personenmerkmalen auf den Wahrnehmenden wurde von Brunswick/Reiter (1938) durchgeführt. Die Autoren variierten auf Zeichnungen Frisur, Augen- und Mundform sowie die Barttracht (vgl. Abbildung 17, S. 136).

Bei den befragten Personen wurde erfasst, wie diese in den Strichzeichnungen dargestellten Personen bzw. die genannten Personenmerkmale auf sie wirkten. Es stellte sich heraus, dass unterschiedliche Kombinationen von Augenabstand, Abstand zwischen Mund und Augenpartie sowie der Stirnhöhe zu ganz verschiedenen Eindrücken führten (siehe Kühnel 1954). So wirkte ein Gesicht dann schön, gut und intelligent, wenn sich Augen und Mund in Mittellage befanden und das Gesicht eine hohe Stirn aufwies (s. Rosemann/Kerres 1986).

An dieser Studie wird die Veränderung der Fragestellung besonders deutlich. Erfasst wird die Wirkung bestimmter Merkmale des Gesichts auf die wahrnehmende Person. Die Frage, wie Personen mit diesen Merkmalen »wirklich« sind, macht angesichts des Wahrnehmungsgegenstandes, nämlich verschiedener Strichzeichnungen, selbstverständlich überhaupt keinen Sinn.

Abbildung 17: **Von Brunswick und Reiter verwendete Strichzeichnungen** (aus Rohracher 1963, S. 133)

Ähnlich steht es mit Untersuchungen, in denen Fotografien vorgelegt und die Eindrücke auf die Wahrnehmenden erfasst wurden. Se-
cord/Muthard (1955) verwendeten Fotografien von Frauen und ließen diese von Versuchspersonen hinsichtlich bestimmter Merkmale
einschätzen. Wie sich herausstellte, hinterließen Frauen mit vollen
Lippen und leicht geöffneten Mund den Eindruck von Sinnlichkeit
und sexueller Attraktivität. Frauen mit schmalen Lippen wirkten
dagegen eher zurückhaltend und weniger anziehend.

Mit dieser Untersuchung wird aber auch eine andere Problematik deutlich. Es ist zu fragen, ob Merkmale der beschriebenen Art
generell zu den erwähnten Eindrücken führen. Vermutlich gibt es
gruppenspezifische Unterschiede in Bezug auf die Wirkung phy-
siognomischer Merkmale. Sicherlich spielen auch der Zeitgeist,
kulturspezifische Prägungen usw. eine Rolle. Entsprechendes gilt
auch für die im Folgenden kurz dargestellten Befunde (ausführlicher s. Rosemann/Kerres 1986).

So zeigte sich, dass die Einschätzung der Intelligenz ein und derselben Person davon beeinflusst wurde, ob sie eine Brille trug oder nicht. Mit Brille wurde ihr eine höhere Intelligenz zugeschrieben, gleichzeitig wurde sie aber für eher unsportlich und weniger aktiv gehalten. Auch eine hohe Stirn führt eher zu dem Eindruck von höherer Intelligenz als eine niedrige. Korpulente Personen wurden als weniger aktiv, intelligent und erfolgreich eingeschätzt als Personen mit »normalem« Körpergewicht.

Diese und ähnliche Befunde sind nun nicht nur im Kontext der Forschung interessant. Sie finden auch dort Berücksichtigung, wo eine bestimmte Wirkung auf den Wahrnehmenden beabsichtigt wird, wie dieses etwa im Rahmen der Werbung, in der Wirtschaft und in der Politik der Fall ist. Von nicht zu unterschätzender Bedeutung für die Praxis sind auch die Ergebnisse einer ebenfalls schon klassischen Untersuchung von Asch (1946).

In dieser Studie wurde den Versuchspersonen eine Liste mit folgenden Eigenschaften vorgelegt: intelligent, fleißig, impulsiv, kritisch, eigensinnig, neidisch. Anderen Versuchspersonen wurden die gleichen Eigenschaften in umgekehrter Reihenfolge vorgelegt, also beginnend mit neidisch. Die Versuchspersonen sollten ihre Eindrücke über die Personen schildern, die sie sich von den Personen mit den genannten Eigenschaften gebildet hatten.

Das Ergebnis war eher überraschend. Obwohl beide Versuchspersonengruppen über die gleichen Informationen verfügten, nämlich die in der Liste angegebenen Eigenschaften, gelangten sie zu ganz unterschiedlichen Eindrücken.

Diejenigen Personen, deren Eigenschaftsliste mit dem Begriff »intelligent« begann, zeichneten ein durchaus positives Bild von der Person. Jene Personen, deren Eigenschaftsliste umgekehrt mit dem Begriff »neidisch« begann, gelangten zu einem negativen Bild.

Dieses bedeutet, dass objektiv identische Informationen zu gänzlich unterschiedlichen Einschätzungen führen können, je nachdem in welcher Reihenfolge sie von der wahrnehmenden Person registriert werden. Dabei zeigte sich auch, dass in der Mehrzahl der Fälle die zuerst erhaltenen Informationen die Einschätzung der

Versuchspersonen beeinflussten. Es trat ein so genannter »*primacy-effect*« auf. Weniger häufig wurde das Urteil durch die zuletzt erhaltenen Informationen bestimmt, also ein so genannter »*recency-effect*« beobachtet. Solche Reihenfolgeeffekte bei indirekter Wahrnehmung (die Person selbst ist ja gar nicht anwesend) finden sich durchaus auch in der alltäglichen Praxis wieder.

> *Ein Beispiel hierfür liefert die Arbeit von Tucker und Rowe (1979). Im Rahmen der Einstellung von Mitarbeitern wurden den Personalchefs die Unterlagen der Bewerber in unterschiedlicher Reihenfolge vorgelegt. In der ersten Version bekamen sie zuerst die positiven Bewerbungsunterlagen zu sehen und dann die negativen. In der zweiten Version wurde genau umgekehrt verfahren. Die Befunde waren ähnlich wie bei Asch (1946). Die Personalchefs stuften jene Bewerber als Erfolg versprechend ein, von denen sie zuerst die positiven Unterlagen gelesen hatten.*

Dieser Reihenfolgeeffekt (primacy effect) macht auf einen weiteren Sachverhalt aufmerksam. Er zeigt, dass man offensichtlich dazu neigt, möglichst schnell ein in sich stimmiges Bild über die andere Person zu erhalten. Dies ist für eine rasche Orientierung und Strukturierung der sozialen Umwelt sicherlich nützlich. Allerdings ergibt sich hier auch ein Problem. Das Bedürfnis, möglichst rasch einen klaren Eindruck von der anderen Person zu bekommen, kann zur Folge haben, dass die gegebenen Informationen gar nicht vollständig genutzt werden.

Zusammenfassend ist festzuhalten, dass die Merkmale der wahrgenommenen Person, sei es in der direkten oder indirekten Wahrnehmung, spezifische Eindrücke beim Wahrnehmenden bewirken. Welcher Art diese Eindrücke sind, ist unter anderem abhängig vom »Vorwissen« des Wahrnehmenden: Er »weiß« eben, dass Brillenträger intelligenter sind als Personen, die keine Brille tragen. Zudem ist zu konstatieren, dass die Eindrucksbildung außerordentlich rasch abläuft. Dieses führt in der Regel zu einer Vernachlässigung bzw. Umdeutung eines Teils der vorhandenen Information.

Situationsmerkmale als Informationsquelle

In den oben beschriebenen Untersuchungen wurde in der Regel so verfahren, dass den Probanden Fotografien von Personen oder Eigenschaftslisten vorgelegt wurden. Dieses sind im Vergleich zur Realität eher künstliche Bedingungen. In der Realität begegnet man einer Person gewöhnlich nicht isoliert, sondern man befindet sich mit ihr in einer spezifischen Situation.

Um diesem Tatbestand Rechnung zu tragen, wurde auch bei der Erforschung der Prinzipien der Eindrucksbildung versucht, Elemente der Wahrnehmungssituation stärker zu berücksichtigen. In einer frühen Untersuchung versuchte bereits Munn (1940), die Einbeziehung von Situationselementen zu bewerkstelligen. Er verglich den Eindruck, den ein Gesicht bewirkte, wenn es entweder isoliert oder im Kontext einer Situation dargeboten wurde. Tatsächlich fand er Unterschiede.

Beispielsweise erschien ein Gesicht, isoliert dargeboten, als »sorgenvoll«. Wurden dagegen Informationen über die Situation geliefert, änderte sich der Eindruck. Wurde dasselbe Gesicht als das eines Sportlers im Wettkampf identifiziert, dann erschien es nicht länger als »sorgenvoll«, sondern eher als »entschlossen«.

Cline (1956) arbeitete mit Strichbildern, auf denen ein lächelndes, ein mürrisches Gesicht und eines mit Stirnrunzeln abgebildet war. Eine »Situation« wurde nun dadurch erzeugt, indem jeweils zwei Bilder gleichzeitig dargeboten wurden, also z.B. ein lächelndes und ein mürrisches Gesicht präsentiert wurden. Tatsächlich zeigte sich, dass der Eindruck, den ein Bild hinterließ, davon abhängig war, mit welchem anderen Bild es gleichzeitig dargeboten wurde.

Zum Beispiel: Ein lächelndes Gesicht, kombiniert mit einem mürrischen, hinterließ beim Wahrnehmenden den Eindruck, es handele sich um ein spöttisches und überhebliches Lächeln. Kombiniert mit einem Stirnrunzeln, erweckte das Lächeln den Eindruck von Freundlichkeit und Hilfsbereitschaft.

Selbst wenn man berücksichtigt, dass die beschriebenen »Situationen« sehr eingeschränkt waren, verdeutlichen die Befunde doch Folgendes: Es ist damit zu rechnen, dass die gleichen Merkmale einer Person zu unterschiedlichen Eindrücken führen können je nachdem, in welchem situationalen Kontext sie wahrgenommen werden.

Sehr deutlich wird dies in einer Untersuchung von Kernis und Wheeler (1981). Eine (echte) Versuchsperson musste in einem Wartezimmer Platz nehmen, um dort den Beginn eines Wahrnehmungsexperimentes abzuwarten. Kurz darauf betraten zwei andere Personen, die Helfer des Versuchsleiters waren, den Warteraum. Nachdem die beiden Personen das Zimmer wieder verlassen hatten, bat der Versuchsleiter die (echte) Versuchsperson, ihren Eindruck von einer der beiden Personen (den Helfern des Versuchsleiters) zu schildern.

Dabei zeigte sich: Wenn die zu beurteilende Person gemeinsam mit einer attraktiven Begleitperson erschienen war, wurde sie positiver eingeschätzt, als wenn sie mit einer unattraktiven aufgetreten war. Betrat die einzuschätzende Person mit einer unattraktiven Begleitperson den Raum, so erweckte sie bei der Versuchsperson dann einen positiven Eindruck, wenn sie zu erkennen gab, dass sie mit der unattraktiven Person nichts zu tun hatte.

Das bedeutet, dass der Eindruck, den eine Person beim Wahrnehmenden hinterlässt, durchaus davon beeinflusst werden kann, mit welchen anderen Personen sie gemeinsam wahrgenommen wird. Wer sich mit attraktiven Personen umgibt, kann also damit rechnen, selbst einen positiveren Eindruck zu hinterlassen.

Es wird vermutet, dass hier Ausstrahlungs-Effekte bzw. Kontrast-Effekte auftreten.

Ein *Ausstrahlungs-Effekt* tritt dann auf, wenn eine Person gemeinsam mit einer attraktiven Person wahrgenommen wird. Die Attraktivität der Begleitperson strahlt auf die wahrgenommene Person aus. Diese wird positiver eingeschätzt, als wenn sie allein wahrgenommen worden wäre.

Der *Kontrast-Effekt* kommt dann zustande, wenn die wahrgenommene Person deutlich macht, dass sie mit der gleichzeitig anwesenden unattraktiven Person nichts zu tun hat (vgl. Kenrick/

Gutierres 1980). Diese Distanzierung von der unattraktiven Begleitperson führt zu einer positiveren Einschätzung der wahrgenommenen Person. Auch in dieser Untersuchung ist die Realitätsnähe der Wahrnehmungssituation noch eingeschränkt. Nichtsdestotrotz wird nachdrücklich die Relativität des »Bildes vom anderen« veranschaulicht.

Prozesse der Informationsverarbeitung

Bisher ist dargestellt worden, welche Bedeutung Merkmale der Person und der Situation für die Eindrucksbildung haben. Es ist nun zu untersuchen, wie eine Person die wahrgenommenen Informationen verarbeitet und speichert und welche Rolle bereits abgespeicherte Informationen bei der Eindrucksbildung spielen.

Es liegen sehr unterschiedliche Konzeptionen über die bei der Informationsverarbeitung ablaufenden Prozesse vor. Eine eher ganzheitliche Betrachtungsweise findet man bei jenen Autoren, die sich den theoretischen Ansätzen der Gestaltpsychologie (s. Koffka 1935; Köhler 1929) verbunden fühlen. Nach Auffassung der Gestalttheoretiker ist der Mensch bestrebt, sich ein vollständiges Bild vom anderen zu machen, auch dann, wenn er nur über unvollständige Informationen verfügt. Dabei werden die gegebenen Informationen nicht schlicht additiv verarbeitet, sondern zu einem möglichst in sich stimmigen und strukturierten Ganzen zusammengefügt. Fehlende Informationen werden aus den individuellen Wissensbeständen ergänzt (vgl. Abschnitt »Der gestaltpsychologische Ansatz«, S. 54ff.).

Dem stehen jene Autoren gegenüber, die davon ausgehen, dass die Prozesse der Informationsverarbeitung mithilfe mathematischer Modelle, und zwar insbesondere algebraischer Modelle, beschreibbar und erklärbar sind (Anderson 1974).

Es kann hier nicht darum gehen, eine vollständige Übersicht über die vorhandenen Modelle der Informationsverarbeitung zu geben. Vielmehr sollen vor allem jene Ansätze dargestellt werden, die sich aus wissenschaftlicher Sicht für die Analyse der Eindrucksbildung als am fruchtbarsten erwiesen haben.

Implizite Persönlichkeitstheorien und Eindrucksbildung

Implizite Persönlichkeitstheorien sind Theorien von Laien darüber, in welcher Weise Eigenschaften bzw. Merkmale von Personen verknüpft sind bzw. zusammengehören (Bruner/Tagiuri 1954; Cronbach 1955). So könnte beispielsweise jemand die Theorie vertreten, dass wer »ehrlich« auch »treu« ist. Glaubt der Wahrnehmende, bei einer Person festgestellt zu haben, dass sie ehrlich sei, dann wird ihr auch die Eigenschaft treu zugeschrieben, ohne dass diese tatsächlich beobachtet wurde. Solche Vorstellungen fließen meist unbemerkt in die Eindrucksbildung mit ein. Daher werden diese Theorien auch als »implizit« bezeichnet.

Tatsächlich konnten Bruner et al. (1958) in ihrer Studie derartige Vernetzungen von Eigenschaften bei ihren Versuchspersonen feststellen. Noch deutlicher zeigten sich diese Vernetzungen in einer Arbeit von Wishner (1960). Er ermittelte, dass implizite Persönlichkeitstheorien gewissermaßen individuelle Korrelationsmatrizen (vgl. Abschnitt »Korrelationsstudien«, S. 11ff.) zwischen Eigenschaften darstellen. Stellt der Wahrnehmende bei einer Person eine bestimmte Eigenschaft »x« fest, dann werden dieser Person alle jene Eigenschaften zugeschrieben, die aus der Sicht des Wahrnehmenden mit dieser Eigenschaft »x« hoch korrelieren.

Solche impliziten Persönlichkeitstheorien spielen vor allem bei der Wahrnehmung bislang unbekannter Personen eine bedeutsame Rolle. Die wenigen über die unbekannte Person vorliegenden Informationen werden ergänzt aus den »Wissensbeständen« der impliziten Persönlichkeitstheorie, um so das Bild vom anderen zu ergänzen und abzurunden.

Personprototypen und Eindrucksbildung

Eine Erweiterung erfuhr das Konzept der impliziten Persönlichkeitstheorie durch Cantor und Mischel (1977, 1979). Auch sie stellten Überlegungen darüber an, wie das »Vorwissen« über andere Personen im Gedächtnis organisiert sei. Sie vertraten die Meinung, dass der Wahrnehmende über so genannte Personprototypen verfüge. *Personprototypen* sind Vorstellungen darüber, welche Merkmale eine bestimmte Art bzw. Kategorie von Personen besitzt.

Ein Beispiel für einen solchen Personprototypen ist etwa der »Professor« oder der »Pfarrer«. Ohne dass konkret ein Professor oder Pfarrer anwesend ist, so »weiß« man doch, welche Eigenschaften diese Personen besitzen, wie sie sich verhalten werden usw.

Solche Personprototypen (sie werden auch als Schemata bezeichnet) haben nun bei der Wahrnehmung eine doppelte Funktion. Zum einen beeinflussen sie die Informationsauswahl bei der Wahrnehmung einer Person, zum anderen spielen sie bei der Informationsverarbeitung eine Rolle.

Bei der Wahrnehmung einer Person wird diese mit den im Gedächtnis gespeicherten Prototypen verglichen. »Passt« die Person zu einem der gespeicherten Prototypen (ganz oder teilweise), dann wird sie dieser Kategorie von Personen zugeordnet. Sodann wird das konkret wahrgenommene Bild der Person durch die im Prototyp vorhandenen »Wissensbestände« vervollständigt. Dieser Vorgang läuft vor allem dann sehr rasch ab, wenn die wahrgenommene Person einem Prototypen sehr ähnlich ist und die beobachteten Merkmale in sich konsistent sind.

Schwieriger ist die Situation, wenn die wahrgenommene Person Merkmale aufweist, die nur teilweise einem Prototypen entsprechen oder sich gar widersprechen, also wenn die Information über die Person inkonsistent ist. In diesem Fall gibt es verschiedene Möglichkeiten, die Wahrnehmungssituation zu bewältigen. Wie diese Bewältigung aussieht, hängt davon ab, wie prägnant der Prototyp ist und welche subjektive Relevanz er hat.

Bei weniger prägnanten Prototypen wird sich die wahrnehmende Person stärker mit den inkonsistenten, also nicht zum Prototyp passenden Informationen auseinander setzen, möglicherweise sogar ihren Prototyp modifizieren.

Bei prägnanten Prototypen, die sich ja subjektiv schon häufig als »zutreffend« erwiesen haben, werden verstärkt jene Informationen beachtet, die konsistent sind, d.h. zu dem Prototyp passen. Eine andere Interpretationsmöglichkeit besteht darin, die konkrete Person als eine Ausnahme anzusehen, die nur die Regel bestätigt.

Angenommen, eine Person verfüge über einen prägnanten Prototypen über Professoren. Entsprechend diesem Prototyp seien Professoren eher ältere, oft grauhaarige Personen, altmodisch gekleidet, etwas zerstreut usw. Nun begegnet der Wahrnehmende einer Person, die sich als Professor vorstellt, aber jung und braun gebrannt ist, moderne Kleidung trägt usw.

Es ist eher unwahrscheinlich, dass der Wahrnehmende seinen Prototypen modifiziert. Vermutlich wird er den jungen Professor als Ausnahme bezeichnen oder ihn gar als Hochstapler einstufen. Damit ist die Wahrnehmungssituation bewältigt, ohne dass der Prototyp geändert werden musste.

Gruppenpsychologische Aspekte im Schulunterricht

Im Mittelpunkt des Kapitels steht die Frage: Kann die Schulklasse als Gruppe angesehen werden? Diese auf den ersten Blick einfach zu beantwortende Frage soll vor dem Hintergrund soziologischer und psychologischer Forschungsergebnisse beleuchtet werden.

Definition der Gruppe

Nach Witte (1989) ist es schwer, eine Einigung darüber zu erzielen, welche Kriterien erfüllt sein müssen, damit von einer *sozialen Kleingruppe* gesprochen werden kann. Es haben sich jedoch einige wenige zentrale Kriterien herauskristallisiert, die weitgehend akzeptiert sind (Schäfers 1994). Auf diese Kriterien soll im Folgenden genauer eingegangen werden.

Das erste Kriterium bildet die Anzahl der Gruppenmitglieder. Eine soziale Gruppe muss mindestens zwei Mitglieder aufweisen (Dyade). Gegen die Betrachtung von zwei Personen als Gruppe wendet Schneider (1975) ein, »dass die ›Zweierverbindung‹ zu bestehen aufhört, wenn nur ein Mitglied ausscheidet« (S. 32). Die Betrachtung der Dyade als Gruppe ist weiter aufgrund der starken gegenseitigen Abhängigkeit als problematisch anzusehen. Sie werden sicherlich selbst die Erfahrung gemacht haben, dass die Kommunikationsweisen in »Zweiergruppen« sich deutlich von denen größerer sozialer Gruppen unterscheiden. Eine Gruppe von drei Personen (Triade) wird ebenfalls als problematisch angesehen, da die dritte Person häufig als Vermittler die Gruppe zusammenhält oder als Schiedsrichter versucht, Konflikte zu lösen (Schneider 1975). Nichtsdestotrotz definiert Lindgren (1973) eine Gruppe folgendermaßen: »Wenn zwei oder mehr Personen in irgendeiner Beziehung zueinander stehen, bilden sie eine Gruppe.« (S. 347)

Diese Definition ist sicherlich nicht falsch. Sie bringt uns jedoch nur ein kleines Stück Erkenntnisgewinn. Lindgren weist darauf hin, dass Personen in irgendeiner Beziehung zueinander stehen müssen, damit wir sie als Gruppe betrachten können. Zwei oder mehr Personen haben wir auch vor uns, wenn diese in einer Schlange vor einer Supermarktkasse stehen. Wir würden höchstwahrscheinlich spontan diese Personen jedoch nicht als Gruppe bezeichnen. Vermutlich deshalb, weil wir diese Personen in keiner gemeinsamen Beziehung sehen.

Ulich (1974) gibt eine differenzierte Definition des Gruppenbegriffs. Anstatt von »irgendeiner Beziehung« spricht er von »Interaktion«. Eine Gruppe wird von »zwei oder mehr Personen gebildet, die bestimmte Gemeinsamkeiten haben und miteinander in Interaktion stehen« (S. 25). Unter Interaktion wird die wechselseitige Beeinflussung von Personen hinsichtlich ihrer Handlungen und Einstellungen mittels Kommunikation verstanden. Becker-Beck (1997) sieht als wesentliches Merkmal der sozialen Interaktion in Gruppen »die wechselseitige Abhängigkeit und Interdependenz der Interaktionspartner« (S. 21). Ulichs Definition enthält noch einen weiteren Aspekt: die Gemeinsamkeiten der Gruppenmitglieder. Hierunter wollen wir gemeinsame Ziele, Normen und Werte verstehen.

Schäfers (1994) sichtete die zur Kleingruppenforschung vorliegende Literatur und schlägt folgende vorläufige Definition vor:

»*Eine soziale* **Gruppe** *umfasst eine bestimmte Anzahl von Mitgliedern (…), die zur Erreichung eines gemeinsamen Ziels (…) über längere Zeit in einem relativ kontinuierlichen Kommunikations- und Interaktionsprozess stehen und ein Gefühl der Zusammengehörigkeit (…) entwickeln. Zur Erreichung des Gruppenziels und zur Stabilisierung der Gruppenidentität ist ein System gemeinsamer Normen und eine Verteilung der Aufgaben über ein gruppenspezifisches Rollendifferenzial erforderlich.*« (S. 20 f.)

Fassen wir die Kriterien, die an eine Gruppe gestellt werden, kurz zusammen. Das erste Kriterium bildet die ***Anzahl der Mitglieder***; dabei ist die Mindestanzahl, die zur Gruppenbildung erforderlich ist, umstritten, maximal jedoch sollten einer sozialen Kleingruppe 30 Mitglieder angehören. Das zweite Kriterium stellt das *Gruppenziel* dar. Damit ein gemeinsames Ziel erreicht werden kann, sind gemeinsame Normen, Werte und Einstellungen erforderlich. Des Weiteren muss in der Gruppe die Ausbildung verschiedener Rollen beobachtbar sein. Das zentrale Kriterium bildet jedoch die *Interaktion*. Mit diesem Kriterium ist es möglich, die Entstehung gemeinsamer Werte und Normen, die Aufgabenverteilung und die Ausdifferenzierung der Rollen der einzelnen Mitglieder zu erklären.

Abgegrenzt werden können Gruppen von so genannten Massen und Mengen. Eine Menge ist eine zufällige Ansammlung von Personen, beispielsweise in einer Fußgängerzone. Unter einer Masse verstehen wir eine zufällige Ansammlung von Personen mit einem gemeinsamen Ziel, beispielsweise Besucher eines Fußballspieles. In beiden Fällen ist das zentrale Gruppenkriterium, die Interaktion, nicht gegeben.

Formelle und informelle Gruppen

Es ist weiter möglich, verschiedene Formen von Gruppen zu unterscheiden. Beginnen wollen wir mit dem Unterschied zwischen formellen und informellen Gruppen.

Als eine formelle Gruppe können wir beispielsweise eine bestimmte Abteilung eines Unternehmens ansehen. Das Kriterium der Interaktion wird hier in der Regel erfüllt. Die Abteilung kann als relativ zeitstabil angesehen werden. Gemeinsame Normen, Werte und Ziele liegen vor. Jedes Mitglied der Abteilung besitzt eine bestimmte Aufgabe. Die Rollen der einzelnen Personen sind in der Regel genau festgelegt. Es gibt beispielsweise einen Abteilungsleiter, Assistenten, Sachbearbeiter, eine Sekretärin etc.

Neben den formellen Gruppen existieren häufig so genannte informelle Gruppen. Die Existenz solcher Gruppen wurde erstmals in den so genannten Hawthorne-Studien in den 1930er-Jahren beschrieben (Roethlisberger/Dickson 1964). Die informellen Gruppen, die sich innerhalb formeller Gruppen bilden, verfügen in der Regel über eine andere Rollenstruktur und Aufgabendifferenzierung. Auch personell müssen die informellen Gruppen nicht mit den formellen Gruppen übereinstimmen. Beispielsweise können aus einer 15 Personen umfassenden formellen Gruppe fünf Personen eine informelle Gruppe bilden. In einer formellen Gruppe können auch mehrere informelle Gruppen parallel existieren. Besonders in größeren formellen Gruppen kann oft das Vorhandensein einer Vielzahl informeller Gruppen beobachtet werden.

Eine weitere Möglichkeit, Gruppen zu charakterisieren, soll an dieser Stelle noch kurz angerissen werden: Die Unterscheidung in Primär- und Sekundärgruppen. An *Primärgruppen* werden nach Schneider (1975) mehrere Anforderungen gestellt. Es muss beispielsweise eine intime direkte Beziehung zwischen den Mitgliedern vorhanden sein. Weiter sollte die Persönlichkeit der Mitglieder durch die Existenz der Gruppe geprägt werden. Ferner muss die Primärgruppe »eine überragende Bedeutung für das soziale Wesen des Einzelnen und für die von ihm vertretenen Werte« (S. 34) besitzen.

In der soziologischen Literatur wird häufig der Begriff der »Primärgruppe« durch den der »Face-to-Face-Gruppe« ersetzt. In Anlehnung an Neidhardt (1994) ist die »Face-to-Face-Gruppe« dadurch definiert, dass die Kontakte in Gruppen von Angesicht zu Angesicht stattfinden. Jedes Gruppenmitglied muss die anderen Mitglieder wahrnehmen und mit ihnen direkt umgehen können. Alle anderen sozialen Gruppen können nach Schneider (1975) als *Sekundärgruppen* bezeichnet werden. Primär- bzw. »Face-to-Face«-Gruppen sind demnach Familie und engster Freundeskreis, evtl. auch die Arbeitsgruppe im Unternehmen. Eine Sekundärgruppe kann beispielsweise eine nur im Rahmen eines Seminars bestehende studentische Arbeitsgemeinschaft in der Universität sein.

Gruppenbildung

Formelle Gruppen werden in der Regel aufgrund eines Organisationsplans gebildet. Die Unternehmensleitung gibt vor, welche Personen zu dieser Gruppe gehören. Auch die (formelle) Rollendifferenzierung wird von außen festgelegt. Anders sieht dieses bei informellen Gruppen aus. Diese bilden sich auf freiwilliger Basis. Im Folgenden wollen wir uns mit der Entstehung informeller Gruppen beschäftigen. Die Bildung informeller Gruppen resultiert aus der Interaktion. Dieses kann am Beispiel einer universitären Arbeitsgruppe verdeutlicht werden:

> *Mehrere Studenten sollen einen bestimmten Text gemeinsam bearbeiten und auf Folie zusammenfassen. Die Gruppenmitglieder kennen sich nur flüchtig aus dem Seminar. In der Regel kristallisiert sich in einer derartigen Gruppe sehr schnell eine Rollendifferenzierung heraus. Eine Person wird nach einer kurzen Diskussionsphase die Rolle des Wortführers übernehmen. Eventuell kann es vorkommen, dass eine zweite Person ebenfalls eine zentrale Rolle innerhalb dieser Gruppe anstrebt. Die Gruppenmitglieder reagieren nun auf die Beiträge dieser zwei Personen. Sie haben dabei die Möglichkeit, deren Wortbeiträge aufzunehmen oder zu ignorieren. Wird eine dieser beiden Personen von der restlichen Gruppe weitgehend ignoriert, dann zeichnet sich ab, dass die andere Person die Rolle des Gruppenführers übernehmen wird.*

Bei informellen Gruppen in Schulklassen, besonders bei jüngeren Kindern, wird die Rollendifferenzierung verstärkt nach äußeren Kriterien durchgeführt. Häufig übernehmen z.B. die attraktivsten Kinder die zentralen Rollen in diesen Cliquen (vgl. Coie et al. 1982). Durch die Interaktion der Gruppenmitglieder bilden sich die spezifischen Werte und Normen informeller Gruppen heraus. Dieses soll anhand eines klassischen Experimentes der Sozialpsychologie von Sherif (1966) verdeutlicht werden:

> *Hier wurde verschiedenen Versuchspersonen in einem dunklen Raum ein regelmäßig aufblinkender Lichtpunkt präsentiert. Sherif ließ die Probanden nun die Strecke schätzen, die sich ihrer Meinung nach der Lichtpunkt hin- und herbewegt.*

Das Experiment wurde unter verschiedenen Bedingungen durchgeführt. Zunächst schätzte jede Person einzeln die Länge der Strecke. Es ergaben sich weit auseinander liegende Schätzungen.

Danach erfolgte die Schätzung in Gruppen. Bei dieser Variante hielten sich mehrere Personen in dem abgedunkelten Raum auf. Sie wurden gebeten, jeweils laut die Bewegung des Lichtpunktes zu schätzen. Nach einigen Durchgängen pendelten sich die Angaben der Probanden in einem relativ engen gemeinsamen Bereich ein. Sherif führte diesen Versuch mit mehreren Kleingruppen durch. Die Einschätzung der Strecke, die der Lichtpunkt zurücklegte, bewegte sich bei allen Gruppen in einem relativ engen gemeinsamen Bereich. Untereinander unterschieden sich die Versuchsgruppen jedoch deutlich voneinander.

Wichtig an diesem Versuch ist zweierlei. Zum einen zeigte sich, dass die Gruppensituation dazu führte, dass sich die individuellen Schätzungen einander annäherten. Jede Person hatte die Angaben der anderen Personen gehört, was offenkundig zu einer Beeinflussung der eigenen Meinung geführt hatte. Die unterschiedlichen Ergebnisse in den verschiedenen Versuchsgruppen sind damit zu erklären, dass die ersten Schätzungen die nachfolgenden erheblich beeinflussten. Zum anderen ist anzumerken, dass sich in Wirklichkeit der Lichtpunkt nicht bewegte. Der Eindruck der Bewegung entstand durch die Eigenbewegung des Auges. Dieses wird als ***autokinetischer Effekt*** bezeichnet.

Aus diesen Ergebnissen wurde geschlossen, »dass Individuen in instabilen Situationen nicht ungeordnet und zufällig reagieren, sondern dass nach einem Zustand der Unsicherheit ein neuer Bezugsrahmen aufgebaut wird. In der Gruppe [entsteht] eine gemeinsame Ordnung.« (Prose 1987, S. 453) Abgeleitet werden kann aus diesem Experiment: In einem Zustand der Unsicherheit bilden sich durch Angleichung der Positionen gemeinsame Normen und Werte heraus.

In diesem Fall, und dies ist bemerkenswert, wurden sogar Normierungen geschaffen für ein Ereignis (die Bewegung des Lichtpunktes), das objektiv überhaupt nicht stattgefunden hatte.

Wie Hofstätter (1957) formulierte, hat die Gruppe ihren Mitgliedern durch ihre Normierungsleistung hinsichtlich der Lichtbewegung eine »soziale Gewissheit« verschafft.

Gefahr als Auslöser der Gruppenbildung

In Situationen, die als bedrohlich empfunden werden, tendieren Menschen besonders dazu, sich in Gruppen zusammenzuschließen. Schachter (1970) führte zu diesem Aspekt ein interessantes Experiment durch. Er gab einer Gruppe von wartenden Versuchspersonen den Hinweis, dass das Experiment schmerzvoll sei. Einer anderen Gruppe wurde mitgeteilt, dass das Experiment angenehm sein würde. Schachter konnte nun feststellen, dass die Gruppe, der mitgeteilt wurde, dass das Experiment schmerzvoll sei, dazu tendierte, auf dem Flur gemeinsam mit anderen Personen auf die Durchführung des Experimentes zu warten. Die Personen der anderen »Gruppe« tendierten mehrheitlich dazu, allein zu warten. Eine Situation, die als bedrohlich oder als ungewiss eingestuft wird, führt also dazu, dass Individuen die Nähe anderer Menschen suchen. Hierbei werden Personen bevorzugt, von denen angenommen wird, dass sie sich in der gleichen bedrohlichen Situation befinden.

Gruppenprozesse in der Schulklasse

Kommen wir nun auf die eingangs dieses Kapitels gestellte Frage zu sprechen: Können wir die Schulklasse als Gruppe ansehen?

Diese Frage können wir nicht eindeutig mit ja oder nein beantworten. Manchmal können wir die Schulklasse als Gruppe ansehen bzw. Gruppenprozesse beobachten, in anderen Fällen wieder nicht. Wie ist dieses zu erklären?

Zentrale Kriterien einer sozialen Gruppe sind Mitgliederzahl, gemeinsames Ziel und Interaktion. Das Kriterium der Mitgliederzahl erfüllt jede Schulklasse. Problematischer ist die Erfüllung der anderen beiden Kriterien. Ein gemeinsames Ziel der Klasse scheint bei naiver Betrachtungsweise zu sein, in der Schule etwas zu lernen. Auf den ersten Blick scheint dieses auch zuzutreffen. Betrachten wir eine Schulklasse jedoch genauer, erhalten wir ein anderes Bild. Im Unterricht wird von den Schülern Leistung gefordert. Einige Schüler sind bereit, sich anzustrengen, bei anderen Schülern ist diese Bereitschaft geringer ausgeprägt. Letztere haben eventuell das Ziel, möglichst wenig Arbeit aufwenden zu müssen. Von Fach zu Fach kann dies jedoch variieren. Ein Schüler ist eventuell im Fach Deutsch bereit, sich anzustrengen, versucht jedoch im Fach Physik, mit möglichst wenig Anstrengung durchzukommen. Wir können also zusammenfassen, dass die Annahme, eine Schulklasse habe ein gemeinsames Ziel, eher fragwürdig ist.

Kommen wir auf das Kriterium der Interaktion zu sprechen. Die meisten Leser werden sich aus ihrer eigenen Schulzeit an die Existenz verschiedener Cliquen und Freundschaftsbeziehungen in ihrer Schulklasse erinnern können. Häufig sind diese Gruppen sehr stark voneinander abgegrenzt und stehen miteinander nicht unbedingt in freundschaftlicher Beziehung. Ebenso gibt es in fast jeder Klasse Außenseiter, die mit sehr wenigen Mitschülern in Kontakt stehen. Das Kriterium der Interaktion innerhalb der gesamten Schulklasse ist demgemäß in vielen Situationen nicht gegeben. Insbesondere die Situation des Frontalunterrichts unterbindet geradezu Interaktionen zwischen den Schülern. Auch aus dieser Perspektive ist es anzweifeln, ob wir eine Schulklasse insgesamt als soziale Gruppe ansehen können.

Die verschiedenen *Cliquen* und Freundschaftsbeziehungen in einer Klasse können wir als informelle soziale Gruppen ansehen. Untersuchungen ergaben, dass sich in der Regel Menschen mit ähnlichen Einstellungen in informellen Gruppen zusammenschließen. Ähnliche Einstellungen stehen in hohem Zusammenhang mit gemeinsamen Zielen. Wir können also in einer Schulklasse davon ausgehen, dass verschiedenste informelle Gruppen mit unterschiedlichsten Zielen vorhanden sind. Viele dieser informellen Gruppen werden durch das Bedürfnis der Abgrenzung zu anderen informellen Gruppen in der Klasse determiniert. Dieses ist besonders stark in den Klassenstufen sechs bis zehn zu beobachten. Eine Aufgabe des Jugendalters ist die Herausbildung einer neuen Identität (vgl. Abschnitt »Stufenmodelle der menschlichen Entwicklung«, S. 85ff.). Diese Aufgabe wird unter anderem durch das Abgrenzen von anderen Personen in Angriff genommen, jedoch auch durch die Orientierung an Werten und Normen Gleichaltriger.

Es ist allerdings auch möglich, dass eine Schulklasse insgesamt als soziale Gruppe auftritt. Dies kann aus Abschnitt »Gefahr als

Auslöser der Gruppenbildung«, S. 151, abgeleitet werden. Wir haben dargestellt, dass in Situationen, die von Individuen als bedrohlich empfunden werden, die Tendenz besteht, sich mit anderen Personen zusammenzuschließen. Stellt nun ein Lehrer beispielsweise extrem hohe Leistungsanforderungen, kann dieses von der Schulklasse als Bedrohung aufgefasst werden. Dieses könnte in der Schulklasse einen Gruppenbildungsprozess auslösen. Diese Gruppe würde sich mit dem Ziel bilden, gegen die Leistungsanforderungen des Lehrers vorzugehen. Der Lehrer hat also die Klasse gegen sich aufgebracht. Ein derartiger Solidarisierungseffekt der Schulklasse kann den Verlust der Autorität des Lehrers zur Folge haben.

Konsequenzen für den Unterricht

Welche Konsequenzen muss der Lehrer aus diesen Erkenntnissen für den Unterricht ziehen? Nach Herlyn (1994) sollte allein die Tatsache, dass Schüler in einem System von Normen und Werten stehen, die häufig den Lehr- und Lernerwartungen des Lehrers widersprechen, das Verhalten des Lehrers bestimmen. Diese Situation könnte derart gestaltet sein, dass ein Teil der Schüler den Unterricht nicht primär als einen Ort zum Lernen ansieht, sondern als Gelegenheit zum sozialen Austausch mit den Mitschülern.

Der Lehrer ist Teil der formalen Gruppe Schulklasse. Er kann als der von außen eingesetzte formale Leiter der Klasse angesehen werden. Ihm kommt die Funktion zu, von außen gestellte Ziele (Lehrpläne) in der Klasse umzusetzen. Wie bereits angedeutet, müssen diese Ziele jedoch nicht deckungsgleich mit den Zielen einiger informeller Gruppen in der Klasse sein. In der Regel besitzen die informellen Gruppen in der Klasse unterschiedliche Ziele, sodass nicht davon auszugehen ist, dass alle Schüler einer Klasse den von außen gesetzten Zielen ablehnend gegenüberstehen.

Das Vorhandensein unterschiedlicher informeller Gruppen in einer Schulklasse sollte vom Lehrer zur Umsetzung seiner Unterrichtsziele genutzt werden. Er sollte sich als kleinster gemeinsamer Nenner der verschiedenen informellen Gruppen auffassen. Die Ziele der informellen Gruppen liegen häufig im außerschulischen

Bereich. Die Schulleistung bzw. Schulleistungsvermeidung ist deshalb in der Regel nicht als primäres Ziel dieser Gruppen anzusehen. Weiter definieren sich viele Gruppen durch die Abgrenzung zu anderen informellen Gruppen. Aus diesen Gründen erscheint es möglich, dass der Lehrer eine integrierende Funktion in der Schulklasse einnimmt. Dieses kann jedoch nur dann gelingen, wenn die verschiedenen informellen Gruppen nicht das gemeinsame Ziel besitzen, die Unterrichtsbemühungen des Lehrers zunichte zu machen.

Der Versuch des Lehrers, Mitglied einer informellen Klassengruppe zu werden, scheint zum Scheitern verurteilt zu sein. Ein derartiges Lehrerhandeln hört sich abenteuerlich an, ist jedoch in der Praxis häufiger zu beobachten. Ein entsprechender Lehrer würde ein derartiges Bestreben allerdings anders verbalisieren: Er würde als Ziel angeben, ein kameradschaftliches Verhältnis zu seinen Schülern anzustreben.

Die Mitgliedschaft eines Lehrers in einer informellen Klassengruppe ist aus mehreren Gründen nicht sinnvoll. Erstens weil es nicht nur eine informelle Klassengruppe gibt, sondern mehrere, eventuell konkurrierende Gruppen. Würde ein Lehrer als Mitglied einer dieser Gruppen anerkannt, so könnte es sein, dass er von den anderen Gruppen abgelehnt wird, da die informellen Gruppen einer Klasse oft untereinander konkurrieren.

Zweitens würde ein Lehrer von vielen Jugendlichen nicht als Mitglied ihrer informellen Gruppe anerkannt werden, da er für sie einen Teil der Erwachsenenwelt darstellt. Für einen großen Teil der Jugendlichen verläuft die Identitätsfindung im Rahmen eines Abgrenzungsprozesses zur Erwachsenenwelt. Gehen wir einmal hypothetisch davon aus, dass ein Lehrer oder eine Lehrerin von einer informellen Gruppe als Mitglied anerkannt wird. In diesem Fall würde er bzw. sie in einen Zielkonflikt zwischen den formalen Zielen der Institution Schule und den Zielen der Gruppe geraten. Die formalen Ziele der Schule und die Ziele der informellen Gruppen sind häufig nicht identisch. Versucht der Lehrer nun, die formalen Ziele des Schulsystems umzusetzen, wird er einerseits nicht mehr als Mitglied der informellen Gruppe angesehen, andererseits hat er gleichzeitig seine Autorität als Lehrer infrage gestellt.

Auf ein weiteres Problem soll abschließend noch kurz eingegangen werden: Konflikte zwischen den verschiedenen informellen Gruppen in der Schulklasse. Unter *Konflikt* wollen wir unvereinbare Handlungstendenzen von zwei oder mehr Parteien verstehen (Neubauer 1992a). Konflikte sind häufig zwischen Gruppen unterschiedlicher Nationalität oder mit unterschiedlichen Werten bzw. Gruppenzielen zu beobachten. Konflikte zwischen den informellen Gruppen sollen in Anlehnung an Klink et al. (1998) als intergruppale Konflikte bezeichnet werden.

Jedes Individuum entwickelt eine personale und verschiedene soziale Identitäten. »Die Theorie der sozialen Identität geht generell davon aus, dass Menschen danach streben, eine positive Selbsteinschätzung [Identität] zu erlangen bzw. zu erhalten.« (Klink et al. 1998, S. 282) Weiter wird unterstellt, dass ein Teil der Selbsteinschätzung aus der Zugehörigkeit zu sozialen Gruppen und den dort eingenommenen Rollen abgeleitet wird. Personen können auf der Grundlage ihrer personalen oder ihrer sozialen Identität miteinander in Kontakt treten. Es wird davon ausgegangen, dass Personen, die sich im Kontext ihrer personalen Identität begegnen, »sich selbst und andere auf der Basis ihrer individuellen Charakteristika wahrnehmen und sich entsprechend verhalten« (S. 283). Bei Kontakten, die intergruppalen Charakter (soziale Identität) besitzen, ergibt sich ein anderes Bild: Die eigene Person und andere an der Interaktion beteiligte Individuen werden fast ausschließlich als Mitglieder der jeweiligen sozialen Gruppen wahrgenommen.

Diese Feststellungen haben Konsequenzen für den Konfliktverlauf zwischen informellen Gruppen in Schulklassen. Auch hier kann unterstellt werden, dass der Klassenkamerad häufig vor allem als Angehöriger einer konkurrierenden informellen Gruppe wahrgenommen wird. Die Gruppenziele und -normen, die dem Klassenkameraden unterstellt werden, dürfen von uns keinesfalls mit den »tatsächlichen« Zielen und Normen der informellen Gruppe gleichgesetzt werden. Es handelt sich hier vielmehr um die der sozialen Gruppe des Klassenkameraden zugeschriebenen Ziele, Normen und Werte (vgl. Kapitel »Motivation«, S. 93ff.).

Verdeutlichen wir diesen Zusammenhang an einem fiktiven Beispiel: Stellen Sie sich eine Schulklasse vor, in der eine informelle Gruppe türkischer Schüler existiert. Parallel dazu gibt es in dieser Klasse eine weitere informelle Gruppe deutschstämmiger Schüler, die extrem kurze Haare tragen und mit Springerstiefeln sowie Bomberjacken bekleidet sind. Zwischen diesen beiden Gruppen gibt es ständig Auseinandersetzungen in der Klasse.

Ein Mitglied der informellen Gruppe türkischer Schüler nimmt eine Person aus der informellen Gruppe der deutschen Schüler nicht hinsichtlich seiner individuellen Eigenschaften wahr, er fokussiert stattdessen die unterstellten Gruppenziele. Aufgrund seiner äußeren Erscheinung wird dem kurzhaarigen Schüler evtl. Fremdenfeindlichkeit, Gewalttätigkeit etc. zugeschrieben werden. Die gleichen Wahrnehmungsmechanismen laufen selbstverständlich auch bei den Mitgliedern der deutschen informellen Gruppe ab.

An dieser Stelle erscheint es uns notwendig, die oben dargestellte vorläufige Definition des Begriffes Konflikt zu ergänzen. Zur Konfliktentstehung reicht es aus, unvereinbare Handlungstendenzen bei einer anderen oder mehreren anderen Parteien zu vermuten. Es ist nicht notwendig, dass diese real vorliegen.

Welche Möglichkeiten bieten sich dem Lehrer, Konflikte in der Schulklasse zu entschärfen? Neubauer (1994) stellt drei Möglichkeiten der Konfliktentschärfung in der Schulklasse dar: die kooperative Konfliktlösung als Grundschema der Intervention, die Förderung des interpersonalen Vertrauens und die Erhöhung der Identifikation mit der eigenen Schule. Aus Platzgründen kann hier nur auf die Förderung der Identifikation mit der eigenen Schule eingegangen werden. Zum Thema kooperative Entscheidungsfindung sei auf Neubauer (1992b) verwiesen, zur Förderung des interpersonalen Vertrauens auf Neubauer (1991) sowie auf Petermann (1992).

Welche Rolle kann die Identifikation mit der eigenen Schule bei interpersonalen oder intergruppalen Konflikten in der Schulklasse spielen? Die Identifikation mit der eigenen Schule kann als gemeinsame Basis aller informellen Gruppen, unabhängig von deren spezifischen Wertsystemen und Zielsetzungen, aufgefasst werden. Diese gemeinsame Basis kann der Wahrnehmung extrem unterschiedlicher Werte und Zielsetzungen entgegenwirken. Der Schüler unterstellt den Mitschülern ein gemeinsames Ziel. Dieses kann ein kooperatives Klima schaffen, welches es ermöglicht, Konflikte in Schulklassen zu lösen.

Damit ein Schüler sich besser mit seiner eigenen Schule identifizieren kann, ist es erforderlich, dass diese ein spezifisches Profil aufweist, welches sich von denen anderer Schulen unterscheidet. Die Identifikation mit der Schule wird in der Sprache der Organisationsentwicklung (vgl. hierzu Bielski/Rosemann 1999; Rosenstiel 1992) als »corporate identity« bezeichnet. Damit die Schüler eine gemeinsame Identität entwickeln können, muss die Schule Maßnahmen durchführen, die eine Innen- und Außenwirkung besitzen. Maßnahmen mit Außenwirkung können Kulturveranstaltungen, Sportfeste etc. sein. Durch die positive Berichterstattung in den lokalen Medien kann beim Schüler ein Gefühl des Stolzes, Schüler dieser Schule zu sein, ausgelöst werden.

Eine Maßnahme mit Innen- und Außenwirkung ist die Verbesserung des äußeren Erscheinungsbildes der Schule, beispielsweise die Anlage neuer Grünflächen, die einheitliche Gestaltung verschiedener Gebäudeteile etc. Die schwierigste Aufgabe im Rahmen von Maßnahmen zur Förderung der Identifikation mit der Schule ist die Schaffung eines gemeinsamen Wertesystems. Stellen wir uns beispielsweise vor, ein Teil dieses Wertesystems soll Toleranz gegenüber fremden Nationalitäten sein. Die Umsetzung dieses Zieles kann beispielsweise durch Partnerschaften mit ausländischen Schulen in Angriff genommen werden. Hier bietet es sich an, auch Medien, z.B. das Internet, einzusetzen. Regelmäßiger Kontakt per E-Mail mit Schülern aus anderen Ländern fördert einerseits das Erlernen von Fremdsprachen und führt die Schüler an das Medium Internet heran. Andererseits können hiermit auch bestehende Vorurteile und Klischees abgebaut werden.

Pädagogische Interaktion

Die interpersonale Beziehung zwischen Eltern und Kind, Lehrern und Schülern oder ganz allgemein zwischen Erziehern und zu Erziehenden hat seit jeher Vertreter der Pädagogik und der Pädagogischen Psychologie beschäftigt. Betrachtet man die darauf gerichteten Forschungen der zweiten Hälfte des 20. Jahrhunderts, dann wird ein deutlicher Wechsel der Fragestellungen und der Forschungsmethoden sichtbar.

Ziel der Forschungen war es zunächst, das Verhalten von Erziehern zu beschreiben, Kategorien des Erzieherverhaltens herauszuarbeiten und die Auswirkungen unterschiedlichen Erzieherverhaltens auf die zu Erziehenden zu untersuchen (vgl. Lewin et al. 1939; Spranger 1955; Stapf et al. 1972; Tausch/Tausch 1965, 1973). Dabei ist es wichtig festzuhalten, dass diese Forschungen eines gemeinsam hatten: Grundsätzlich gingen sie von einer einseitigen Beeinflussung des zu Erziehenden durch das Verhalten des Erziehers aus.

Eine deutliche Erweiterung des Forschungshorizontes bewirkte die Einsicht, dass in der Beziehung zwischen Erzieher und zu Erziehendem von einer wechselseitigen Verhaltensbeeinflussung ausgegangen werden muss. Der Begriff der »pädagogischen Interaktion« dokumentiert diesen Wandel der wissenschaftlichen Betrachtungsweise.

Hier wird nunmehr von einer wechselseitigen Beeinflussung ausgegangen. Der Erzieher »beeinflusst« den zu Erziehenden, aber der zu Erziehende »beeinflusst« auch den Erzieher. Darüber hinaus ist jeweils die konkrete Erziehungssituation zu berücksichtigen.

Diese Feststellungen mögen dem Leser gar nicht so überraschend vorkommen, entsprechen sie doch durchaus der alltäglichen Erfahrung. Auch in der wissenschaftlichen Literatur wurde immer wieder auf die Wechselwirkung zwischen Person und Situation hingewiesen (Kelley 1967; Lewin 1936; Magnusson 1976; Wakenhut 1978).

Transaktionales Modell der Lehrer-Schüler-Beziehung

Nickel (1976) vertritt die Auffassung, dass ein Modell erzieherischer Interaktion zwei übergreifende Variablengruppen umfassen müsse. »Es handelt sich zum einen um intrapsychische Bedingungsvariablen, d.h. um Faktoren, die in der Person des Lehrers bzw. Schülers gegeben sind, zum anderen um Variablen des soziokulturellen Umfelds.« (Nickel 1976, S. 156) In Abbildung 18 (S. 160) sind wesentliche Bedingungsvariablen aufseiten des Lehrers und des Schülers aufgeführt.

Wie aus Abbildung 18 zu entnehmen ist, finden vielfältige Rückkoppelungsprozesse statt. Auf dem Hintergrund seiner Einstellungen, Erwartungen usw. macht sich der Lehrer ein Bild vom Schüler und realisiert diesem gegenüber ein bestimmtes Verhalten.

Beim Schüler laufen analoge Prozesse ab. Auch der Schüler macht sich ein Bild vom Lehrer und verhält sich daraufhin diesem gegenüber in einer bestimmten Art und Weise. Hier wird die Reziprozität der Wahrnehmung in der Beziehung zwischen Lehrer und Schüler deutlich. Über die wechselseitige Wahrnehmung findet eine gegenseitige Beeinflussung statt, bei der das Verhalten des Lehrers auch vom zu Erziehenden modifiziert werden kann. Mit der gegenseitigen Beeinflussung werden aber nicht nur einzelne Verhaltensweisen modifiziert, sondern es findet eine Veränderung der Gesamtsituation statt. Nickel (1976) bezeichnet diesen Vorgang daher auch als transaktionalen Prozess.

Dass Lehrer ihre Schüler beeinflussen können, leuchtet unmittelbar ein. Die Beeinflussung des Lehrers durch die Schüler ist dagegen ein nicht so offensichtlich erkennbarer Vorgang, der vor allem über Rückkoppelungsprozesse läuft. So kann z.B. die Reaktion der Schüler auf das Verhalten des Lehrers lerntheoretisch als Verstärkungsprozess interpretiert werden (vgl. Abschnitt »Aufbau erwünschter Verhaltensweisen«, S. 26ff.). Ein Verhalten des Lehrers, das bei den Schülern »ankommt«, also positiv bekräftigt wird, wird vom Lehrer häufiger gezeigt.

Ein »klassisches« Beispiel: Erzählt ein Lehrer Witze und erntet das Lachen der Schüler, dann wird er dieses Verhalten häufiger zeigen, als wenn er auf eisiges Schweigen bei den Schülern stößt.

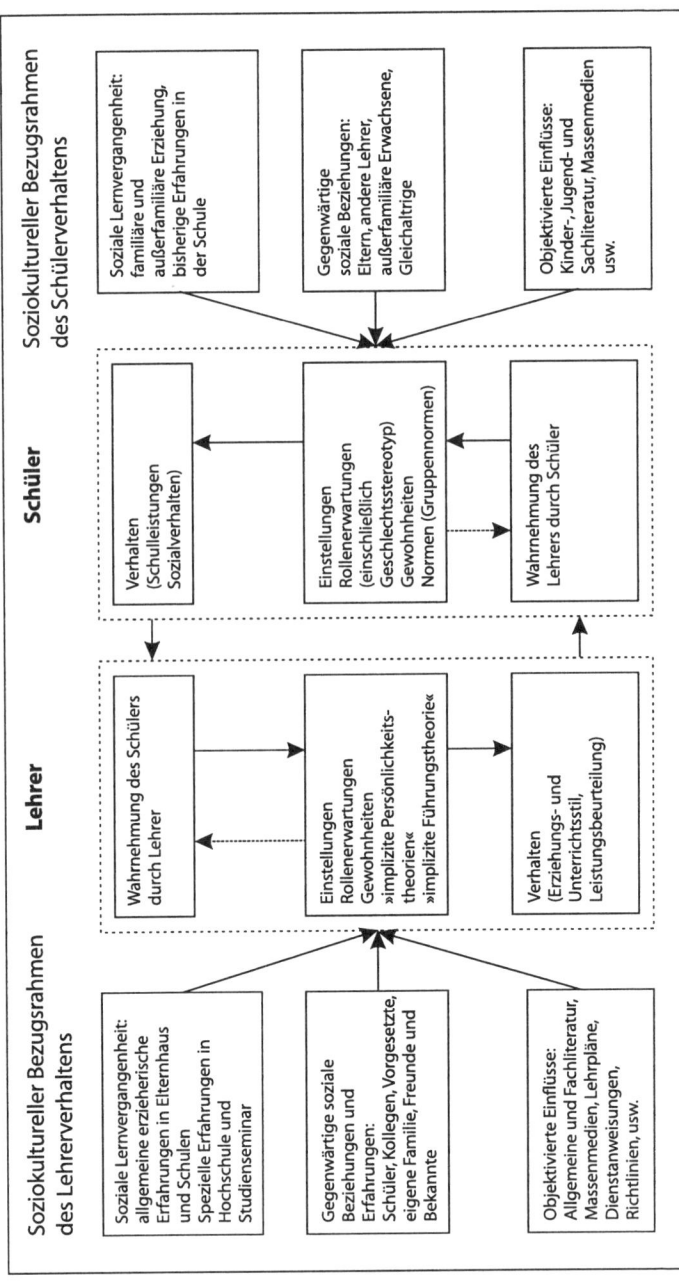

Abbildung 18: **Transaktionales Modell der Lehrer-Schüler-Beziehung** (nach Nickel 1976)

Es findet aber nicht nur die Verstärkung oder Nichtverstärkung des Verhaltens »Witze erzählen« statt, sondern die Gesamtsituation ändert sich, die dann wiederum Einfluss auf das nachfolgende Verhalten beider Seiten hat. Im Falle einer positiven Reaktion der Schüler könnte sich ein insgesamt entspannteres Klima zwischen Lehrer und Schülern entwickeln, im negativen Falle eine eher kühle Atmosphäre entstehen. Diese unterschiedlichen Klimata werden nun wiederum die nachfolgenden Verhaltenssequenzen beider Seiten beeinflussen.

Wahrnehmung in der Lehrer-Schüler-Beziehung

Wenn man sich im alltäglichen Leben ein Bild von einer anderen Person macht, mit der man nur kurzfristig zu tun hat, dient dieser Vorgang zur raschen Orientierung in der sozialen Umwelt, bleibt aber ansonsten eher ohne weit reichende Konsequenzen. Anders ist dies aber in solchen Situationen, wo Personen über einen längeren Zeitraum zusammen sind und die wahrnehmende Person sich zudem noch in einer hervorgehobenen Position befindet. Eine solche Situation findet sich etwa in der Schulklasse. Die Beziehung zwischen Lehrer und Schülern ist eine asymmetrische, der Lehrer ist der »Mächtigere«, sein Urteil über die Schüler ist für diese unter Umständen von ganz erheblicher Bedeutung.

Kategorisierung der Schüler durch die Lehrer

Es wurde die Frage untersucht, wie Lehrer die Schüler einer Schulklasse wahrnehmen. Dabei stellte sich heraus, dass der Lehrer in der Regel seine Schüler nicht als Einzelpersönlichkeiten wahrnimmt. Vielmehr ordnet er seine Schüler bestimmten Kategorien zu.

Die einfachste Form dieser Kategorisierung ist die Einteilung in »gute« und »schlechte« Schüler. Höhn (1980) etwa untersuchte das Bild der Lehrer vom »schlechten Schüler«. Ihr Bild vom »schlechten Schüler« war charakterisiert durch Merkmale, wie Faulheit, Interesselosigkeit, Langsamkeit, Unordentlichkeit, mangelnde Disziplin usw. Wie Höhn feststellt, wird der »schlechte Schüler« insgesamt nur noch negativ gesehen, besonders dann, wenn er zusätzlich noch Disziplinmängel zeigt. Der brave und ängstliche »schlechte Schüler« erfährt dagegen eine durchaus mildere Beurteilung.

Diese Untersuchung veranschaulicht sehr deutlich die »Wirkung« impliziter Persönlichkeitstheorien bzw. der Personprototypen (vgl. Abschnitt »Eindrucksbildung«, S. 133ff.). Meint der Lehrer, bei einem Schüler ein bestimmtes Merkmal, etwa Faulheit, diagnostiziert zu haben, werden dem Schüler auch andere negative Merkmale zugeschrieben. Inkonsistente Informationen über den Schüler werden, wie oben beschrieben, »übersehen« oder uminterpretiert.

Bringt z.B. der schlechte Schüler tatsächlich einmal eine gute Leistung, dann wird diese möglicherweise als Ausnahme interpretiert: »Ein blindes Huhn findet auch mal ein Korn.« Schlechte Leistungen ansonsten guter Schüler werden darauf zurückgeführt, dass »jeder mal einen schlechten Tag habe«.

Wie Hofer (1981, 1986) belegen konnte, ist das Kategoriensystem der Lehrer jedoch etwas differenzierter. Er konnte empirisch fünf **Schülertypen** beschreiben. Unter Schülertyp versteht Hofer (1981) dabei »die kognitive Repräsentation einer Menge von Schülern, die der Lehrer in einer oder mehreren Eigenschaften als ähnlich einschätzt« (S. 198). Hofer ermittelte zwei »gute«, eine »mittlere« und zwei »schlechte« Schülertypisierungen.

In der ersten Kategorie finden sich Schüler, die vom Lehrer als intelligent, fleißig, diszipliniert und aktiv angesehen werden. Dieser Gruppe wurden ca. 20% der Schüler zugeordnet.

Die zweite Kategorie (ca. 33%) umfasst Schüler, die noch gute Noten aufweisen, Anstrengungsbereitschaft zeigen, pflichtbewusst erscheinen und soziale Zurückhaltung zeigen. Diese werden ebenfalls als gute Schüler angesehen, aber wegen mangelnder Mitarbeit etwas schlechter als die erste Gruppe eingeschätzt.

Der dritten, mittleren Kategorie (ca. 17%) werden Schüler zugeordnet, die als verschlossen, unsicher, ruhig, zurückhaltend eingestuft werden. Der Lehrer stuft diese Kinder als weniger begabt und wenig anstrengungsbereit ein.

In der vierten Kategorie (ca. 20%) finden sich Schüler, von denen der Lehrer den Eindruck durchschnittlicher Intelligenz, hoher sozialer Aktivität und eines schlechten Arbeitsverhaltens gewonnen hat. Wie Hofer (1986) schreibt, sind dies wohl jene Schüler, die trotz ausreichender Begabung ihre Chancen nicht wahrnehmen. Es sind die »Quirle« und »Störer«, die dem Lehrer das Leben schwer machen.

In die fünfte Kategorie (ca. 10%) werden Schüler eingestuft, die vom Lehrer als unzureichend begabt, völlig desinteressiert, ohne jeden Ehrgeiz und von mangelhafter Arbeitshaltung erlebt werden. Hofer (1986) kommentiert, dass dies wohl jene Schüler sind, bei denen der Lehrer resigniert und keine Aufgabe mehr für sich sieht.

Dies bedeutet also, dass die Lehrer ihre Schüler aufgrund einiger weniger Merkmale in verschiedene Typen einordnen. Dieses sind die wahrgenommene »Anstrengung«, »Schulleistung«, »Aktivität«, »Diszipliniertheit« und »Begabung«. Die Zuordnung erfolgt auf der Basis der jeweils wahrgenommenen Ausprägung dieser fünf Merkmale. Wie auch Hofer (1986) feststellt, lässt sich aufgrund seiner Untersuchungen nicht abschließend sagen, ob es tatsächlich ausschließlich diese fünf Kategorien sind, denen Lehrer ihre Schüler zuordnen. Es könnte, wie andere Untersuchungen andeuten, auch mehr bzw. weniger als diese fünf Kategorien geben (vgl. Thelen 1967). Eines kann aber als ziemlich gesichert gelten: Die Schüler einer Klasse werden in der Regel nicht als Einzelpersonen wahrgenommen, sondern verschiedenen Schüler-Kategorien zugeordnet.

Dabei ist davon auszugehen, dass nicht alle Lehrer über das gleiche Kategoriensystem verfügen bzw. die Zuordnung der Schüler zu den einzelnen Kategorien nach den gleichen Kriterien vornehmen. Das bedeutet, dass ein und derselbe Schüler von verschiedenen Lehrern durchaus unterschiedlichen Kategorien zugeordnet werden kann. Dies ist deshalb von besonderer Bedeutung, da Lehrer sich gegenüber Schülern, die sie in unterschiedliche Kategorien eingeordnet haben, auch unterschiedlich verhalten.

Erstaunlich oder auch beängstigend ist es, wie schnell die Kategorisierung der Schüler durch ihre Lehrer abläuft. Storch (1978) fand heraus, dass Lehrer sich bereits am dritten Schultag nach Übernahme der Klasse ein relativ prägnantes Bild von ihren Schülern gemacht hatten. Lehrer stützen sich dabei sowohl auf Informationen, die sie vorab erhalten haben (etwa von anderen Lehrern) als auch auf die direkte Wahrnehmung der Schüler in der Klasse.

Dabei erweisen sich die von den Lehrern vorgenommenen Klassifizierungen als außerordentlich stabil. Selbst den ersten Eindrücken widersprechende Informationen über die Schüler führten nicht zu einer Modifikation des einmal gewonnenen Bildes (ausführlicher s. Hofer 1986).

Die Einteilung der Schüler einer Klasse in verschiedene Kategorien verhilft dem Lehrer zu einer Reduktion der Komplexität der Wahrnehmungssituation. Für den Schüler kann diese Zuordnung aber bedenkliche Konsequenzen haben. Einmal in eine Kategorie eingeordnet, hat er kaum eine Chance, im Verlaufe des Schuljahres eine Veränderung dieser Zuordnung herbeizuführen. Das mag im Falle einer (ungerechtfertigten) Zuordnung zu einer »guten« Kategorie unter Umständen gewisse Vorteile haben. Wird er aber einer »schlechten« Kategorie zugerechnet, wird sich dies auf seine schulische Entwicklung kaum positiv auswirken.

Lehrer sollten sich genau wie andere Erziehungspersonen bewusst machen, dass sie die beschriebenen Kategorisierungen vornehmen. Vor allem sollte dieses Bewusstsein dazu führen, einmal vorgenommene Etikettierungen (positive wie negative) immer wieder infrage zu stellen und zu überprüfen. Hilfreich wäre es auch, wenn Lehrer einmal darauf achteten, welche Kriterien sie für die Zuordnung von Schülern in bestimmte Kategorien heranziehen. Achten sie z.B. eher auf die äußere Erscheinung des Schülers, die soziale Herkunft oder konzentrieren sie sich auf bestimmte Verhaltensweisen usw.? Auf diese Weise ließe sich möglicherweise eine differenziertere und angemessenere Wahrnehmung der Schüler erreichen.

Die Bedeutung interpersonaler Erwartungen

Der Begriff der interpersonalen Erwartung stammt aus der Rollentheorie. Gemeint sind damit Erwartungen, die eine Person hinsichtlich des Verhaltens oder der Persönlichkeitsmerkmale einer anderen Person gegenüber hegt. Dabei ist zwischen »Erwartung als Antizipation« und »Erwartung als normativer Aussage« zu unterscheiden.

Antizipatorische Erwartungen stellen eine gedankliche Vorwegnahme des zukünftigen Verhaltens der anderen Person dar. Es sind also Vermutungen darüber, was der andere tun bzw. nicht tun wird.

Normative Erwartungen sind dagegen bestimmte Forderungen an das Verhalten einer anderen Person. Hierunter fällt zum Beispiel die Erwartung des Lehrers, dass die Schüler pünktlich zum Unterricht erscheinen. Normative Erwartungen können weitergehend als Vorstellungen darüber, was der andere für ein Mensch sein sollte, angesehen werden (Allmer 1986; Rosemann 1978b).

Durch die aus den USA stammende Studie von Rosenthal und Jacobson (1968) wurde die dortige Erziehungsforschung auf die Bedeutung antizipatorischer Erwartungen in der Lehrer-Schüler-Beziehung aufmerksam gemacht. Mit einiger Verspätung wurde dieses Forschungsthema dann auch im deutschsprachigen Bereich aufgegriffen.

Rosenthal und Jacobson (1968) wählten per Zufall Schüler aus und teilten deren Lehrern mit, dass es sich um besonders begabte Schüler handele, von denen in Zukunft besonders hohe Leistungen zu erwarten seien (so genannte »Aufblüher«). Sie vertraten die Hypothese, dass Kinder dann besondere intellektuelle Fortschritte machen, wenn ihre Lehrer dies auch erwarteten. Man spricht hier auch von »sich selbst erfüllenden Prophezeiungen« bzw. vom »Pygmalion-Effekt«.

Die Autoren konnten in der Folge bei den »Aufblühern« tatsächlich überzufällig hohe Leistungszuwächse feststellen.

Unklar blieb, welche Vermittlungsprozesse dafür verantwortlich waren, dass die Erwartungen der Lehrer sich auch tatsächlich erfüllten. Warum leisten Schüler mehr, wenn ihre Lehrer dies von ihnen erwarten?

Inzwischen gibt es eine Vielzahl alternativer Erklärungsversuche zu dieser Fragestellung (Brophy/Good 1974; Dobrick/Hofer 1991; Hofer 1986, 1997). Es konnte beispielsweise gezeigt werden, dass qualitative Unterschiede im Lehrerverhalten eine bedeutsame Rolle spielen können. Im Gegensatz zu den »Normalschülern« werden

»Aufblüher« stärker sozio-emotional unterstützt, sie erhalten positiveres Feedback, sie erhalten anspruchsvollere Aufgaben und es wird ihnen mehr Aufmerksamkeit im Unterricht geschenkt.

Motivationspsychologisch gesehen, findet eine Veränderung der Kausal-Attribution statt (vgl. Abschnitt »Die Attributionstheorie«, S. 106ff.). Die bisher eher durchschnittlichen Leistungen der »Aufblüher« werden vom Lehrer auf mangelnde Anstrengung attribuiert. Der Schüler übernimmt diese Attribution, ist motiviert, sich mehr anzustrengen, und erreicht bessere Leistungen.

In der Studie von Rosenthal und Jacobson wurde den Lehrern mitgeteilt, dass es sich bei bestimmten Schülern um »Aufblüher« handele. Im normalen Schulalltag geschieht dies natürlich höchst selten. Wie bereits ausgeführt, machen sich aber auch Lehrer im normalen Schulgeschehen ein Bild von ihren Schülern, entwickeln Erwartungen bezüglich der zukünftigen Leistungen und verhalten sich entsprechend. Es muss allerdings davon ausgegangen werden, dass es sich dabei nicht nur um Erwartungen in die positive Richtung (wie bei Rosenthal/Jacobson), sondern auch um solche in die negative Richtung handeln wird.

Rosemann (1978a) konnte zeigen, dass das Verhalten von Lehrern stark durch deren normative Erwartungen beeinflusst wird. Nimmt der Lehrer wahr, dass der Schüler seinen normativen Erwartungen (hinsichtlich des Verhaltens in der Klasse, hinsichtlich des Leistungsverhaltens usw.) entspricht, dann realisiert er diesem Schüler gegenüber eher ein unterstützendes, sozio-emotional warmes Verhalten. Bei Nichterfüllung der Erwartungen reagiert er dagegen eher mit Ablehnung und sozio-emotional distanziertem Verhalten.

Hofer (1997) vertritt die Meinung, dass die Variable »Lehrererwartungen« nur einen geringen Einfluss auf die Schulleistungen hat. Bedenkt man aber die oben beschriebenen Unterschiede im Lehrerverhalten und deren Konsequenzen für die dargestellten reziproken Wahrnehmungs- und Transaktionsprozesse (vgl. Nickel 1976), dann dürfte den Lehrererwartungen hinsichtlich der Qualität der interpersonalen Beziehungen zwischen Lehrern und Schülern eine nicht zu unterschätzende Bedeutung zukommen.

In einer Reihe von Untersuchungen stand die Analyse von Bewusstseinsprozessen und deren Bedeutung für das Erzieherverhalten im Mittelpunkt des Forschungsinteresses, beispielsweise in den beschriebenen Untersuchungen zu Lehrererwartungen.

Einen anderen Untersuchungsschwerpunkt bildet die Erforschung *subjektiver Theorien* von Lehrern (Wagner et al. 1981; Wahl 1979; Wahl et al. 1983). Subjektive Theorien von Lehrern sind gewissermaßen naive Theorien darüber, wie sie sich in bestimmten Situationen zu verhalten haben. Dabei postuliert Wahl (1979) eine Verknüpfung von Situationsklassen und Handlungsklassen. Für eine bestimmte schulische Situation sind bestimmte Handlungsentwürfe gespeichert. Sobald diese Situation vom Lehrer als aktuell gegeben angesehen wird, kommt es zur Umsetzung der hierfür gespeicherten Handlungsentwürfe.

Hofer (1981, 1986, 1997), der sich intensiv mit der Rolle der Wahrnehmung in der Lehrer-Schüler-Beziehung befasst hatte (vgl. Abschnitt »Wahrnehmung in der Lehrer-Schüler-Beziehung«, S. 161ff.), sieht Erziehung als ein Ergebnis rationaler Denkprozesse an. In jüngerer Zeit konzipierte Hofer (Dobrick/Hofer 1991; Hofer 1986) ein handlungstheoretisch orientiertes Modell zur Beschreibung und Vorhersage von Lehrerverhalten. Inwieweit tatsächlich mit diesem komplexen Modell beobachtbares Verhalten von Lehrern vorhergesagt werden kann, lässt sich derzeit noch nicht abschätzen.

Als ein für die Beziehung zwischen Erzieher und zu Erziehendem besonders bedeutsames Phänomen wird in der Pädagogik seit langer Zeit das *interpersonale Vertrauen* angesehen. Schweer (1996, 1997) formulierte eine differenzielle Theorie des Vertrauens und überprüfte sie an Lernenden in Schule, Hochschule und Ausbildung. Er konnte aufzeigen, dass mit zunehmender Vertrauensintensität die Ausbildungssituation und der persönliche Lernerfolg von den Lernenden günstiger bewertet wurden.

Anhand des Dargestellten sollte deutlich geworden sein, in welch gravierender Weise sich die Fragestellungen der Erziehungsforschung gewandelt haben. Die Bemühungen um die Beschreibung von Erzieherverhalten und dessen Auswirkungen auf den zu Erziehenden waren, explizit oder implizit, getragen von der Hoffnung, so etwas wie das »richtige«, das »beste« Erzieherverhalten zu finden. Die Erfüllung dieser Hoffnung wäre gewiss von erheblicher Bedeutung für die Ausbildung von Erziehern und Lehrern gewesen. Mit der Einsicht in die Komplexität der Erziehungswirklichkeit wurde sie allerdings zu Grabe getragen.

Die Konzeption der Lehrer-Schüler-Beziehung wie auch der Eltern-Kind-Beziehung als einer sozialen Interaktions-Situation kommt der Realität vermutlich näher als die einer einseitigen Einflußnahme von Erziehern auf zu Erziehende. Eine solche Auffassung erhöht jedoch auch die Komplexität der Forschungsplanung und -durchführung.

Leistungsbeurteilung in der Schule

Die Bewertung von Leistungen in der Schule, insbesondere die Vergabe von Zensuren, ist eines der umstrittensten Themen in der Pädagogik und der Pädagogischen Psychologie. Der kleinste gemeinsame Nenner von Befürwortern und Gegnern der Leistungsbeurteilung, insbesondere der Zensurengebung, ist die Tatsache, dass auf eine Bewertung von Schulleistungen prinzipiell nicht verzichtet werden kann (Heller 1984; Ingenkamp 1989, 1997; Kleber 1992; Stephan/Schmidt 1978). Es besteht hier nicht die Absicht, eine abschließende Stellungnahme zu dieser Diskussion zu liefern. Vielmehr sollen einige Punkte erörtert werden, die für die Schulpraxis von Bedeutung sind.

Funktionen von Leistungsbewertung

Auf die Frage, warum überhaupt Leistungen von Schülern bewertet werden müssen, gibt es eine Reihe von Antworten. Diese verdeutlichen zugleich, warum nicht ernsthaft auf Leistungsbewertung verzichtet werden kann. Eine davon zu trennende Frage ist, welche Vor- und Nachteile jeweils die verschiedenen Methoden der Leistungsbewertung haben. Hierauf wird im Abschnitt »Methoden und Gütekriterien der Leistungsbewertung«, S. 178ff., eingegangen.

Die Bewertung von Schülerleistungen liefert Informationen für die Eltern, den Lehrer und den Schüler selbst.

Den Eltern vermitteln Zensuren ein Bild darüber, wie der Leistungsstand ihres Kindes im Vergleich mit den anderen Schülern derselben Klasse einzustufen ist (*Berichtsfunktion*). Es wird damit den Eltern die Möglichkeit gegeben, gegebenenfalls optimierend auf den Lehr- bzw. Lernprozess einzuwirken.

Der Lehrer erhält über die Zensuren eine Rückmeldung darüber, inwieweit er in seiner Klasse die gesetzten Lern- bzw. Lehrziele erreicht hat (*Feedback-Funktion, Diagnosefunktion*). Bei auftretenden Mängeln kann er Interventionsmaßnahmen konzipieren und durchführen. So könnte er seine Unterrichtsmethodik überprüfen, Wissenslücken bei den Schülern gezielt schließen etc.

Auch für den Schüler haben Zensuren Rückmeldungsfunktion: Er erfährt, wie seine Leistung im Vergleich mit der seiner Klassenkameraden eingeschätzt wird.

Darüber hinaus wird die Hoffnung geäußert, mithilfe der Zensuren die Leistungsmotivation der Schüler erhöhen zu können (*Motivationsfunktion*). Wie im Abschnitt »Intrinsische und extrinsische Motivation«, S. 121ff., dargestellt, wäre dies ein Beispiel für extrinsische Motivation: Motivation entsteht aus Hoffnung auf gute Noten bzw. aus Furcht vor schlechten Noten.

Manchmal wird die Motivationsfunktion auch mit der *Disziplinierungsfunktion* in Zusammenhang gebracht: Zensuren dienen dem Lehrer zur Disziplinierung der Schüler.

Der Einsatz von Zensuren zur Motivierung von Schülern mag vom einen oder anderen Leser kritisch bewertet werden. Es ist jedoch unrealistisch, davon auszugehen, dass jeder Schüler in jedem Fach von vornherein intrinsisch motiviert ist, sich also aus Spaß an der Sache selbst intensiv einsetzt. Andererseits ist festzustellen, dass über eine extrinsische Motivation bei Erfolgen in einem Fach der Aufbau einer intrinsischen Motivation gefördert werden kann.

Die bisher genannten Funktionen der Zensuren werden im Allgemeinen als *pädagogische Funktionen* bezeichnet, da sie sich auf den Lehr-Lern-Prozess im engeren Sinne beziehen.

Heftiger umstritten ist die so genannte gesellschaftliche Funktion von Leistungsbewertung, insbesondere die *Selektionsfunktion*. Zensuren dienen hier vor allem der Steuerung der Schullaufbahn und bilden die Grundlage der Entscheidung, ob und welche weiterführende Schule besucht werden soll usw. Auf der Basis von Zensuren werden Prognosen darüber erstellt, wie sich die Leistungen eines Schülers in Zukunft (etwa im Studium oder im Beruf) entwickeln werden (s. ausführlich Heller et al. 1978; Rosemann 1978b, 1978c, 1982).

Selbstverständlich ist es zutreffend, dass über Zensuren Berufs- und Karrierechancen zugewiesen werden. In seiner Diskussion um die Funktionen von Leistungsbewertung kommt aber Schattner (1997) zu folgendem Schluss: »Als die demokratische Gesellschaft ihre Privilegien und Verantwortlichkeiten, ihre Berufe und Positionen aus der ererbten Verfassung feudaler Strukturen herauszulösen begann, konnte sie das nur tun, indem sie ein möglichst allen Bürgern zugängliches Kriterium erfand: das der Leistung nämlich. Ehe man also Schulnoten verteufelt, sollte der historische Zusammenhang bedacht werden. Gerechter ist es allemal, die Positionen in einer Gesellschaft aufgrund individuell erbrachter Leistungen zu vergeben als über Geburt und Geld.« (S. 6)

Wie aus diesem kurzen Aufriss deutlich wird, haben Zensuren also nicht nur den Zweck, »Leistungsdruck« auf die Schüler auszuüben, wie häufig eher plakativ behauptet wird. Da sie aber so weitreichende Konsequenzen für die einzelne Person haben können, muss man alle Anstrengungen darauf verwenden, dass Zensuren tatsächlich ein Spiegelbild der Leistungen der Schüler abgeben und nicht durch sachfremde Faktoren beeinflusst werden.

Gegenstand der Leistungsbewertung

Der Begriff der Schulleistung

Gefragt, was denn in der Schule bewertet wird, erhält man häufig die Antwort: die Leistungen in den verschiedenen Fächern. Dies ist sicher eine zu enge Sichtweise.

Wie Heller (1984) definiert, umfasst Schulleistung »das gesamte Leistungsverhalten im Kontext schulischer Bildungsbemühungen« (S. 15). Dies bedeutet, dass nicht nur die Kompetenz des Schülers in den verschiedenen Fächern Gegenstand der Leistungsbewertung ist. Vielmehr sind es auch fächerübergreifende Kompetenzen, die der Bewertung unterliegen bzw. unterliegen sollten. Hierzu zählen auch die so genannten Sozialkompetenzen wie Teamfähigkeit, Kommunikationsfähigkeit, Kooperationsfähigkeit usw. Derartige Kompetenzen werden aufgrund der derzeit zu beobachtenden großen Veränderungen der Arbeitswelt auch wieder im schulischen Bereich thematisiert. Dieses signalisiert die Diskussion um die Wiedereinführung der altehrwürdigen »***Kopfnoten***« (Führung, Beteiligung am Unterricht, Häuslicher Fleiß, Ordnung; vgl. Abbildung 19).

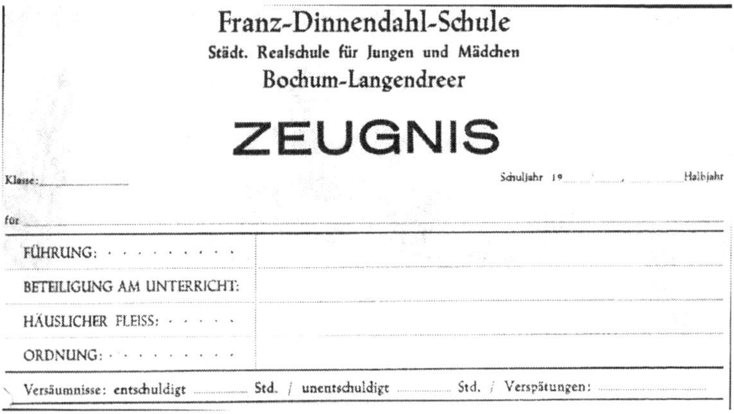

Franz-Dinnendahl-Schule
Städt. Realschule für Jungen und Mädchen
Bochum-Langendreer

ZEUGNIS

Klasse: .... Schuljahr 19...... , ... Halbjahr

für ....

FÜHRUNG: . . . .

BETEILIGUNG AM UNTERRICHT:

HÄUSLICHER FLEISS: . . . . .

ORDNUNG: . . . .

Versäumnisse: entschuldigt ...... Std. / unentschuldigt ...... Std. / Verspätungen: ......

Abbildung 19: **Zeugnisvordruck mit Kopfnoten**

Sicherlich werden die eher altbacken klingenden Begriffe durch modernere ersetzt werden. Es scheint sich aber die Meinung durchzusetzen, dass es erforderlich ist, dem Sozialverhalten der Schüler, ihrer Anstrengungsbereitschaft usw. verstärkte Aufmerksamkeit zu widmen, da es sich hierbei um »Schlüsselqualifikationen« handelt, die vor allem im beruflichen Leben zunehmend an Bedeutung gewinnen (Mertens 1974).

Betrachtet man die Bewertung der kognitiven Leistungen, also der Leistungen in den einzelnen Fächern, so erscheint es nahe liegend, dass getrennte Zensuren für die Fächer Deutsch, Englisch, Latein, Mathematik, Physik usw. vergeben werden.

Faktorenanalytische Untersuchungen von Schulzeugnissen haben aber ergeben, dass sich nur wenige Hauptdimensionen von Schulleistung finden ließen. Im Bereich der Sekundarstufe konnten lediglich drei Faktoren eruiert werden, nämlich: ein Fremdsprachenfaktor, ein naturwissenschaftlich-mathematischer Faktor und ein sachkundlicher Faktor (s. Langfeldt/Fingerhut 1984; Roeder/Treumann 1974). Dies bedeutet, dass eine hohe Korrelation zwischen den Noten verschiedener Fächer gegeben ist. Langfeldt und Fingerhut (1984) kommen zu dem Schluss, »dass die Schulleistung (…) bei weitem nicht so differenziert ist, wie es Zeugnisse mit zehn oder mehr Einzelnoten nahe legen« (S. 41).

Die Konsequenz könnte nun darin bestehen, anstelle unterschiedlicher Noten, z.B. in Mathematik, Physik, Chemie, nur eine Note zum naturwissenschaftlich-mathematischen Leistungsbereich zu vergeben. Dies wäre aber nur dann gerechtfertigt, wenn den verschiedenen Fächern tatsächlich nur eine Leistungsdimension zugrunde liegt und die hohe Korrelation zwischen den Noten dadurch bedingt ist. Wie auch Langfeldt/Fingerhut (1984) anmerken, existieren auch alternative Erklärungen: Unterrichtet z.B. derselbe Lehrer in einer Klasse die Fächer Mathematik und Physik, dann ist es wahrscheinlicher, dass diese beiden Noten höher korrelieren, als wenn zwei Lehrer die Noten erteilen würden.

Lehr- und Lernziele

Bevor eine differenzierte Leistungsbewertung überhaupt erfolgt, sollte schon vor dem Erteilen des Unterrichts möglichst präzise festgelegt werden, was der Schüler überhaupt lernen soll. Dieses »Was« kann dann nach durchgeführtem Unterricht mithilfe unterschiedlicher Methoden gemessen werden.

Eine Leistungsmessung, die sich am erteilten Unterricht orientieren soll, erfordert also die Beschreibung so genannter »operationalisierter Lehr- oder Lernziele«. Dabei spricht man eher von Lehrzielen, wenn man sich auf den geplanten Unterricht bezieht, Einheitlichkeit in der Terminologie besteht aber nicht (Horn 1984).

Was versteht man nun unter Lehr- bzw. Lernzielen und deren »Operationalisierung«? Lernziele müssen ein beim Schüler beobachtbares Verhalten beschreiben, anhand dessen entschieden werden kann, ob der Schüler das Lernziel erreicht hat oder nicht.

Ein sehr einfaches Beispiel wäre: Der Schüler muss auf die Frage, welches Ergebnis die Multiplikation von 5 · 5 ergibt, als Antwort die Zahl 25 nennen können.

Dieses Beispiel bezieht sich auf ein sehr einfaches Lernziel, nämlich Wissen. Bloom (1956, 1976) hat eine hierarchisch aufgebaute Taxonomie entwickelt, in der verschiedene Lernziele nach ihrem Komplexitätsniveau geordnet sind. Bezogen auf den kognitiven Bereich unterscheidet er die **Lernzielkategorien**: Wissen, Verständnis, Anwendung, Analyse, Synthese und Evaluation.

Neben der Lernzielkategorie muss ein Lernziel natürlich auch auf den Unterrichtsstoff, also auf Inhalte, bezogen sein.

Unser Lernziel-Beispiel bezieht sich also auf die Lernzielkategorie »Wissen« im Stoffgebiet »Multiplikation einstelliger Zahlen«.

Dieses mag zunächst trivial erscheinen. Entscheidend an der Forderung nach der Formulierung präziser Lernziele aber ist, dass der Lehrer sich dadurch Klarheit verschaffen muss, was er lehren und was er anschließend bewerten will.

Welches Lernziel verfolgt z.B. ein Lehrer, der seine Schüler den »Zauberlehrling« auswendig lernen lässt? Will er, dass der Schüler das Gedicht fehlerfrei, ohne zu stottern, aufsagen kann; will er, dass der Schüler die Intentionen des Dichters versteht, oder beides?

Zweierlei sollte deutlich werden:

- Die Formulierung von Lernzielen stellt zum einen die Bewertung der Erreichung dieser Ziele, also die Bewertung der Leistung der Schüler, auf eine nachprüfbare und exakte Grundlage.
- Zum anderen wird über die Formulierung von Lernzielen erreicht, dass die Leistungen von Schülern verschiedener Schulklassen, verschiedener Schulen, verschiedener Bundesländer usw. unmittelbar miteinander verglichen werden können.

Es soll aber nicht verschwiegen werden, dass die Formulierung von Lernzielen umso schwieriger wird, je komplexer die Lernzielkategorie ist. Dies gilt beispielsweise für die sprachlichen Fächer dann, wenn die Lernziele über die Ebenen Wissen und Anwendung in den Bereichen Grammatik oder Rechtschreibung hinausgehen, also z.B. Interpretationen von Gedichten und Texten erwartet werden. Nichtsdestotrotz: Allein das Bewusstsein des Lehrers über die Problematik der Bewertung bestimmter Bereiche seines Faches werden ihn (hoffentlich) von einer naiven und unreflektierten Bewertung von Schülerleistungen abhalten.

Prinzipien des Leistungsvergleichs

Die Leistung eines Schülers kann auf unterschiedliche Weise gemessen werden: Es können Schulnoten aufgrund von Klassenarbeiten vergeben werden, es können Tests unterschiedlicher Art herangezogen werden usw. Ziel jeder Messung ist es, dieses Messergebnis mit bestimmten Standards zu vergleichen. Für diesen Vergleich ist es unerheblich, auf welche Weise die Leistung »gemessen« wurde, über Schulnoten, Testwerte usw.

Normorientierter Vergleich in der Schulklasse

Üblicherweise wird das Leistungsergebnis eines Schülers mit den Leistungen der anderen Schüler einer Klasse verglichen. Hier bilden also die Leistungen der Schüler einer Klasse den Vergleichsmaßstab, die Norm. Diese Form des Leistungsvergleichs wird daher auch als »normorientiert« oder »normbezogen« bezeichnet.

Aufgrund dieses Vergleichs wird dem einzelnen Schüler in der Klasse ein Rangplatz zugewiesen. Diese Zuweisung orientiert sich in der Regel am Klassendurchschnitt. Je stärker der Schüler über dem Durchschnitt liegt, umso günstiger ist sein Rangplatz in der Klasse in Bezug auf die gemessene Leistung. Analoges gilt für Leistungen, die unter dem durchschnittlichen Klassenergebnis liegen.

Dieser Vergleich ist jedoch in verschiedener Hinsicht nicht unproblematisch. Der dem Schüler zugewiesene Rangplatz sagt zwar etwas aus über seine relative Position in der Klasse, gibt aber keine Auskunft über die tatsächlich erbrachte Leistung. Die gleiche Leistung wird in einer leistungsschwachen Klasse zu einem günstigeren Rangplatz führen als in einer leistungsstarken Klasse, beispielsweise einer Parallelklasse. Der leistungsbeste Schüler einer Klasse könnte so mit der gleichen Leistung in einer anderen Klasse nur im Mittelfeld landen.

Daraus folgt, dass Leistungsbewertungen, die sich an der »Norm« Schulklasse orientieren, nicht vergleichbar sind zwischen verschiedenen Klassen, verschiedenen Schulen usw.

Individuelle Norm

Eine aus pädagogischer Sicht besonders interessante Variante des Leistungsvergleichs ist der Vergleich der aktuellen Leistung eines Schülers mit dessen früheren Leistungen im gleichen Fach. Seine bisherigen Leistungen sind sozusagen die Norm, mit der die aktuelle Leistung verglichen wird.

Der Lehrer stellt z.B. fest, dass der Schüler im aktuellen Diktat ein Fünftel weniger Fehler gemacht hat als im Diktat vorher.

Diese Form des Leistungsvergleichs ist besonders dann hilfreich, wenn es um die Motivierung des Schülers geht. Der Schüler sieht, dass er Fortschritte gemacht, dass sich seine Anstrengung gelohnt hat. Derartige Erfolgserlebnisse wirken sich in der Regel positiv auf die Motivation des Schülers aus.

Allerdings kann sich folgendes Problem ergeben. Im jetzigen Schulsystem ist der Lehrer gezwungen, die individuelle Leistung immer wieder mit den Leistungen der anderen Schüler der Klasse zu vergleichen, etwa vor der Zeugniserstellung. Dabei kann der Fall eintreten, dass ein Schüler zwar individuelle Fortschritte gemacht hat, diese Fortschritte aber nicht so groß sind, dass sie sich auch in einer Verbesserung der Zensur niederschlagen (beim Vergleich mit den anderen Schülern der Klasse). Das pädagogische Dilemma besteht nun darin, dass der Lehrer sich für eines von zwei »Übeln« entscheiden muss: Er gibt dem Schüler eine nach wie vor schlechte Zensur, die seiner Leistung im Vergleich mit der Klasse entspricht, und riskiert damit die Beeinträchtigung der Motivation dieses Schülers. Oder der Lehrer gibt dem Schüler eine bessere (»pädagogische«) Zensur, als dieser »verdient« hat, und riskiert damit Konflikte mit den anderen Schülern dieser Klasse. Diese sind in der Regel sehr wohl in der Lage, die Leistungen ihres Klassenkameraden realistisch einzuschätzen.

Eine Patentlösung für dieses Dilemma gibt es nicht. Wie verfahren werden kann, hängt davon ab, wie es um das Klassenklima bestellt ist, wie die Beziehungen der Schüler untereinander geartet sind usw. Festzustellen ist, dass aus der Sicht einer möglichst exakten Leistungsbewertung eine »pädagogische« Zensur nicht gerechtfertigt ist.

Das Prinzip der bisher dargestellten Formen der Leistungsvergleiche war, dass die individuelle Leistung immer mit der Leistung anderer Personen (Schulklasse, Parallelklasse, andere Schulen oder Schülergruppen) bzw. mit den bisherigen Leistungen der eigenen Person verglichen wurde.

Kriteriumsorientierter Leistungsvergleich

Völlig anders wird beim so genannten kriteriumsorientierten oder lernzielorientierten Vergleich vorgegangen. Hier werden ein festes Leistungskriterium, ein Leistungsstandard, ein Lernziel definiert. Die Leistung jedes einzelnen Schülers wird mit diesem Standard verglichen.

Ein solches Kriterium könnte etwa wie folgt aussehen: Von zehn englischen Wörtern müssen acht korrekt ins Deutsche übersetzt werden. Der Schüler, der acht und mehr Aufgaben richtig gelöst hat, hat »bestanden«, derjenige, der sieben Aufgaben gelöst hat, hat »nicht bestanden«.

Wie ersichtlich, werden hier dichotome Entscheidungen getroffen: bestanden oder nicht bestanden. Eine Zuweisung von Rangplätzen sowie die Ermittlung eines Klassendurchschnitts finden hier nicht statt. Die Bewertung der individuellen Schülerleistung ist unabhängig davon, wie gut oder schlecht die anderen Schüler die gestellten Aufgaben gelöst haben.

Eine solche kriteriumsorientierte Leistungsbewertung erlaubt nun den unmittelbaren Vergleich der Leistung eines Schülers zwischen verschiedenen Schülergruppen, verschiedenen Schulklassen, verschiedenen Schulen usw.

Methoden und Gütekriterien der Leistungsbewertung

Die Brauchbarkeit einer jeden Messung wird dadurch bestimmt, inwieweit der erhobene Messwert tatsächlich den zu messenden Sachverhalt abbildet. Bei der schulischen Leistungsbewertung stellt sich hier die Frage, inwieweit eine Zensur den tatsächlichen Leistungsstand eines Schülers in einem bestimmten Bereich widerspiegelt. Dabei ist zu bedenken, dass sich jeder empirisch gewonnene *Messwert* aus verschiedenen Komponenten zusammensetzt. Als Formel lässt sich dies so darstellen:

$$X = WW + F$$

Der Messwert »(X)« ist gleich der Summe aus dem so genannten »wahren Wert (WW)« und dem »Messfehler (F)«. Der wahre Wert ist derjenige Wert, den man erhalten würde, wenn man beim Messen keinen Fehler machen würde. Da dieses in der Praxis kaum möglich ist, enthält der Messwert immer einen Fehleranteil. Dieser ist je nach Art und Weise der Messung unterschiedlich hoch.

Misst man die Kantenlänge eines Tisches sorgfältig mit einem Messstab, dürfte der Fehleranteil relativ klein sein. Schätzt man die Kantenlänge des Tisches per »Augenmaß«, wird der Fehleranteil sicher deutlich größer sein.

Gütekriterien der Leistungsbewertung

Zur Bewertung der Güte eines Messwertes existieren verschiedene Kriterien. Ein »guter« Messwert soll folgende Kriterien erfüllen: Objektivität, Zuverlässigkeit (Reliabilität), Gültigkeit (Validität).

- **Objektivität** ist dann gegeben, wenn der Messwert unabhängig von der messenden Person ist. Beispielsweise müssen zwei Personen bei der Messung eines Gegenstandes bzw. Sachverhalts zum gleichen Resultat gelangen.

  Bewerten also z.B. zwei Lehrer die gleiche schulische Leistung, dann müsste die Bewertung unabhängig von der Person des Lehrers sein.

- **Zuverlässigkeit** (Reliabilität) bezieht sich auf die Genauigkeit der Messung als solche. Wiederholte Messungen mit dem gleichen Messinstrument sollten zum gleichen Resultat führen.

  Wird beispielsweise eine bestimmte Schülerleistung zweimal mit einer bestimmten Methode gemessen, dann müsste man im Wesentlichen zu gleichen Resultaten gelangen.

- Das Kriterium der **Gültigkeit** (Validität) bezieht sich darauf, ob man mit dem Messwert auch das gemessen hat, was man messen wollte. Bei der Validität geht es also darum, ob ein bestimmtes Messinstrument auch den Gegenstand bzw. Sachverhalt erfasst, den man erfassen will.

  Soll also geprüft werden, ob der Schüler die Regeln des Dreisatzes anwenden kann, dann dürfen die Aufgaben nicht so formuliert sein, dass etwa zusätzlich noch die Lesegeschwindigkeit geprüft wird, etwa bei umfänglichen Textaufgaben.

  Im schulischen Bereich kommt der Gültigkeit der Leistungsbewertung eine besondere Bedeutung zu. Es ist wenig hilfreich, über ein Messinstrument zu verfügen, dass zwar objektiv, sehr genau und zuverlässig »irgendetwas« misst, aber nicht das, was man eigentlich messen wollte, etwa die Erreichung eines bestimmten Lernziels. Andererseits sind Objektivität und Reliabilität Voraussetzung für die Validität eines Messverfahrens.

Methoden der Leistungsbewertung

Die Methoden der schulischen Leistungsbewertung lassen sich grundsätzlich zwei verschiedenen Kategorien zuordnen. Man unterscheidet die »subjektiven« und die »objektiven« Verfahren der Leistungsmessung (s. ausführlich Heller 1984; Kleber 1992).

Zu den *subjektiven Verfahren* zählen vor allem die in der Praxis am häufigsten vorkommenden »Klassenarbeiten« bzw. »Schulaufgaben«. Ferner rechnet man hierzu die »mündlichen Prüfungen« sowie verschiedene Verfahren der »Verhaltensbeobachtung«.

Als *objektive Verfahren* gelten Schulleistungstests, die entweder zur normorientierten oder zur kriteriumsorientierten Leistungsbewertung eingesetzt werden können. Dabei wird unterschieden zwischen »standardisierten« oder »formellen« Tests und so genannten »informellen« Tests.

Standardisierte Tests, z.B. Rechen-, Rechtschreib- oder Fremdsprachentests, werden in einem aufwendigen Verfahren von Experten erstellt. Sie werden in der Regel für eine bestimmte Klassenstufe oder für einen bestimmten Schultyp konstruiert. Der Vorteil dieser Tests ist, dass sie nach den Regeln einer professionellen Testentwicklung erstellt werden. Ihr Nachteil ist darin zu sehen, dass sie nicht auf die konkrete Unterrichtsgestaltung und die angestrebten Lernziele einer bestimmten Klasse ausgerichtet sind. Sie beziehen sich auf eher allgemein verbindliche Unterrichtsziele und sind vor allem für überregionale Vergleiche vorgesehen (Stephan/Schmidt 1978).

Diesen Nachteil vermeiden die so genannten *informellen Tests* oder »teacher-made-tests«. Wie der Name schon sagt, werden derartige Tests vom Lehrer selbst konstruiert. Der Lehrer ist damit in der Lage festzustellen, ob er die in seinem konkreten Unterricht angepeilten Lernziele auch tatsächlich erreicht hat (ausführlich s. Rosemann 1984). Nachteil dieser Verfahren sind der notwendige hohe Arbeitsaufwand für den Lehrer und die Tatsache, dass es dem Lehrer nicht möglich ist, die Regeln einer professionellen Testentwicklung einzuhalten (Arbeits- und Zeitaufwand).

Aus diesem Grund werden informelle Tests, die diesen Namen verdienen, in der Praxis eher selten eingesetzt. Der noch in den

1970er-Jahren vorhandene Optimismus, mit diesen informellen Tests die Leistungsbewertung »objektivieren« zu können, ist heute eher gedämpft.

Optimierung der Zensurengebung

Bleibt also im Wesentlichen die »klassische« Leistungsbewertung durch Zensuren. Können aber Zensuren die oben beschriebenen Gütekriterien erfüllen? Zu dieser Frage gibt es eine seit langem andauernde Diskussion (Stephan/Schmidt 1978; Süllwold 1983). Eine gewisse Einigkeit besteht dahin gehend, dass die Objektivität und Reliabilität von Zensuren als eher fraglich erscheinen. Dies verwundert nicht, wenn man sich vor Augen führt, wie das Bild eines Schülers beim Lehrer zustande kommt und wie dadurch die Leistungsbewertung beeinflusst werden kann (vgl. Kapitel »Pädagogische Interaktion«, S. 158ff.).

Eine ältere Untersuchung von Hadley (1954) mag dies veranschaulichen. Hadley fand, dass die bei den Lehrern beliebtesten Schüler bessere Zensuren erhielten als ihnen, verglichen mit den Ergebnissen eines Schulleistungstests, zustanden. Entsprechend erhielten die unbeliebtesten Schüler schlechtere Noten, als sie es aufgrund der Ergebnisse des Schulleistungstests verdient hätten.

Lehrer unterscheiden sich ferner darin, welche Kriterien sie bei der Bewertung von Schülerleistungen heranziehen. So wurde der gleiche Aufsatz von verschiedenen Beurteilern sehr unterschiedlich bewertet, von »sehr gut« bis »ungenügend« (Ulshöfer 1948). Dies mag bei der Problematik von Aufsatzbeurteilungen noch verständlich erscheinen (vgl. Schümann/Wieczerkowski 1984). Aber selbst bei der Beurteilung von Mathematikarbeiten wurden schon Anfang des 20. Jahrhunderts erhebliche Unterschiede in der Bewertung festgestellt (Starck/Elliot 1913).

Bemerkenswert ist in diesem Zusammenhang, dass nicht nur verschiedene Lehrer unterschiedliche Kriterien bei der Bewertung einer Leistung anlegen. Vielmehr wurde gezeigt, dass ein und derselbe Lehrer zu unterschiedlichen Zeitpunkten die gleiche Leistung des Schülers unterschiedlich bewertete (Eells 1930).

Betrachtet man diese und andere Befunde zur Leistungsbewertung mit Zensuren (ausführlich s. Ingenkamp 1976, 1997; Süllwold 1983), dann steht man vor einem Problem: Schulleistungstests, in eingeschränktem Maße auch informelle Tests, erfüllen im Wesentlichen die Anforderungen der Leistungsbewertung, erfordern aber einen hohen Arbeits- und Zeitaufwand, den Lehrer in der Praxis meist nicht erbringen können. Zensuren sind relativ rasch zu vergeben, ihnen mangelt es aber nicht selten an Qualität hinsichtlich der Gütekriterien.

Eine nahe liegende Konsequenz ist die, sich um eine Verbesserung der Benotungspraxis zu bemühen. Dies erscheint auch dann zweckmäßig, wenn man sich der eher pessimistischen Sichtweise von Kleber (1992) anschließt. Kleber meint, bezogen auf den Bewertungsprozess: »Objektivität ist ein fernes Ziel oder eine Fiktion« (S. 139). Seiner Auffassung nach wird Leistungsbewertung auch in Zukunft in hohem Grade subjektiv bleiben.

Daraus sollte aber nicht der Schluss gezogen werden, dass Verbesserungen nicht möglich seien und dass man sich mit der unbefriedigenden Situation abfinden müsse.

Kleber (1992) schlägt vor, dass Lehrer zu einer »*kontrollierten Subjektivität*« gelangen sollten.

Diese wäre zunächst einmal dadurch zu erreichen, dass Lehrer Einsicht in die Subjektivität ihrer Bewertung gewinnen. Die Erfüllung dieser Forderung scheint relativ einfach zu sein. Bedenkt man jedoch, mit welcher Selbstgewissheit manche Lehrer ihre Zensuren vergeben, werden allerdings Zweifel wach.

Eine Reduktion der Subjektivität kann auch dadurch erzielt werden, dass sich Lehrer die Prozesse der interpersonalen Wahrnehmung zwischen sich und den Schülern sowie deren Auswirkungen auf die Leistungsbewertung bewusst machen (z.B. implizite Persönlichkeitstheorien, Erwartungen usw.).

Hinzuzufügen wäre der Hinweis, die Vorteile einer kriteriumsorientierten Leistungsbewertung zu nutzen, nämlich konkrete Verhaltensweisen von Schülern zu benennen, an denen die Erreichung/Nichterreichung von Lernzielen überprüft werden kann. So ließen sich beispielsweise auch für die problematischen Aufsatzbeurteilungen Kriterien finden, die eine angemessenere Bewertung erlauben.

Es könnte vorab festgelegt werden, ob Rechtschreibfehler, Handschrift, Originalität der Gedanken, Umfang des Wortschatzes usw. bei der Bewertung eine Rolle spielen sollen oder nicht.

Bei der Bewertung eines Schülers ist ferner immer zwischen (Leistungs-)Verhalten und Person zu trennen. Hier geht es darum, dass nur das konkrete Schülerverhalten zu bewerten ist (z.B.: Der Schüler hat fünf Fehler bei der Lösung einer Rechenaufgabe gemacht). Eine Bewertung seines (möglicherweise auch unzureichenden) Leistungsverhaltens ist für den Schüler in der Regel transparent und auch akzeptabel.

Die Bewertung seiner Person (z.B.: Du bist mathematisch unbegabt) ist viel zu allgemein und kann zu Widerstand beim Schüler führen. Wiederholte Bewertungen dieser Art haben auch einen nicht zu unterschätzenden Einfluss auf das Selbstwertgefühl des Schülers und darüber auf seine Motivation (vgl. Kapitel »Motivation«, S. 93ff.). Dabei ist nicht auszuschließen, dass eine Koppelung der Bewertung von Leistung und Person zu Schulverdrossenheit oder Schulangst führt.

Allgemein sollten Lehrer sich vor Augen halten, dass es nicht möglich ist, Eigenschaften bzw. Persönlichkeitsmerkmale von Schülern zu beurteilen, da diese nicht unmittelbar beobachtbar sind. Drastisch, aber durchaus zutreffend formuliert Kleber (1992): »Der Lehrer sollte sich nicht aufgrund eines psychologischen Halbwissens bereits als Psychologe fühlen und seine Bewertungen zu einer psychologischen Persönlichkeitsbeurteilung hochstilisieren.« (S. 139) Es ist daher unbedingt zu trennen zwischen der Beschreibung eines Schülerverhaltens und der Bewertung bzw. Interpretation dieses Verhaltens. Dieses vor allem auch deswegen, weil Lehrer sich in ihrem Verständnis von Persönlichkeitseigenschaften unterscheiden.

Wird beispielsweise ein Schüler von einem Lehrer als »aggressiv« bezeichnet, dann weiß man nicht, wie er zu dieser Einschätzung gelangt ist. Angenommen, der Schüler habe einen Mitschüler in der Pause angerempelt. Für den einen Lehrer mag dies bereits ein Symptom für »Aggressivität« darstellen, für den anderen könnte dies noch durchaus »normales«, altersgemäßes Verhalten sein.

Daraus folgt, dass man sich möglichst immer auf der Ebene des Verhaltens bewegen sollte: Der Schüler hat ein gewisses Verhalten gezeigt. Dieses Verhalten sollte beschrieben und darf erst dann bewertet werden. Auch für die Rückmeldung an den Schüler ist es sinnvoller, ein bestimmtes Verhalten zu kritisieren oder zu loben, da der Schüler dann genau weiß, was gewünscht wird und was nicht. Dies ist nicht der Fall, wenn der Schüler vom Lehrer erfährt, dass er über diese oder jene Eigenschaft verfüge.

Die Ersetzung der Zensuren durch *verbale Berichte* (z.B. in Grundschulen) scheint keine echte Alternative darzustellen. Die Hoffnung war, mit verbalen Zeugnissen besser die individuelle Leistungs- und Persönlichkeitsentwicklung der Schüler erfassen zu können. Unter Bezugnahme auf eine Reihe empirischer Arbeiten kommen Langfeldt und Imhof (1999) jedoch zu dem Schluss: »Offensichtlich können auch verbale Beurteilungen nicht das erfüllen, was als pädagogisches Ideal von ihnen erwartet wird.« (S. 284)

Lehrer und Schüler müssen wohl zur Kenntnis nehmen, dass es die »gerechte« Bewertung von Schulleistung nicht geben wird, zumindest nicht mit einem vertretbaren Aufwand. Lehrer können allerdings auf Probleme im Rahmen der Bewertung hingewiesen werden, was möglicherweise zu einer reflektierteren Vergabe von Zensuren führt. Kleber (1992) resümiert am Ende seines Buches: »Es führt nicht weiter, Zensur, Zeugnis und Beurteilung abzuschaffen, aber Schule und Lehrer beizubehalten« (S. 300).

Sicherlich werden Schule und Lehrer beibehalten werden, aber Schule und Lehrer können sich verändern. Aktuelle Konzeptionen der Schulentwicklung enthalten Hinweise darauf, wie die »Schule der Zukunft« aussehen könnte (z.B. Bildungskommission NRW 1995). Sie verdeutlichen, dass sowohl Optimierungen in der Schulorganisation als auch Modifikationen des Qualifikationsprofils des Lehrpersonals anzustreben sind. Eine Umsetzung derartiger Projekte dürfte nicht ohne (positive) Konsequenzen für die Art und Weise der Leistungsbewertung in der Schule bleiben.

Glossar

- **Anreizwert.** Einem bestimmten Ereignis zugeschriebener subjektiver Wert. Von den Erwartungs-Wert-Theorien wird unterstellt, dass der Anreizwert eines Ereignisses, z.b. einer guten Schulnote, in einem umgekehrt proportionalen Verhältnis zur subjektiven Einschätzung der Wahrscheinlichkeit des Eintreffens dieses Ereignisses steht.
- **Attribution.** Ursachenzuschreibung; Versuch, beobachtete Ereignisse dadurch zu erklären, dass man ihnen bestimmte Ursachen zuschreibt; z.B. eine gute Leistung ist durch große Anstrengung zustande gekommen.
- **Behaviorismus.** Bezeichnung für eine Richtung der empirischen Psychologie, die nur das beobachtbare Verhalten (behavior) als Forschungsgegenstand akzeptiert.
- **Browser.** Computerprogramm, das benötigt wird, um Internetseiten auf dem Bildschirm darzustellen. Heute in der Regel ein multifunktionales Programm, welches auch E-Mail-Versand und Webseitenerstellung ermöglicht.
- **Deduktive Forschung.** Forschungsansatz, bei dem vor der Durchführung der Untersuchung zu überprüfende → Hypothesen aufgestellt werden, siehe auch → induktive Forschung.
- **Einstellung, soziale.** Erworbene Bereitschaft, eine Person, ein Objekt oder ein Ereignis in bestimmter Weise wahrzunehmen und darauf zu reagieren. Beispiel: Einstellung gegenüber ethnischen Minderheiten.
- **Empirie.** Erkenntnis, die auf Erfahrung beruht
- **Endogen.** Aus dem Inneren entstanden, nicht durch äußere Einflüsse.
- **Exogen.** Auf äußeren Einflüssen beruhend.
- **Experiment.** Versuchsanordnung zur Feststellung von Ursache-Wirkungs-Zusammenhängen. Beobachtet wird, ob die planmäßige Veränderung einer Variablen zu Veränderungen einer anderen Variablen führt.
- **Falsifizierung.** Nachweis der Unwahrheit einer Hypothese, s.a. → Verifizierung.
- **Generalisierung.** Übertragung einer Ansicht von einem einzelnen Einstellungsgegenstand auf eine gesamte Klasse von Einstellungsgegenständen, s.a. → Reizgeneralisierung.
- **Gütekriterien eines Tests.** → Objektivität, → Reliabilität (Zuverlässigkeit) und → Validität (Gültigkeit) eines Testverfahrens.
- **Hypertext.** Verfahren, mit dem Informationen in nichtlinearer Form miteinander verknüpft werden können. Diese Informationen können aus einem, aber auch aus verschiedenen Dokumenten stammen. Für Querverwei-

se im ➜ Internet werden so genannte Hyperlinks verwendet. Diese ermöglichen erst das so genannte »surfen«.

- **Hypothese.** Aussage über die vermuteten Zusammenhänge zwischen zwei oder mehr Merkmalen. Eine Hypothese kann bestätigt (verifiziert) oder verworfen (falsifiziert) werden; z.B. durch ein Experiment.
- **Induktive Forschung.** Forschungsansatz, bei dem auf vielfältige Art Daten erhoben werden. Aus den ermittelten Zusammenhängen zwischen den Daten werden neue Theorien gebildet; ➜ deduktive Forschung.
- **Informationsverarbeitung.** Auf dem Zusammenspiel von Wahrnehmung, Gedächtnis, Denken und Handeln basierender Ansatz, der die Aufnahme, Verarbeitung und Speicherung von Umweltreizen beschreibt. Ursprünglich wurde hier die menschliche Informationsverarbeitung als in Analogie zur computerbasierten Datenverarbeitung stehend betrachtet.
- **Intelligenz.** Fähigkeit hoch entwickelter Lebewesen, anhand von Erfahrung zu lernen. Auch definiert als menschliches Vermögen, aufgrund von Einsicht und Denken neue Situationen bewältigen zu können.
- **Interaktion.** Wechselseitige Beeinflussung von Personen oder Gruppen hinsichtlich ihres Verhaltens.
- **Internet.** Weltweites Datennetz. Ermöglicht es jeder Person mit Zugangsmöglichkeit, beliebige Inhalte abzurufen und selbst zu publizieren. Bekanntester Teil des Internets ist das so genannte World Wide Web (www).
- **Kognition.** Bezeichnung für Bewusstseinsprozesse, z.B. Wahrnehmen, Denken, Vorstellen.
- **Konditionieren, klassisches.** Bezeichnung für jenen Aspekt des Lernens, bei dem ein neutraler Reiz durch Koppelung mit einem natürlichen Reflex beim Organismus dieselbe Reaktion auslöst wie der natürliche Reiz.
- **Konditionieren, operantes.** Bezeichnung für jenen Aspekt des Lernens, bei dem die Auftretenswahrscheinlichkeit einer Verhaltensweise dadurch erhöht wird, dass für das Individuum eine subjektiv positiv bewertete Konsequenz (Verstärkung) auf diese Verhaltensweise folgt.
- **Korrelation.** Statistisches Verfahren zur Ermittlung der Größe des Zusammenhanges zwischen zwei oder mehreren Merkmalen.
- **Lernen.** Relativ überdauernde Verhaltensänderungen, die aufgrund von Erfahrungen zustande kommen.
- **Löschung.** Abbau einer durch operantes Konditionieren erlernten Verhaltensweise durch Beendigung der Verstärkung.
- **Metakognition.** Bewusstmachen normalerweise unbewusst ablaufender kognitiver Prozesse.
- **Motiv.** Erlernte oder erworbene Disposition, die das Verhalten einer Person auslöst bzw. steuert. Primäre Motive: z.B. Hunger, Durst. Sekundäre Motive: z.B. Leistungsmotiv, Machtmotiv.
- **Motivation.** Prozess, der zielgerichtetes Verhalten auslöst.

- **Multimedia.** Integration von Text, Bild, Bewegtbild und Ton in einem Medium.
- **Objektivität.** Neben → Reliabilität und → Validität das dritte Gütekriterium der Leistungsbewertung. Wir verstehen hierunter die Unabhängigkeit des Messwertes von der messenden Person. Mehrere Bewerter müssen demgemäß zum gleichen Ergebnis kommen.
- **Operantes Ausgangsniveau.** Auftretenshäufigkeit einer Verhaltensweise vor Durchführung der Verstärkung.
- **Persönlichkeitstheorie, implizite.** Individuelle Annahmen über die Art und Weise der Verknüpfungen von Persönlichkeitsmerkmalen: »Wer intelligent ist, ist auch fleißig.«
- **Phasen, hyperplastische.** Bestimmte Zeitspannen in der kindlichen Entwicklung, in denen eine besondere Günstigkeit für die Ausbildung neuer kognitiver und motorischer Fertigkeiten unterstellt wird.
- **Premack-Prinzip.** Verstärkungsprinzip. Von zwei beobachtbaren Verhaltensweisen wird die Erlaubnis, die häufiger auftretende Verhaltensweise ausführen zu dürfen, zur → Verstärkung der seltener zu beobachtenden Verhaltensweise eingesetzt.
- **Proband.** Teilnehmer an einem psychologischen → Experiment, allgemeiner: Versuchsperson.
- **Randomisierung.** Aufteilung der Versuchspersonen in Experimental- und Kontrollgruppe nach dem Zufallsprinzip.
- **Reflex.** Unwillkürlich ablaufende Reaktion des Organismus auf einen Umweltreiz, z.B. Lidschlag bei äußeren Einwirkungen auf das Auge.
- **Reifung.** Bezeichnung für autonom ablaufende Entwicklungsprozesse im Organismus, z.B. Körperwachstum.
- **Reizgeneralisierung.** Übertragung einer gelernten Reaktion auf einen bestimmten Reiz auf ähnliche Reize.
- **Reliabilität.** Zuverlässigkeit bzw. Genauigkeit, mit der eine Messmethode ein bestimmtes Merkmal misst.
- **Schema, kognitives.** Gedächtniskategorie, in der wahrgenommene Informationen abgespeichert werden. Dient zur Verringerung der abzuspeichernden Informationsmenge. Bei der Abspeicherung wahrgenommener Umweltreize in Schemata findet bereits eine Interpretation und Deutung der Umweltreize statt.
- **Selbstverstärkung.** Das Handlungsergebnis selbst wirkt als Verstärker.
- **Shaping.** Verhaltensformung. Schrittweise Annäherung an ein Zielverhalten durch Verstärkung der Zwischenschritte.
- **Signifikanz.** Überzufälliger Zusammenhang oder Unterschied bei empirisch erhobenen Messwerten.
- **Stimulus.** Reiz, der auf einen Organismus einwirkt. Zentraler Begriff der Reiz-Reaktions-Theorie (Lernen).

- **Stimulus, aversiver.** Ein für den Organismus unangenehmer, u.U. schädigender Reiz.
- **Taxonomie.** Klassifikationsschema zur (hierarchischen) Ordnung von Lernzielen.
- **Trait.** Als überdauernde und stabil angesehene Persönlichkeitseigenschaft.
- **Treatment.** Bezeichnung für die Manipulation der → unabhängigen Variablen in einem → Experiment.
- **Typologie.** Beschreibungssystem zur Kennzeichnung verschiedener Kategorien von Personen.
- **Validität.** Gültigkeit einer Messmethode. Bezeichnet den Grad, mit dem eine Methode das misst, was sie messen soll.
- **Variable.** Bezeichnung für einen (veränderlichen) Faktor bzw. ein (veränderliches) Merkmal.
- **Variable, abhängige.** Diejenige Variable, der unterstellt wird, eine Funktion der → unabhängigen Variablen zu sein. Durch die Manipulation der unabhängigen Variablen wird die Art und Weise der unterstellten Funktion ermittelt.
- **Variable, unabhängige.** Dasjenige Merkmal, dessen Ausprägung vom Forscher im → Experiment verändert wird, siehe auch → Variable, abhängige.
- **Verifizierung.** Nachweis der Richtigkeit einer wissenschaftlichen Aussage. Die Richtigkeit einer Aussage kann jedoch nur in den so genannten Formalwissenschaften Logik und Mathematik überprüft werden. Aus logischen Gründen können sich → Hypothesen der so genannten Realwissenschaften, bspw. Psychologie, niemals als wahr erweisen. Aus diesem Grunde ist von Popper die Methode der Falsifizierung entwickelt worden. Es wird hier sozusagen der umgekehrte Weg gegangen. Es wird überprüft, ob eine Hypothese nachweislich als falsch anzusehen ist. Ist dieses nicht der Fall, wird eine Brauchbarkeit der Hypothese unterstellt.
- **Verstärkung.** Subjektiv als positiv bewertete Konsequenz, die auf ein spontan gezeigtes Verhalten folgt.

Literaturverzeichnis

Allmer, H. (1986): Ein handlungstheoretisches Modell der Lehrer-Schüler-Interaktion. Psychologie in Erziehung und Unterricht, 33, S. 161–170.

Amelang, M./Bartussek, D. (1997): Differentielle Psychologie und Persönlichkeitsforschung. Stuttgart: Kohlhammer.

Anderson, N.H (1974): Cognitive algebra: Integration theory applied to social attribution. In L. Berkowitz (Ed.): Advances in experimental social psychology (Vol. 7, pp. 2–101). New York: Academic Press.

Appel, J.B. (1963): Punishment and shock intensity. Science, S. 141, S. 528–529.

Asch, S. (1946): Forming impressions of personality. Journal of Abnormal and Social Psychology, 41, S. 258–290.

Atkinson, J.W. (1953): The achievement motive and recall of interrupted and completed tasks. Journal of Experimental Psychology, 46, S. 381–390.

Atkinson, J.W. (1957): Motivational determinants of risk-taking behavior. Psychological Review, 64, S. 359–372.

Atkinson, J.W./Litwin, G.H. (1960): Achievement motive and test anxiety conceived as motive to approach success and motive to avoid failure. Journal of Abnormal and Social Psychology, 60, S. 52–63.

Baacke, D./Hugger, K.U./Schweins, W. (1999): Neue Medien im Lehramtsstudium. Unveröffentlichtes Manuskript, Universität Bielefeld.

Bandura, A. (1965): Influence of model's reinforcement contingencies on the acquisition of imitative responses. Journal of Personality and Social Psychology, 1, S. 589–595.

Bandura, A. (1979a): Aggression. Eine sozial-lerntheoretische Analyse. Stuttgart: Klett-Cotta.

Bandura, A. (1979b): Sozial kognitive Lerntheorie. Stuttgart: Klett-Cotta.

Bandura, A./Ross, D./Ross, S.A. (1963): Imitation of film mediated aggressive models. Journal of Abnormal and Social Psychology, 66, S. 3–11.

Bandura, A./Walters, R.H. (1963): Social learning and personality development. New York: Holt/Rinehart/Winston.

Baumann, U./Perrez, M. (Hrsg.) (1998): Lehrbuch Klinische Psychologie – Psychotherapie. Bern: Huber.

Becker-Beck, U. (1997): Soziale Interaktion in Gruppen. Struktur und Prozessanalyse. Opladen: Westdeutscher Verlag.

Bielski, S. (1999): Soziale Informationsverarbeitung und Verhaltensauffälligkeiten bei geistig behinderten Kindern. Heilpädagogische Forschung, 25, S. 35–48.

Bielski, S./Gleser, C.M. (2000): Internet und Studium. Eine empirische Untersuchung zur Nutzung und Beurteilung des Internet durch Studierende geisteswissenschaftlicher Fächer. In G. Krampen/H. Zayer (Hrsg.): Psychologiedidaktik und Evaluation II: Neue Medien und Psychologiedidaktik in der Haupt- und Nebenfachausbildung (S. 29–53). Bonn: Deutscher Psychologen Verlag.

Bielski, S./Rosemann, B. (1999): Veränderungsbereitschaft von Lehrerkollegien. Bildung und Erziehung, 52, S. 85–103.

Bildungskommission NRW (1995): Zukunft der Bildung, Zukunft der Schule. Neuwied: Luchterhand.

Bierhoff, H.W. (1989): Person perception and attribution. Berlin: Springer.

Bierhoff, H.W. (1998): Sozialpsychologie. Ein Lehrbuch. Stuttgart: Kohlhammer.

Blease, D. (1983): Teacher expectations and the self-fulfilling prophecy. Educational-Studies, 9, S. 123–129.

Bloom, B.S. (1956): Taxonomy of educational objectives. Handbook 1: Cognitive domain. New York: McKay.

Bloom, B.S. (1976): Taxonomie von Lernzielen im kognitiven Bereich. Weinheim: Beltz.

Bourne, L.E./Ekstrand, B.R. (1992): Einführung in die Psychologie. Eschborn: Klotz.

Bower, G.H./Hilgard, E.R. (1984): Theorien des Lernens (Bd. 2). Stuttgart: Klett-Cotta.

Brezinka, W. (1978): Metatheorie der Erziehung. München: Reinhardt.

Brezinka, W. (1991): Erziehungsziele der Gegenwart. Problematik und Aufgaben für Familien und Schulen. Donauwörth: Auer.

Brophy, J.E./Good, T.L. (1974): Die Lehrer-Schüler-Interaktion. München: Urban & Schwarzenberg.

Bruner, J.S./Shapiro, D./Tagiuri, R. (1958): The meaning of traits in isolation and in combination. In R. Tagiuri/L. Petrullo (Eds.), Person perception and interpersonal behavior (pp. 277–288). Stanford: Stanford University Press.

Bruner, J. S./Tagiuri, R. (1954): The perception of people. In G. Lindzey (Ed.): Handbook of social psychology (Vol. 2, pp. 634–654). Cambridge, Mass.: Addison-Wesley.

Brunswick, E./Reiter, L. (1938): Eindruckscharaktere schematisierter Gesichter. Zeitschrift für Psychologie, 142, S. 67–134.

Bund-Länder-Kommission für Bildungsplanung und Forschungsförderung (1995): Medienerziehung in der Schule. Materialien zur Bildungsplanung und zur Forschungsförderung (Heft 44). Bonn: Bmbf.

Buser, R. (1970): Ausdruckspsychologie. München: Reinhardt.

Cantor, N./Mischel, W. (1977): Traits as prototypes: Effects on recognition memory. Journal of Personality and Social Psychology, 35, S. 38–48.

Cantor, N./Mischel, W. (1979): Prototypicality and personality: Effects on free recall and personality impressions. Journal of Research in Personality, 13, S. 187–205.

Chappell, M./Humphreys, M.S. (1994): An auto-associative neural network for sparse representations: Analysis and application to models of recognition and cued recall. Psychological Review, S. 101, S. 103–128.

Cherry, E.C. (1953): Some experiments on the recognition of speech, with one and two ears. Journal of the Acoustical Society of America, 24, S. 225–235.

Clarke, R.A./Murphy, D.L./Constantino, J.N. (1999): Serotonin and externalizing behavior in young children. Psychiatry Research, 86, S. 29–40.

Cline, M.G. (1956): The influence of social context on the perception of faces. Journal of Personality, 25, S. 142–158.

Cohen, G. (1989): Memory in the real world. Hove: Erlbaum.

Coie, J.D./Dodge, K.A./Coppotelli, H. (1982): Dimensions and types of social status: A cross-age perspective. Developmental Psychology, 18, S. 557–570.

Cronbach, L.J. (1955): Processes affecting scores on »understanding of others« and »assumed similarity«. Psychological Bulletin, 52, S. 177–193.

Davison, G.C./Neale, J.M. (1998): Klinische Psychologie. Weinheim: PVU.

Deutscher Bundestag. (1998): Schlußbericht der Enquete Kommission Zukunft der Medien in Wirtschaft und Gesellschaft. Deutschlands Weg in die Informationsgesellschaft. Drucksache 13/11004. Bonn.

Diekmann, A. (1997): Empirische Sozialforschung. Grundlagen, Methoden, Anwendungen. Reinbek: Rowohlt.

Dilling, H./Mombour, W./Schmidt, M.H. (Hrsg.) (1993): Internationale Klassifikation psychischer Störungen: ICD-10. Bern: Huber.

Dobrick, M./Hofer, M. (1991): Aktion und Reaktion. Die Beachtung des Schülers im Handeln des Lehrers. Göttingen: Hogrefe.

Dodge, K.A. (1986): A social information processing model of social competence in children. In M. Perlmutter (Ed.): Cognitive perspectives on children's social and behavioral development (Minnesota symposium on child psychology, Vol. 18, pp. 77–125). Hillsdale, N.J.: Erlbaum.

Dodge, K.A./Price, J.M./Bachorowski, J.A./Newman, J.P. (1990): Hostile attributional biases in severely aggressive adolescents. Journal of Abnormal Psychology, 99, S. 385–392.

Döpfner, M. (1994): Hyperkinetische Störungen. In F. Petermann (Hrsg.): Lehrbuch der klinischen Kinderpsychologie. Modelle psychischer Störungen im Kindes- und Jugendalter (S. 165–218). Göttingen: Hogrefe.

Döring, N. (1999): Sozialpsychologie des Internet. Die Bedeutung des Internet für Kommunikationsprozesse, Identitäten, soziale Beziehungen und Gruppen. Göttingen: Hogrefe.

Dreher, E./Dreher, M. (1985): Entwicklungsaufgaben im Jugendalter: Bedeutsamkeit und Bewältigungskonzepte. In D. Liepmann/A. Stiksrud (Hrsg.):

Entwicklungsaufgaben und Bewältigungsprobleme in der Adoleszenz (S. 56–70). Göttingen: Hogrefe.

Edelmann, W. (1994): Lernpsychologie. Eine Einführung. Weinheim: PVU.

Eells, W.C. (1930): Reliability of repeated grading of essay type examinations. Journal of Educational Psychology, 21, S. 48–52.

Eichhorn, W. (1993): Das Experiment. In T. Knieper (Hrsg.): Statistik. Eine Einführung für Kommunikationsberufe (S. 163–182). München: Ölschläger.

Eisert, H.G./Barkey, P. (1979): Verhaltensmodifikation im Unterricht – Interventionsstrategien in der Schule. Bern: Huber.

Erikson, E.H. (1977): Identität und Lebenszyklus. Frankfurt a.m.: Suhrkamp.

Eye, A. von/Dixon, R.A. (1984): Zur Entwicklung semantischer Dimensionen. Theoretische Annahmen und empirische Befunde am Beispiel der Theorie der dualen Kodierung. In A. von Eye/W. Marx (Hrsg.): Semantische Dimensionen. Verhaltenstheoretische Konzepte einer psychologischen Semantik (S. 161–185). Göttingen: Hogrefe.

Fasching, T./Podehl, B. (1997): Internet. In J. Hüthner, B. Schorb/C. Brehm-Klotz (Hrsg.): Grundbegriffe Medienpädagogik (S. 151–162). München: KoPäd.

Fernuniversität Hagen (1999): Das Studium an der Fernuniversität Hagen [Broschüre]. Hagen.

Fisseni, H.J. (1998): Persönlichkeitspsychologie. Ein Theorienüberblick. Göttingen: Hogrefe.

Flammer, A. (1996): Entwicklungstheorien. Psychologische Theorien menschlicher Entwicklung. Bern: Huber.

Fosterling, F. (1985): Attributional retraining: A review. Psychological Bulletin, 48, S. 495–512.

Fraser, B.J./Walberg, H.J./Welch, W.W./Hattie, J.A. (1987): Syntheses of educational productivity research. International Journal of Educational Research, 11, S. 145–252.

Freud, S. (1915/1982): Triebe und Triebschicksale. In A. Mischerlich (Hrsg.): Studienausgabe, Band 3: Psychologie des Unbewußten (S. 76–102). Frankfurt a.M.: Fischer.

Gage, N.L./Berliner, D.C. (1996): Pädagogische Psychologie. Weinheim: PVU.

Gage, N.L./Leavitt, G.S./Stone, G.C. (1955): Teacher understandings of their pupils and pupils' ratings of their teachers. Psychological Monographs, 69, S. 1–37.

Gesell, A. (1958): Jugend. Die Jahre von zehn bis sechzehn. Bad Nauheim: Christian.

Gesell, A. (1971): Säugling und Kleinkind in der Kultur der Gegenwart: Die Förderung der Entwicklung in Elternhaus und Kindergarten. Bad Nauheim: Christian.

Gleser, C.M./Bielski, S. (2000): Internetkompetenz bei Studierenden der Pädagogik. Eine empirische Untersuchung. Unveröffentlichtes Manuskript, Ruhr Universität Bochum.

Goldman, W./Lewis, P. (1977): Beautiful is good: Evidence that the physically attractive are more socially skillful. Journal of Experimental Social Psychology, 13, S. 125–130.

Gosling, S.D./John, O.P./Craik, K.-H./Robins, R.W. (1998): Do people know how they behave? Self-reported act frequencies compared with on-line codings by observers. Journal of Personality and Social Psychology, 74, S. 1337–1349.

Güntürkün, O. (1996): Lernprozesse bei Tieren. In H. Hoffmann/W. Kintsch (Hrsg.): Enzyklopädie der Psychologie: Themenbereich C Theorie und Forschung, Serie II Kognition, Band 7 Lernen (S. 85–130). Göttingen: Hogrefe.

Guski, R. (1989): Wahrnehmung. Stuttgart: Kohlhammer.

Haak, J. (1997): Interaktivität als Kennzeichen von Multimedia. In L.J. Issing/P. Klimsa (Hrsg.): Information und Lernen mit Multimedia (S. 151–166). Weinheim: PVU.

Hadley, S.T. (1954): A school mark – fact or fancy? Educational Administration and Supervision, 40, S. 305–312.

Halisch, F./Butzkamm, J./Posse, N. (1977): Selbstbekraeftigung. II. Individuelle Unterschiede und Anwendungen in Schule und Therapie. Zeitschrift für Entwicklungspsychologie und Pädagogische Psychologie, 9, S. 127–149.

Hautzinger, M. (Hrsg.) (1998): Kognitive Verhaltenstherapie bei psychischen Störungen. Weinheim: PVU.

Havighurst, R.J. (1948): Developmental tasks and education. Chicago: University of Chicago Press.

Havighurst, R.J. (1956): Research on the developmental task concept. School Review, 64, S. 215–223.

Hawkins, J.D./Catalano, R.F./Miller, J.Y. (1992): Risk and protective factors for alcohol and other drug problems in adolescence and early adulthood: Implications for substance abuse prevention. Psychological Bulletin, 112, S. 64–105.

Heckhausen, H. (1963): Hoffnung und Furcht in der Leistungsmotivation. Meisenheim: Hain.

Heckhausen, H. (1980): Förderung der Lernmotivation und der intellektuellen Tüchtigkeiten. In H. Roth (Hrsg.): Begabung und Lernen (S. 193–228). Stuttgart: Klett.

Heckhausen, H. (1989): Motivation und Handeln. Berlin: Springer.

Heiby, E.M./Ozaki, M./Campos, P.E. (1984): The effects of training in self-reinforcement and reward: Implications for depression. Behavior Therapy, 15, S. 544–549.

Heider, F. (1958): The psychology of interpersonal relationships. New York: Wiley.

Heinrich, H.C./Langosch, I. (1974): Statistik. Ein Kursus für Pädagogen. Braunschweig: Westermann.

Heiss, R. (1949): Die Lehre vom Charakter. Berlin: de Gruyter.

Held, L./Reisenzein, R./Gattinger, E./Thurner, E. (1983): Prüfungsangst bei Studenten. Therapeutenmanual für eine kognitive Verhaltensmodifikation. Wien: Literas.

Heller, K. (1984): Leistungsdiagnostik in der Schule. Bern: Huber.

Heller, K./Rosemann, B. (1981): Planung und Auswertung empirischer Untersuchungen. Stuttgart: Klett.

Heller, K./Rosemann, B./Steffens, K.-H. (1978): Prognose des Schulerfolgs. Weinheim: Beltz.

Helmke, A./Weinert, F.E (1997): Bedingungsfaktoren schulischer Leistungen. In F.E. Weinert (Hrsg.): Enzyklopädie der Psychologie: Themenbereich D Praxisgebiete, Serie I Pädagogische Psychologie, Band 3 Psychologie des Unterrichts und der Schule (S. 71–176). Göttingen: Hogrefe.

Herlyn, I. (1994): Gruppen in schulischen Lehr- und Lernprozessen. In B. Schäfers (Hrsg.): Einführung in die Gruppensoziologie (S. 227–247). Heidelberg: Quelle & Meyer.

Hofer, M. (Hrsg.) (1981): Informationsverarbeitung und Entscheidungsverhalten von Lehrern. München: Urban & Schwarzenberg.

Hofer, M. (1986): Sozialpsychologie erzieherischen Handelns. Göttingen: Hogrefe.

Hofer, M. (1997): Lehrer-Schüler-Interaktion. In F.E. Weinert (Hrsg.): Enzyklopädie der Psychologie: Themenbereich D Praxisgebiete, Serie I Pädagogische Psychologie, Band 3 Psychologie des Unterrichts und der Schule (S. 215–252). Göttingen: Hogrefe.

Hofstätter, P.R. (1957): Gruppendynamik. Hamburg: Rowohlt.

Höhn, E. (1980): Der schlechte Schüler. Sozialpsychologische Untersuchungen über das Bild des Schulversagers. München: Piper.

Horn, R. (1984): Zum Problem der Lernzieldefinition. In K. Heller (Hrsg.): Leistungsdiagnostik in der Schule. Bern: Huber.

Hoyos, C./Frey, D. (1999): Arbeits- und Organisationspsychologie. Ein Lehrbuch. Weinheim: PVU.

Huber, O. (1995): Das psychologische Experiment: Eine Einführung. Bern: Huber.

Hüther, J. (1997a): Erwachsenenbildung und Medienpädagogik. In J. Hüthner/B. Schorb/C. Brehm-Klotz (Hrsg.): Grundbegriffe Medienpädagogik (S. 82–87). München: KoPäd.

Hüther, J. (1997b): Multimedia. In J. Hüthner/B. Schorb/C. Brehm-Klotz (Hrsg.): Grundbegriffe Medienpädagogik (S. 279–287). München: KoPäd.

Ingenkamp, K. (1976): Die Fragwürdigkeit der Zensurengebung: Texte und Untersuchungsberichte. Weinheim: Beltz.

Ingenkamp, K. (1989): Die Fragwürdigkeit der Zensurengebung: Texte und Untersuchungsberichte. Weinheim: Beltz.

Ingenkamp, K. (1997): Lehrbuch der Pädagogischen Diagnostik. Weinheim: Beltz.

Issing, L.J./Klimsa, P. (Hrsg.) (1997): Information und Lernen mit Multimedia. Weinheim: PVU.

Jensen, A.R. (1969): How much can we boost IQ and scholastic achievement? Harvard Educational Review, 39, S. 1–123.

Johnston, J.M. (1972): Punishment of human behavior. American Psychologist, 27, S. 1033–1054.

Jones, A.E. (1990): Interpersonal perception. New York: Freeman & Co.

Kahlert, J./Hedtke, R./Schwier, V. (1998): Internet und Unterrichtsvorbereitung. Elektronische Planungshilfen im Urteil von Lehrerinnen und Lehrern. Die Deutsche Schule, 90, S. 284–299.

Kane, G./Gantzer, S. (1977): Beliebte Aufgaben als Verstärker in einer Sonderklasse. Eine Untersuchung zum Premack-Prinzip. Zeitschrift für Entwicklungspsychologie und Pädagogische Psychologie, 9, S. 79–89.

Kanfer, F. (1987): Selbstregulation und Verhalten. In H. Heckhausen, P.M. Gollwitzer/F.E. Weinert (Hrsg.): Jenseits des Rubikon: Der Wille in den Humanwissenschaften (S. 286–299). Berlin: Springer.

Kelley, H.H. (1967): Attribution theory in social interaction. In D. Levine (Ed.): Nebraska Symposium on Motivation (pp. 192–238). Lincoln: University of Nebraska Press.

Kenny, D.A. (1994): Interpersonal perception. New York: Guilford.

Kenrick, D.T./Gutierres, S.E. (1980): Contrast effects and judgements of physical attractiveness: When beauty becomes a social problem. Personality and Social Psychology Bulletin, 38, S. 131–140.

Kernis, M.H./Wheeler, L. (1981): Beautiful friends and ugly strangers: Radiation and contrast effects in perceptions of same-sex pairs. Personality and Social Psychology, 7, S. 617–620.

Kerres, M. (1998): Multimediale und telemediale Lernumgebungen. Konzeption und Entwicklungen. München: Oldenbourgh.

Kerres, M. (2000): Internet und Schule. Eine Übersicht zu Theorie und Praxis des Internet in der Schule. Zeitschrift für Pädagogik, 46, S. 113–130.

Klages, L. (1964): Die Handschrift des Menschen. München: dtv.

Klauer, K.J. (1998): Anlage und Umwelt. In D.H. Rost (Hrsg.): Handwörterbuch Pädagogische Psychologie (S. 1–5). Weinheim: PVU.

Klausmeier, H.J./Ripple, R.E. (1975): Moderne Unterrichtspsychologie. Band 4: Forschungsmethoden und Meßverfahren. München: Reinhardt.

Kleber, E.W. (1992): Diagnostik in pädagogischen Handlungsfeldern. Weinheim: Juventa.

Klink, A./Hamberger, J./Hewstone, M./Avci, A. (1998): Kontakte zwischen sozialen Gruppen als Mittel zur Reduktion von Aggression und Gewalt: Sozialpsychologische Theorien und ihre Anwendung in der Schule. In H.W. Bierhoff/U. Wagner (Hrsg.): Aggression und Gewalt. Phänomene, Ursachen und Interventionen (S. 280–306). Stuttgart: Kohlhammer.

Knoll, J.H. (Hrsg.) (1999): Studienbuch Grundlagen der Weiterbildung. Neuwied: Luchterhand.

Koffka, K. (1935): Principles of gestalt psychology. New York: Harcourt.

Kohlberg, L. (1995): Die Psychologie der Moralentwicklung. Frankfurt a.M.: Suhrkamp.

Köhler, W. (1929): Gestalt psychology. New York: Liveright.

Köhler, W. (1963): Intelligenzprüfungen an Menschenaffen. Berlin: Springer.

Kornblith, S.J./Rehm, L.P./O'Hara, M.W./Lamparski, D.M. (1983): The contribution of self-reinforcement training and behavioral assignments to the efficacy of self-control therapy for depression. Cognitive Therapy and Research, 7, S. 499–528.

Kossak, H.C. (1990): Verhaltenstherapeutische Selbstkontrollmethoden unter Hypnose. Verhaltenstherapie und psychosoziale Praxis, 22, S. 199–224.

Krapp, A. (1976): Bedingungsfaktoren der Schulleistung. Psychologie in Erziehung und Unterricht, 23, S. 91–109.

Krapp, A. (1984): Forschungsergebnisse zur Bedingungsstruktur der Schulleistung. In K.A. Heller (Hrsg.): Leistungsdiagnostik in der Schule (S. 46–62). Bern: Huber.

Kretschmer, E. (1921): Körperbau und Charakter. Heidelberg: Springer.

Krüger, U.M. (1996): Gewalt in von Kindern genutzten Fernsehsendungen. Quantitative und qualitative Unterschiede im öffentlich-rechtlichen und privaten Programmangebot. Media Perspektiven, 3, S. 114–133.

Kübler, H.D. (1999): Medienkompetenz – Dimensionen eines Schlagwortes. In F. Schell/E. Stolzenburg/H. Theunert (Hrsg.): Medienkompetenz. Grundlagen und pädagogisches Handeln (S. 25–47). München: KoPäd.

Kühnel, E. (1954): Über den Eindruckswert schematisierter Gesichter. Unveröffentlichte Dissertation, Universität Wien.

Langfeldt, H.-P./Fingerhut, W. (1984): Empirische Ansätze zur Aufklärung des Konstruktes »Schulleistung«. In K. Heller (Hrsg.): Leistungsdiagnostik in der Schule (S. 40–45). Bern: Huber.

Langfeldt, H.-P./Imhof, M. (1999): Schulleistungsdiagnostik. In C. Perleth/A. Ziegler (Hrsg.): Pädagogische Psychologie: Grundlagen und Anwendungsfelder (S. 280–289). Bern: Huber.

Lauth, G.W./Schlottke, P.F. (1993): Training mit aufmerksamkeitsgestörten Kindern. Weinheim: PVU.

Lefrancois, G.R. (1994): Psychologie des Lernens. Berlin: Springer.

Lenk, H. (1997): Schemainterpretationen als Hirnkonstrukte? Therapiewoche Neurologie Psychiatrie, 11, S. 569–573.

Lersch, P. (1932): Gesicht und Seele. München: Reinhardt.

Lewin, K. (1936): Principles of topologic psychology. New York: McGraw-Hill.

Lewin, M. (1986): Psychologische Forschung im Umriß. Berlin: Springer.

Lewin, K./Lippitt, R./White, R.K. (1939): Patterns of aggressive behavior in experimental created »social climates«. Journal of Social Psychology, 10, S. 271–299.

Liebeck, H. (1991): Neue Elemente in der Verhaltenstherapie einer Hundephobie bei einem Jugendlichen mit Down-Syndrom. Eine methodenkritische Studie. Praxis der Kinderpsychologie und Kinderpsychiatrie, 40, S. 289–292.

Lindgren, H.C. (1973): Einführung in die Sozialpsychologie. Weinheim: Beltz.

Loeber, R. (1990): Development and risk factors of juvenile antisocial behavior and delinquency. Clinical Psychology Review, 10, S. 1–41.

Lück, H.E. (1991): Geschichte der Psychologie. Stuttgart: Kohlhammer.

Lückert, H.R./Lückert, I. (1994): Einführung in die kognitive Verhaltenstherapie: allgemeine Grundlagen; die Modelle von Beck, Ellis, Lazarus, Lückert, Mahoney und Meichenbaum. München: Reinhardt.

Lüthi, R. (1991): Bedeutsame Ereignisse als Entwicklungsaufgaben und Entwicklungsanlässe. Schweizerische Zeitschrift für Psychologie, 50, S. 5–8.

Magnusson, D. (1976): The person and the situation in an interactional model of behavior. Scandinavian Journal of Psychology, 17, S. 253–271.

Mertens, D. (1974): Schlüsselqualifikationen. Thesen zur Schulung für eine moderne Gesellschaft. Mitteilungen aus der Arbeitsmarkt- und Berufsforschung, 18, S. 36–43.

Merton, R.K. (1995): Soziologische Theorie und soziale Struktur. Berlin: de Gruyter.

Mietzel, G. (1993): Psychologie in Erziehung und Unterricht. Göttingen: Hogrefe.

Mietzel, G. (1998): Pädagogische Psychologie des Lernens und Lehrens. Göttingen: Hogrefe.

Minde, K. (1992): Aggression in preschoolers: Its relation to socialization. Journal of the American Academy of Child and Adolescent Psychiatry, 31, S. 853–862.

Mintzer, M.Z./Snodgrass, J.G. (1999): The picture superiority effect: Support for the distinctiveness model. American Journal of Psychology, 112, S. 113–146.

Montada, L. (1987): Themen, Traditionen, Trends. In R. Oerter/L. Montada (Hrsg.): Entwicklungspsychologie (S. 1–86). Weinheim: PVU.

Montada, L. (1995): Fragen, Konzepte, Perspektiven. In R. Oerter/L. Montada (Hrsg.): Entwicklungspsychologie (S. 1–83). Weinheim: PVU.

Munn, N.I. (1940): The effect of knowledge of the situation upon judgment of emotions from facial expressions. Journal of Abnormal and Social Psychology, 35, S. 324–338

Neel, A.F. (1974): Handbuch der psychologischen Theorien. München: Kindler.

Neidhardt, F. (1994): Innere Prozesse und Außenweltbedingungen sozialer

Gruppen. In B. Schäfers (Hrsg.): Einführung in die Gruppensoziologie (S. 135–156). Opladen: Quelle & Meyer.

Neubauer, W.F. (1991): Interpersonales Vertrauen und Erziehung. Ein fast vergessenes Forschungsparadigma. Psychologie in Erziehung und Unterricht, 38, S. 213–224.

Neubauer, W.F. (1992a): Analyse interpersonaler Konflikte. In W.F. Neubauer/ H. Gampe/R. Knapp (Hrsg.): Möglichkeiten und Grenzen kooperativer Entscheidungsfindung (S. 5–29). Neuwied: Luchterhand.

Neubauer, W.F. (1992b): Ein Prozeßmodell der kooperativen Entscheidungsfindung. In W.F. Neubauer/H. Gampe/R. Knapp (Hrsg.): Möglichkeiten und Grenzen kooperativer Entscheidungsfindung (S. 36–85). Neuwied: Luchterhand.

Neubauer, W.F. (1994): Interventionsstrategien bei Konflikten im schulischen Bereich. Psychologie in Erziehung und Unterricht, 41, S. 59–65.

Nickel, H. (1976): Die Lehrer-Schüler-Beziehung aus der Sicht neuerer Forschungsergebnisse. Psychologie in Erziehung und Unterricht, 23, S. 153–176.

Nickel, H. (1979): Entwicklungspsychologie des Kindes- und Jugendalters (Bd. 1). Bern: Huber.

Oerter, R./Montada, L. (Hrsg.) (1998): Entwicklungspsychologie. Weinheim: PVU.

Paivio, A. (1971): Imagery and verbal processes. New York: Holt/Rinehart/Winston.

Paivio, A. (1986): Mental representations: A dual coding approach. New York: Oxford Univ. Press.

Parke, R.D./Deur, J.L. (1972): Schedule of punishment and inhibition of aggression in children. Developmental Psychology, 7, S. 266–269.

Pawlow, I.P. (1960): Conditioned reflex. New York: Dover Publications.

Perleth, C./Siewald, W. (1992): Entwicklungs- und Leistungsanalysen zur Hochbegabung. In K.A. Heller (Hrsg.): Hochbegabung im Kindes- und Jugendalter (S. 166–350). Göttingen: Hogrefe.

Pertersen, J. (1994): Computer-Based-Training und Interaktives Video. Chancen und Risiken eines neuen Lernmediums. In J. Petersen/G.B. Reinert (Hrsg.): Lehren und Lernen im Umfeld neuer Technologien (S. 184–206). Frankfurt: Peter Lang.

Petermann, F. (1992): Psychologie des Vertrauens. München: Quintessenz.

Petermann, F./Petermann, U. (1997): Training mit aggressiven Kindern. Weinheim: PVU.

Petermann, F./Warschburger, P. (1995): Aggression. In F. Petermann (Hrsg.): Lehrbuch der klinischen Kinderpsychologie. Modelle psychischer Störungen im Kindes- und Jugendalter (S. 127–164). Göttingen: Hogrefe.

Petermann, U./Petermann, F. (1994): Training mit sozial unsicheren Kindern. Weinheim: PVU.

Piaget, J./Inhelder, B. (1977): Die Psychologie des Kindes. Frankfurt a.M.: Fischer.

Piderit, T. (1867): Wissenschaftliches System der Mimik und Physiognomik. Detmold: Klingenbergsche Buchhandlung.

Prochaska, M. (1998): Leistungsmotivation. Methoden, soziale Erwünschtheit und das Konstrukt. Frankfurt a.M.: Peter Lang.

Prose, F. (1987): Gruppeneinfluß auf Wahrnehmungsurteile: Die Experimente von Sherif und Asch. In D. Frey/S. Greif (Hrsg.): Sozialpsychologie. Ein Handbuch in Schlüsselbegriffen (S. 453–458). Weinheim: PVU.

Rauh, H. (1998): Frühe Kindheit. In R. Oerter/L. Montada (Hrsg.): Entwicklungspsychologie. Ein Lehrbuch (S. 167–248). Weinheim: PVU.

Reddy, P. (1995): Aufmerksamkeit und das Lernen von Fertigkeiten. In P. Banyard/A. Cassells/P. Green/J. Hartland/N. Hayes/P. Reddy (Hrsg.): Einführung in die Kognitionspsychologie (S. 91–119). München: Reinhardt.

Reinmann-Rothmeier, G./Mandl, H. (1998): Lernen mit Multimedia in der Schule. In H. Kubicek/H.J. Braczyk/D. Klumpp/G. Müller/W. Neu/E. Raubold/A. Rossnagel (Hrsg.): Lernort Multimedia (S. 109–119). Heidelberg: v. Decker.

Remplein, H. (1965): Die seelische Entwicklung des Menschen im Kindes- und Jugendalter. Basel: Reinhardt.

Rheinberg, F. (1998): Motivationstraining und Motivierung. In D.H. Rost (Hrsg.): Handwörterbuch Pädagogische Psychologie (S. 357–360). Weinheim: PVU.

Richter, L./Kruglanski, A.W. (1997): The accuracy of social perception and cognition: Situationally contingent and process based. Schweizerische Zeitschrift für Psychologie, 56, S. 62–81.

Roeder, P.M./Treumann, K. (1974): Dimensionen der Schulleistung (2 Bde.). Stuttgart: Klett.

Roethlisberger, F.J./Dickson, W.J. (1964): Management and the worker. Cambridge, Mass.: Cambridge University Press.

Rohracher, H. (1963): Kleine Charakterkunde. Wien: Urban & Schwarzenberg.

Rosemann, B. (1978a): Bedingungsvariablen der Lehrer-Schüler-Beziehung. Psychologie in Erziehung und Unterricht, 25, S. 39–49.

Rosemann, B. (1978b): Prognose zukünftigen Verhaltens. In K.J. Klauer (Hrsg.): Handbuch der Pädagogischen Diagnostik (Bd. 1, S. 177–186). Düsseldorf: Schwann.

Rosemann, B. (1978c): Prognosemodelle in der Schullaufbahnberatung. München: Reinhardt.

Rosemann, B. (1982): Differentielle Prognostizierbarkeit von Schulleistung. Opladen: Westdeutscher Verlag.

Rosemann, B. (1984): Konstruktion und Auswertung informeller Schulleistungstests. In K. Heller (Hrsg.): Leistungsdiagnostik in der Schule (S. 162–204). Bern: Huber.

Rosemann, B. (1999): Statistische Grundbegriffe und Forschungsmethoden. In C. Perleth/A. Ziegler (Hrsg.): Pädagogische Psychologie: Grundlagen und Anwendungsfelder (S. 269–279). Bern: Huber.

Rosemann, B./Kerres, M. (1986): Interpersonales Wahrnehmen und Verstehen. Bern: Huber.

Rosenstiel, L. von (1992): Grundlagen der Organisationspsychologie. Stuttgart: Schäffer-Poeschel.

Rosenthal, R./Jacobson, L. (1968): Pygmalion in the classroom. New York: Holt/Rinehart/Winston.

Ross, L. (1977): The intuitive psychologist and his shortcomings. In L. Berkowitz (Ed.): Advances in experimental socialpsychology (Vol. 10, pp. 173–220). New York: Academic Press.

Rowe, D.C./Almeida, D.M./Jacobson, K.C. (1999): School context and genetic influences on aggression in adolescence. Psychological Science, 10, S. 277–280.

Saß, H./Wittchen, H.U./Zaudig, M. (Hrsg.) (1996): Diagnostisches und statistisches Manual psychischer Störungen: DSM-IV. Göttingen: Hogrefe.

Schachter, S. (1970): The psychology of affiliation. Stanford: Stanford University Press.

Schäfers, B. (1994): Entwicklung der Gruppensoziologie und Eigenständigkeit der Gruppe als Sozialgebilde. In B. Schäfer (Hrsg.): Einführung in die Gruppensoziologie (S. 19–36). Heidelberg: Quelle & Meyer.

Schattner, J. (1997): Leistungsbeurteilung und Leistungsrückmeldung [22 Seiten]. Http//:www.gs-rohrerhof.ko.rp.schule.de.

Schlag, B. (1995): Lern- und Leistungsmotivation. Opladen: Leske und Budrich.

Schneider, H.D. (1975): Kleingruppenforschung. Stuttgart: Teubner.

Schneider, K./Schmalt, H.D. (1994): Motivation. Stuttgart: Kohlhammer.

Schneider, W. (1998): Die Zukunft der Pädagogischen Psychologie. Psychologische Rundschau, 49, S. 91–92.

Schneider, W./Büttner, G. (1998): Entwicklung des Gedächtnisses. In R. Oerter/ L. Montada (Hrsg.): Entwicklungspsychologie. Ein Lehrbuch (S. 654–704). Weinheim: PVU.

Schnotz, W. (1997): Wissenserwerb mit Diagrammen und Texten. In L.J. Issing/ P. Klimsa (Hrsg.): Information und Lernen mit Multimedia (S. 85–105). Weinheim: PVU.

Schönpflug, W./Schönpflug, U. (1995): Psychologie. Weinheim: PVU.

Schümann, M./Wieczerkowski, W. (1984): Methodologische Probleme bei der Beurteilung von Schüleraufsätzen. In K. Heller (Hrsg.): Leistungsdiagnostik in der Schule (S. 245–259). Bern: Huber.

Schwaller, C. (1992): Entwicklungsaufgaben in der Wahrnehmung Jugendlicher. Eine empirische Untersuchung im Freiburgischen Sensebezirk. Unveröffentlichte Dissertation, Universität Bern.

Schweer, M. (1996): Vertrauen in der pädagogischen Beziehung. Bern: Huber.

Schweer, M. (1997): Eine differentielle Theorie interpersonalen Vertrauens. Psychologie in Erziehung und Unterricht, 44, S. 2–12.

Secord, P.F./Muthard, J.E. (1955): Personalities in faces: A descriptive analysis of the perception of women's faces. Journal of Social Psychology, 39, S. 269–278.

Selg, H./Bauer, W. (1971): Forschungsmethoden der Psychologie. Stuttgart: Kohlhammer.

Seligman, M.E.P. (1995): Erlernte Hilflosigkeit. Weinheim: PVU.

Sherif, M. (1966): The psychology of social norms. New York: Harper and Row.

Skinner, B.F. (1954): The science of learning and teaching. Harvard educational review, 24, S. 86–97.

Skinner, B.F. (1958): Teaching Machines. From the experimental study of learning come devices which arrange optimal conditions for self-instructions. Science, 128, S. 969–977.

Skinner, B.F. (1966): The phylogeny and ontogeny of behavior. Science, 153, S. 1205–1213.

Skinner, B.F. (1973): Wissenschaft und menschliches Verhalten. München: Kindler.

Sobez, I. (1984): Der Umgang mit (nicht psychotischen) Depressiven. Werkstattschriften des Instituts für industrielle Arbeitstherapie und Rehabilitation, 10, S. 13–15.

Spada, H. (1990): Lehrbuch Allgemeine Psychologie. Bern: Huber.

Spranger, E. (1955): Pädagogische Perspektiven. Beiträge zu Erziehungsfragen der Gegenwart. Heidelberg: Quelle & Meyer.

Stapf, K./Herrmann, T./Stapf, A./Stäcker, K. (1972): Psychologie des elterlichen Erziehungsstils. Bern: Huber.

Starck, D./Elliot, E.C. (1913): Reliability of grading high school work in mathematics, 21, S. 254–259.

Stephan, E./Schmidt, W. (1978): Messen und Beurteilen von Schülerleistungen. München: Urban & Schwarzenberg.

Storch, C. (1978): Urteils- und Erwartungsbildung bei Erstklaßlehrern. Unveröffentlichte Diplomarbeit, Ruprecht-Karls-Universität Heidelberg.

Straka, G.A. (1974): Forschungsstrategien zur Evaluation von Schulversuchen. Weinheim: Beltz.

Süllwold, F. (1983): Pädagische Diagnostik. In K.-J. Groffmann/L. Michel (Hrsg.): Enzyklopädie der Psychologie: Themenbereich B Methodologie und Methoden, Serie II Psychologische Diagnostik, Band 2 Intelligenz- und Leistungsdiagnostik (S. 307–386). Göttingen: Hogrefe.

Tausch, R./Tausch, A.-M. (1965, 1973): Erziehungspsychologie. Göttingen: Hogrefe.

Tergan, S.O. (1997): Hypertext und Hypermedia: Konzeptionen, Lernmöglichkeiten, Lernprobleme. In L.J. Issing/P. Klimsa (Hrsg.): Information und Lernen mit Multimedia (S. 123–137). Weinheim: PVU.

Thelen, H.A. (1967): Classroom grouping for teachability. New York: Wiley.

Thorndike, E.L. (1932): Reward and punishment in animal learning. Comparative Psychology Monographs, 8, S. 65.

Trautner, H.M. (1978): Lehrbuch der Entwicklungspsychologie (Bd. 1). Göttingen: Hogrefe.

Trautner, H.M. (1995): Allgemeine Entwicklungspsychologie. Stuttgart: Kohlhammer.

Tucker, D.H./Rowe, P.M. (1979): Relationship between expectancy, causal attributions, and final hiring decisions in the employement interview. Journal of Applied Psychology, 64, S. 27–34.

Tulodziecki, G. (1997): Medien in Erziehung und Bildung: Grundlagen und Beispiele einer handlungs- und entwicklungsorientierten Medienpädagogik. Heilbrunn: Klinkhardt.

Tulodziecki, G. (1998): Entwicklung von Medienkompetenz als Erziehungs- und Bildungsaufgabe. Pädagogische Rundschau, 52, S. 639–709.

Ulich, D. (1974): Gruppendynamik in der Schulklasse. München: Ehrenwirth.

Ulich, D. (1993): Einführung in die Psychologie. Stuttgart: Kohlhammer.

Ulshöfer, R. (1948/49): Wie beurteilen Sie diesen Reifeprüfungsaufsatz? Der Deutschunterricht, 1, S. 84–102.

Volk, H. (1991): Lebenslanges Lernen – der Schlüssel zu Berufserfolg und Arbeitsfreude. Personal, 43, S. 209–211.

Wagner, A.C./Maier, S./Uttendorfer-Marek, I./Weidle, R. (1981): Unterrichtspsychogramme. Was in den Köpfen von Lehrern und Schülern vorgeht. Reinbek: Rowohlt.

Wahl, D. (1979): Methodische Probleme bei der Erfassung handlungsleitender und handlungsrechtfertigender subjektiver psychologischer Theorien von Lehrern. Zeitschrift für Entwicklungspsychologie und Pädagogische Psychologie, 11, S. 208–217.

Wahl, D./Schlee, J./Krauth, J./Mureck, J. (1983): Naive Verhaltenstheorie von Lehrern. Oldenburg: Universität Oldenburg, Zentrum für pädagogische Berufspraxis.

Wakenhut, R. (1978): Über die Einbeziehung von Situationen in psychologische Messungen. Ein Beitrag zur interaktionistischen Persönlichkeitsforschung. Frankfurt a.M.: Lang.

Walsh, A. (1992): Genetic and environmental explanations of juvenile violence in advantage and disadvantaged environments. Aggressive Behavior, 18, S. 187–192.

Walter, H.J./Petermann, F./Podziemski, A. (1997): Schulverweigerung als Ausdruck einer Sozialen Phobie. Kindheit und Entwicklung, 6, S. 247–254.

Watson, J.B. (1913): Psychology as the behaviorist views it. Psychological Review, 20, S. 157–158.

Watzka, K./Eichhorn, W. (1993): Erhebungsverfahren. In T. Knieper (Hrsg.): Statistik. Eine Einführung für Kommunikationsberufe (S. 103–163). München: Ölschläger.

Weidenmann, B. (1994): Psychologie des Lernens mit Medien. In B. Weidenmann/A. Krapp/M. Hofer/G.L. Huber/H. Mandl (Hrsg.): Pädagogische Psychologie. Ein Lehrbuch (S. 493–554). Weinheim: PVU.

Weidenmann, B. (1997): Multicodierung und Multimodalität im Lernprozeß. In L.J. Issing/P. Klimsa (Hrsg.): Information und Lernen mit Multimedia (S. 64–84). Weinheim: PVU.

Weidenmann, B./Krapp, A./Hofer, M./Huber, G.L./Mandl, H. (1994): Pädagogische Psychologie. Ein Lehrbuch. Weinheim: PVU.

Weiner, B. (Ed.) (1974): Achievement motivation and attribution. Morristown, N.J.: General Learning Press.

Weiner, B. (1975): Die Wirkung von Erfolg und Mißerfolg auf die Leistung. Bern: Huber.

Weiner, B. (1976): Theorien der Motivation: Stuttgart: Klett Kotta.

Weiner, B. (1994): Motivationspsychologie. Weinheim: PVU.

Weiner, B./Kukla, A. (1970): An attributional analysis of achievement motivation. Journal of Personality and Social Psychology, 15, S. 1–20.

Weiner, B./Potepan, P. (1970): Personality correlates and affective reactions towards exams of succeeding and failing college students. Journal of Educational Psychology, 61, S. 144–151.

Weinert, F.E/Helmke, A. (1997): Entwicklung im Grundschulalter. Weinheim: PVU.

Wendeler, J. (1996): Psychologie des Down Syndroms. Bern: Huber.

Wertheimer, M. (1957): Produktives Denken. Frankfurt a.M.: Kramer.

Whitley, B.E./Frieze, I.H. (1985): Children's causal attributions for success and failure in achievement settings: A meta-analysis. Journal of Educational Psychology, 77, S. 608–616.

Wippich, W. (1987): Untersuchungen zur Integration bildlicher und sprachlicher Informationen. Sprache & Kognition, 6, S. 23–35.

Wippich, W./Melzer, A./Mecklenbräuker, S. (1998): Picture or word superiority effects in implicit memory: levels of processing, attention and retrieval constraints. Swiss Journal of Psychology, 57, S. 33–46.

Wishner, J. (1960): Reanalysis of »impressions of personality«. Psychological Review, 67, S. 96–112.

Witte, E.H. (1989): Sozialpsychologie. Ein Lehrbuch. Weinheim: PVU.

Ziegler, A./Heller, K. (1998): Motivationsförderung mit Hilfe eines Reattributionstrainings. Psychologie in Erziehung und Unterricht, 45, S. 216–229.

Ziegler, A./Schober, B. (1995): Resultate eines Reattributionstrainings mit Schülerinnen der 5. Klasse Gymnasium. In E. Witruk/F. Gisela/B.M. Sabisch/D.M. Kotz (Hrsg.): Pädagogische Psychologie im Streit um ein neues Selbstverständnis. Bericht über die 5. Tagung der Fachgruppe Pädagogische

Psychologie in der Deutschen Gesellschaft für Psychologie (S. 348–355). Landau: Verlag Empirische Pädagogik.

Ziegler, A./Schober, B. (1997): Reattributionstrainings. Regensburg: Roderer.

Zimbardo, R.G./Gerrig, R.J. (1999): Psychologie. Berlin: Springer.

Sachregister

Aggression   30, 42, 45f., **52f.**,
   61
Aneignungsphase   47f.
Anlagefaktoren   74, **79ff.**, 89ff.
Anlage-Umwelt-Kontroverse   79ff.
Anreiz   **94f.**, 99f., 102f., 185
Attribution   **106ff.**, 166, 185
Attributionsdimensionen   106ff.
Attributionsfehler   109f.
Attributionsmuster   109f., **114ff.**
Aufmerksamkeit   43, **47f.**, 58, 61
Ausdrucksbewegung   124, **127ff.**,
   133
Ausdruckspsychologie   **123f.**, 127
Ausführungsphase   45, **49f.**
Ausgangsniveau, operantes   **25f.**, 28,
   31, 35, 187
Ausstrahlungs-Effekt   140
Behaviorismus   **18ff.**, 24, 41, 44f.,
   57f., 69, 78, 122, 185
Bestrafung   **29ff.**, 44, 46f., 50, 119
Cocktailparty-Phänomen   58f.
Doppelkodierung   69f.
Effekt, enthemmender   43f.
Effekt, hemmender   43f.
Effekt, modellierender   42
Eindrucksbildung   109, 124, **133ff.**,
   138f., 141ff.
Entwicklungsaufgaben   87ff.
Entwicklungsphasen   **74f.**, 79, 85ff.
Entwicklungspsychologie der
   Lebensspanne   77
Entwicklungstheorien,
   endogenistische   74ff.
Entwicklungstheorien, exogenistische
   77ff.
Erfolgsmotiv   **98ff.**, 101ff.

Erwartungs-Wert-Theorie   **94ff.**,
   97ff., 121, 185
Experiment   11, **14ff.**, 185
Extinktion   31ff.
Gedächtnis   43, 47ff., 56, **60**, 70,
   142f., 186
Generalisierung   **40**, 114, 185
Gestaltpsychologie   **54ff.**, 141
Gruppe, formelle   147f.
Gruppe, informelle   147f.
Gruppenbildung   148ff.
Gültigkeit *Siehe* Validität
Gütekriterien   **178ff.**, 185
Hilflosigkeit, erlernte   114
Hypertext   **70f.**, 185
Hypothese   **15**, 81, 186
Identität, personale   155
Identität, soziale   155
Informationsverarbeitung   47, 53,
   57ff., 134f., 141ff., 186
Intelligenz   79ff., 90, 92, 137, 163,
   186
Interaktivität   **71f.**
Internet   **65ff.**, 71, 73, 157, 185, 186
Kausalattribution   **106ff.**, 113, 166
Konditionierung, klassische   **20ff.**,
   31, 78f., 186
Konditionierung, operante   **24ff.**,
   41, 44, 78f., 111f., 186
Konflikt   154ff.
Konstitutionspsychologie   124ff.
Kontrast Effekt   140
Kontrollgruppe   **15ff.**, 42, 187
Kopfnoten   172
Korrelation   **11ff.**, 80f., 90, 92, 142,
   172f., 186
Lehrer-Schüler-Beziehung   159ff.

Lehrziele   169f., **173ff.**
Leistungsbeurteilung   161ff.
Leistungsmotiv   98f.
Leistungsmotivation   **98ff.**, 115ff.,
   121f., 170
Lernen am Erfolg   **24**, 26
Lernen am Modell   42ff.
Lernen, instrumentelles   **24**, 31, 33,
   43, 45
Lernen, respondentes   **20ff.**, 31, 78f.
Lernziele *Siehe* Lehrziele
Löschung   29, **31ff.**, 35f., 40, 44, 186
Medien, neue   62ff.
Medienkompetenz   **66ff.**, 71
Menschenkenntnis   129ff.
Messwert   **178f.**, 187
Mimik   127ff.
Mischung, additive   83f.
Misserfolgsmotiv   **98ff.**, 115ff.
Modell, transaktionales   159ff.
Motiv   **93f.**, 186
Motivation   49f., **93ff.**, 134, 166,
   170, 176, 186
Motivation, extrinsische   **121ff.**, 170
Motivation, intrinsische   **121ff.**, 170
Motivation, resultierende   **96f.**,
   101ff.
Multimedia   **62f.**, 69, 71ff., 187
Obergrenzenmodell   83f.
Objektivität   **179ff.**, 185, 187
Pädagogische Interaktion   158ff.
Passung, Prinzip der   119
Personenwahrnehmung   131ff.
Persönlichkeitstheorie, implizite
   142, 162, 182, 187
Personprototypen   **142ff.**, 162
Phasen, hyperplastische   **76**, 87, 90,
   187
Phi-Phänomen   54f.
picture superiority effect   69f.
Premack-Prinzip   **27**, 187
primacy-effect   138
Primärgruppe   148

Prophezeiung, sich selbsterfüllende
   34, **165**
recency-effect   138
Reflexe   **18**, 20ff., 187
Reifetheorien   74ff.
Reifung   **74**, 187
Reliabilität   131, **179**, 181, 185, 187
Schlüsselqualifikationen   172
Schulerfolg   90
Schülertyp   161ff.
Schulklasse   10, 35, 36, 44, 48, 109,
   119, 145ff., 161, 174
Schulklasse als Gruppe   145ff.
Schulleistung   90ff., 94, 154, 163,
   166, 169, **171ff.**, 181ff.
Schulleistungstests   181f.
Schulmißerfolg   90
Sekundärgruppe   148
Selbstverstärkung   **51**, 122, 187
Shaping   **37f.**, 187
Skinner-Box   **25**, 28, 37
Sozial-kognitive Lerntheorie   41, 42,
   45ff., 52
Stimulus, konditionierter   20ff.
Stimulus, neutraler   20ff.
Stimulus, unkonditionierter   20ff.
Stufenmodelle der Entwicklung
   85ff.
Subjektivität, kontrollierte   182
Taxonomie   174, 188
Theorie der Leistungsmotivation
   98ff.
Theorie der psychosozialen
   Entwicklung   85ff.
Trait   **81**, 98, 188
Umwelttheorien   77ff.
Unterricht, programmierter   68f.
Ursachenzuschreibung *Siehe*
   Attribution
Validität   131, **178ff.**, 185, 187, 188
Variable, abhängige   **14ff.**, 188
Variable, unabhängige   **14ff.**, 188
Verhalten, aggressives   42, **52f.**

Verstärker, primäre **26**, 37
Verstärker, sekundäre 26
Verstärkung, intermittierende 35
Verstärkung, kontinuierliche 35f.
Verstärkung, negative **27ff.**, 32, 36, 40
Verstärkung, positive **27ff.**, 32f., 40, 43
Verstärkung, stellvertretende **43ff.**, 47, 50

Wahrnehmung, interpersonale 123ff.
Wechselwirkungsmodell 84f.
Wende, kognitive 57f.
Zensuren 121, **169ff.**, 172, 176ff., 181ff.
Zuverlässigkeit *Siehe* Reliabilität
Zwillingsforschung 79ff.

Reihe »Beltz Handbuch«

Christoph Wulf (Hrsg.)
Vom Menschen
Handbuch
Historische Anthropologie
1997. 1160 Seiten. Gebunden.
ISBN 3-407-83136-6

Ambivalenz und Verunsicherung, Vielfalt und Komplexität bestimmen menschliches Leben am Ende des 20. Jahrhunderts. Immer schwieriger wird es, sich in der Welt, der Gesellschaft und in sich selbst zu orientieren. In dieser Situation drängt sich die Frage auf, was man vom Menschen und seinen Grundverhältnissen wissen könne. Normative Anthropologien haben ihre Überzeugungskraft verloren. Nicht mehr dem universellen Menschen, sondern dem Partikularen und der Vielgestaltigkeit menschlicher Erscheinungen gilt das Interesse. Die Erkenntnissuche richtet sich auf ein anthropologisches Wissen, das sich seiner Geschichtlichkeit und kulturellen Bedingtheit bewusst ist. Das Handbuchs ist in sieben Abschnitte gegliedert: Kosmologie – Welt und Dinge – Genealogie und Geschlecht – Körper – Medien und Bildung - Zufall und Geschick – Kultur. Das Handbuch wird unterstützt vom Interdisziplinären Zentrum für Historische Anthropologie der FU Berlin und der Gesellschaft für Historische Anthropologie.

F0017

Beltz Verlag · Postfach 10 01 54 · 69441 Weinheim · www.beltz.de